2020 年度湖南省社科基金委托项目：红色文化资源融入高职学生思想政治教育的路径研究，项目编号：20WTC12

文化融入背景下的
高职学生教育研究

周望平◎著

中国原子能出版社

图书在版编目（CIP）数据

文化融入背景下的高职学生教育研究 / 周望平著.
--北京：中国原子能出版社，2023.11

ISBN 978-7-5221-2956-3

Ⅰ. ①文… Ⅱ. ①周… Ⅲ. ①高等职业教育–教育研
究 Ⅳ. ①G718.5

中国国家版本馆 CIP 数据核字（2023）第 168846 号

文化融入背景下的高职学生教育研究

出版发行	中国原子能出版社（北京市海淀区阜成路 43 号 100048）	
责任编辑	张 磊	
责任印制	赵 明	
印 刷	北京天恒嘉业印刷有限公司	
经 销	全国新华书店	
开 本	787 mm×1092 mm 1/16	
印 张	14.5	
字 数	220 千字	
版 次	2023 年 11 月第 1 版 2023 年 11 月第 1 次印刷	
书 号	ISBN 978-7-5221-2956-3	**定 价 78.00 元**

网址：**http://www.aep.com.cn** E-mail：**atomep123@126.com**
发行电话：**010-68452845** 版权所有 侵权必究

作者简介

周望平　男，毕业于南华大学计算机科学与技术专业，本科，学士；长沙航空职业技术学院讲师；先后担任后勤服务中心副主任、航空馆馆长、学生处副处长、团委书记、政治部党支部书记，现任保卫处处长兼保卫处党支部书记；研究方向：高校管理；主持、参与各级各类科研课题及项目共 12 项，获国家级教学成果二等奖 1 项，获第二届全国航空职业教育教学成果奖三等奖 1 项，出版教材 1 本，出版专著 1 本，在省部级以上期刊发表论文共计 9 篇。

前　言

　　红色文化作为社会主义先进文化的组成部分，在中国共产党革命、建设和改革发展的历史进程中发挥了举足轻重的作用。当前对红色文化教育理论和实践方面的研究相对薄弱，在研究的理论基础、如何实现红色文化教育价值等方面存在不足。本书期望能够促进对红色文化资源的合理开发，引导人们坚持走中国特色社会主义文化发展道路。新时代要充分发挥红色文化的育人功能，帮助高职学生进一步坚定理想信念、理解四次历史选择、增强四个自信、继承革命传统、弘扬中国精神、凝聚中国力量。红色文化资源的利用要与高职育人实现有效、有机、有力融合，突破传统的育人模式，有针对性地引导学生自主学习、自发思考、自我教育，提高思想政治工作的实效性和政治引领作用。在迈向"两个一百年"奋斗目标的征程中，如何把红色文化资源与高职育人融合在一起，圆满做好立德树人的工作，是每一位高职教师和工作者肩头的责任。

　　本书第一章为红色文化教育价值理论和实践概说，分别介绍了红色文化的内涵及特征、红色文化教育的理论基础、红色文化教育的发展历程、研究红色文化教育理论和实践的意义四个方面的内容；本书第二章为红色文化教育的现状及问题分析，主要介绍了三个方面的内容，依次是红色文化教育取得的成效、红色文化教育存在的问题、红色文化教育存在问题的原因分析；本书第三章为利用红色文化开展高职教育工作，分别介绍了三个方面的内容，依次是当代高职学生的思想政治状况、红色文化教育的时代境遇、高职院校

红色文化育人机制研究；本书第四章为红色文化教育的实践探索，依次介绍了湖湘红色文化与教育价值的实现、贵州遵义红色文化与教育价值的实现、红船精神与教育价值的实现三个方面的内容；本书第五章为红色文化教育的路径探索，主要介绍了四个方面的内容，分别是合理开发利用保护红色文化资源、以红色传统、红色精神绘就校园文化底色、明确红色文化教育价值实现的基本原则、加强高职教育与地方红色资源的常态化联系。

在撰写本书的过程中，作者得到了许多专家学者的帮助和指导，参考了大量的学术文献，在此表示真诚的感谢！本书内容系统全面，论述条理清晰、深入浅出。限于作者水平有不足，加之时间仓促，本书难免存在一些疏漏，在此，恳请同行专家和读者朋友批评指正！

作者

2023 年 8 月

目　录

第一章　红色文化教育价值理论和实践概说

本书第一章为红色文化教育价值理论和实践概说，对红色文化的基本情况进行了介绍，分别介绍了红色文化的内涵及特征、红色文化教育的理论基础、红色文化教育的发展历程、研究红色文化教育理论和实践的意义四个方面的内容。

第一节　红色文化的内涵及特征

研究红色文化教育价值理论和实践首先需要明确什么是"文化"。红色文化并不是红色和文化的简单相加，而是一种具有鲜明中国特色、中国气派、中国风格的文化形态；红色文化具有阶级性、民族性、时代性等文化的一般特征，但从育人角度看，红色文化有着自身独有的特点。

一、红色文化的内涵

（一）红色文化的概念界定

"红色"一词原指颜色的一种，但在中国的传统文化中"红色"被赋予了极大的象征意义，认为其有逢凶化吉、驱逐邪恶的功能，因此，在中国古代，

许多宫殿和庙宇的墙壁大多是以红色为主。此外，"红色"同样深受中国人民的喜爱，在许多重要的节日或场合中作为一种喜庆、吉祥的颜色被广泛使用，并逐渐嬗变为中国文化的底色。

在许多重要的事件、场合中，红色象征着权威、尊贵等。在中国数千年的悠久历史当中，经常会使用红色来表达自己对某物的尊重、崇拜以及其他的特殊情感。例如，在中国的壁画中，很多人物和器物是用红色勾画的。又例如，目前中国保存最完整的古代宫殿——故宫，其宫墙立柱等皆为红色。又如，古代中国皇帝批阅奏折也是用红色的笔批阅。如今，学校老师们批改学生作业也用红色等等都表明红色在中华民族传统文化中的重要意义。在中华上下五千年的文明发展历程中，红色是人们最喜欢的颜色，它具有各种象征性的意义，被广泛应用在各种场合。到了近代，1917 年俄国十月社会主义革命取得胜利，世界上第一个社会主义政权正式成立，为保卫革命的伟大成果及新生的国家政权，列宁组建了苏联红军，自此"红色"也成为社会主义和共产主义的重要特征，开始与国家政权相联系，具有一定的政治色彩。而随着革命运动的不断推进，中国共产党在探索中国革命道路的进程中，选择建立了红色政权，并据此创建了工农红军，最终举起了革命的红旗，成功开辟了众多的红色革命根据地，创建并宣传和发展了红色文化等，使"红色"开始带有鲜明的革命特征，这种红色革命文化承载了整个中华民族独立、解放、建设与发展的艰辛历程，历经岁月的沉淀和深化，成为爱国主义的经典色彩。

那么，什么是红色文化？红色文化的概念应该如何界定？对于这一问题，目前学界中存在很多不同的意见和见解。有学者认为红色文化主要是指中国共产党在领导我国人民奋战于新民主主义革命以及社会主义建设时期的所有重要的革命根据地、相关纪念物以及其中所承载的震撼的革命事迹与精神等等。也有部分学者认为，红色文化主要包含有以下两种形态，其一为中国新民主主义革命时期的遗址、遗物等等物质文化形态；其二指的是在这一过程当中所孕育出来的革命历史、革命精神、革命事迹等非物质文化形态。又或者如部分学者所认为的，红色文化指的是在新民主主义革命时期，中国共产党领导，并且中国共产党人、所有的先进分子以及人民群众共同参与其中所创造出的有着中国特色的先进文化。除此之外，还有部分学者的观点不再一一赘述。基于此，我们能够通过对各种相关资料进行收集、归纳、整理，从而将红色文化的概念的界定大致划分为以下三种。

第一，按红色文化的范围划分。一般而言，我们认为红色文化的范围存在广义和狭义之分。部分学者认为若从广义上对红色文化进行理解，我们就能够认为其属于在世界社会主义运动的历史进程当中人们的物质文化与精神力量所能够达到的程度、方式与成果。若从狭义的角度上进行理解，那么我们就能够将其归结为在中国共产党在领导之下，中国人民实现民族解放与自由以及建设社会主义现代中国的历史实践过程当中所凝结而成的一种观念意识形态。它的诞生与成长都是以革命文化为基础的，是一种文化产品、文化活动方式、文化观念。同时也有学者理解为从广义上讲新民主主义文化和社会主义文化都是红色文化，是红色文化在中华人民共和国成立后新民主主义时期和社会主义建设时期的发展；狭义上讲红色文化主要指大革命失败后中国共产党独立领导中国革命创建革命根据地（红色根据地）时期的革命文化。所谓红色文化是指在中国共产党成立后，在社会革命和社会主义建设及发展中所形成的一种文化，在这种红色文化的引领下，中国人民基于中国共产党的领导完成了中国革命、建设和发展的历程。正是因为有了红色文化的引领，中国人民才形成了坚定的信念，并体现出坚定地进行社会主义革命和社会主义现代化建设的信心和勇气。

第二，按红色文化的时限划分。学界关于红色文化的起止时间存在不同的理解，有学者侧重强调红色文化是新民主主义革命时期的文化，认为红色文化是新民主主义文化的核心与灵魂。在本质上是党在新民主主义革命时期倾力打造的社会价值核心体系。有部分学者认为红色文化是以革命理念为中心的文化，它应该包括新民主主义文化和社会主义建设时期以革命为内核的文化。尽管学界对红色文化时限的表述不尽相同，但对红色文化时限的理解并不冲突，甚至是相互交叉和补充的，可以说红色文化的形成与发展贯穿了中国整个革命、建设和发展时期，与中国共产党的历史一脉相承。尤其是在习近平新时代中国特色社会主义思想的背景下，了解红色文化、学习红色文化、宣传红色文化、践行红色文化更是有着非常重要的意义。

第三，按红色文化的形态划分。学者们对红色文化的层次划分较为多样，一般划分为物质和精神两个方面。有学者提出，红色文化的物质体现就是指已建立起的革命文献、烈士陵园以及纪念馆等。还有学者认为，红色文化是以爱国主义为核心的民族精神、革命精神和时代精神相统一的凝结，是中国共产党和中国人民极其宝贵的精神财富，是中华民族共有的精神家园。但另外有学者认为红色文化的形态划分除物质和精神层面外，还应包括制度，其中，制度文化指理论、纲领、路线、方针、政策等一系列规范体系和行为模式。因此，根据以上几种形态的划分，红色文化向我们集中展现了党的革命奋斗史与精神风貌，蕴含着巨大的吸引力与感召力。在作者看来，红色文化的形态既应包括物质上的红色文化，也应包括精神上的红色文化。新时代的红色文化理应是实物和精神两方面形态的结合。有着实物形态的红色文化的存在，我们才能更好地从直观上了解中国革命和建设时期红色文化发展和变迁的历史渊源和经历。而有了精神上红色文化的引领，我们才能更坚定地紧紧团结在党中央的周围，学习红色文化、实践红色文化。这样，红色文化的实物形态和精神形态都具有了鲜活的内容，体现了各自不可替代的意义。

综上所述，红色文化不能简单地理解为红色和文化的叠加，它蛰伏于整个近代，以不断吸收、整合、扬弃中外优秀文化作为基础，在新民主主义革命时期孕育发生，在社会主义革命和建设的实践过程当中逐渐成熟并不断发展，在新时代条件下嬗变升华。简而言之，红色文化是一种将中国人民长期的革命实践与爱国主义精神有机结合形成的特定文化精神和文化形态，反映的是中国共产党的政治理念和信仰的先进文化。在中国共产党的发展历程中，无数中国共产党人坚持不懈地倡导红色文化，而红色文化也成为当代中国的先进文化，值得注意的是，红色文化本身不但是时代得以前进与发展的方向和动力，同时也是中国人民和中华民族前进的方向和发展的动力。

（二）红色文化的科学内涵

红色文化是社会主义先进文化中的重要组成部分，并且在中国共产党的革命、建设与改革发展的过程当中，见证了中华民族所拥有的深厚的革命精神与文化，并且需要注意的是，它不但是一种有着中国特色的政治意识形态，也是中国共产党在进行治国理政的过程当中使用的重要的精神资源。为了更好地表现出，红色文化的时代价值，并有效促进中国特色社会主义先进文化的建设，就需要对红色文化本身所具备的科学内涵进行深刻理解，并且，还需要对红色文化本身所具备的资政兴党育人的作用加以重视，对文化进行传承与弘扬。

首先，红色文化是以马克思主义为指导思想的科学文化。19世纪40年代开始，以英国为首的一众外国侵略者用坚船利炮打开了中国的大门，让我们丧失了大部分的国家主权，逐步沦为半殖民地半封建社会。1901年的《辛丑条约》更是标志着近代中国半殖民地半封建社会的彻底形成，也标志着腐朽的清政府与洋人的完全勾结，出卖国家主权和人民利益，中华民族遭遇了空前的民族危机。为抵御外侮，实现民族独立和人民解放，中国各阶层和革命先驱开始了探索一条救国救民道路的伟大革命实践。在探索和实践的过程中，不同的社会阶层都曾提出并在一定程度上践行过各自的设想和救国方案，但因各自的阶级局限性而未能成功。1917年的俄国十月革命及其宣传的马克思列宁主义让中国先进的知识分子和中国人看到了希望。存在于马克思主义当中的与无产阶级争取自身解放以及整个人类解放相关的科学理论，使得中华民族在反帝反封建的斗争当中拥有了强有力的思想武器，也使得中国的革命实践有了全新的面貌，由此也就诞生了红色文化。同时，在马克思主义的指导下，先进的中国共产党人不仅把马克思主义同中国革命的实践相结合，更将其运用到解决中国建设和改革开放问题的伟大实践中，也使得红色文化获得了新的时代内涵。也正因此，我们得以明确一点，马克思主义不但是红色文化的核心灵魂，还是红色文化能够形成的坚实的理论基础，并且，马克思主义的存在也为红色文化的进步与发展指明了未来的方向，为中华民族的伟大复兴带来了科学的行动指南。所以我们可以说，红色文化本身就是马克思主义指导之下，能够真正体现出中国革命、建设以及改革发展与实践的科学文化，在与中国的实际国情进行结合之后，我们终于走出了一条能够体现中国特色的文化建设与发展的道路。

另外，红色文化本身是根植于中华民族传统文化当中的优秀文化。并且值得关注的是，在中国的革命、建设与改革开放的历史进程当中，红色文化不断吸收借鉴了马克思主义思想文化的精髓，并且中华民族的优秀传统文化也使得红色文化自身在形成、发展与创新方面获得了更为坚实的基础。在社会主义革命、建设和改革发展的实践当中，"井冈山精神""延安精神"等红色文化精髓，都是对中华民族传统文化当中的开拓进取、自强不息等优秀品质的继承与发展。在中国的思想文化领域当中，上述诸多红色文化精髓发挥着十分重要的引领与主导作用，是维护国家主权以及实现国强民富的精神动力，而且还是红色文化在形成与发展的过程当中重要的精神内涵。习近平总书记在党的十九大报告中指出："中国特色社会主义文化，源自于中华民族五千多年文明历史所孕育的中华优秀传统文化，熔铸于党领导人民在革命、建设、改革中创造的革命文化和社会主义先进文化，根植于中国特色社会主义伟大实践。"① 由此，我们也能够明白，红色文化本身所具备的精神内涵，不但是吸收了中华民族的优秀传统精华的历史积淀，也是马克思主义政党传承并弘扬中华优秀传统文化、引领、践行社会主义先进文化的行为准则与精神追求。

最后，红色文化是集中体现社会主义核心价值观的先进文化。党的十六届六中全会明确指出："建设和谐文化，是构建社会主义和谐社会的重要任务，社会主义核心价值体系是建设和谐文化的根本。"红色文化作为一种经过特定

---

① 习近平. 习近平新时代中国特色社会主义思想基本问题 [M]. 北京：人民出版社，2020.

历史时期发酵的文化形态，其中的理论内涵与社会主义核心价值体系往往具有内在的一致性，蕴含着构建社会主义和谐文化的根本。这既是马克思主义发展的本质要求，也是推进社会主义核心价值体系的有效载体以及建设需要。而在社会主义价值体系的建设过程中，社会主义核心价值观集中体现了社会主义核心价值体系的文化精髓，同时，社会主义核心价值观也是对以爱国主义为核心的井冈山精神、长征精神、延安精神等红色文化精髓的高度凝练和集中表达，是社会主义核心价值观教育的生动范本，具有凝聚人心、激发情感、彰显时代精神的政治功能。

　　总的来说，红色文化本身是将马克思主义作为指导思想的科学文化，也是根植于中华民族传统文化中的优秀文化，并且还是对社会主义核心价值观进行集中体现的先进文化。因为接受了中国特色社会主义红色文化的指导，使得中国共产党能够领导中国人民完成民主主义革命，最终取得了民族独立和人民解放。正是在红色文化的依托下，中国的社会主义革命和建设才能取得如此辉煌的成就。总的来说，中国的红色文化是从中国共产党的革命、建设、改革的伟大实践中逐渐创造形成的，而且红色文化不但彰显了中国共产党的性质和宗旨，还深刻体现了时代需求与人民的需要，是成功凝聚了各方面的力量的先进文化。目前为止，红色文化已然成为先进的共产党人与广大的人民群众身上的血液与红色基因。正是基于中国共产党的领导，红色文化才得以进一步发展，最终逐渐形成了有着浓郁中国特色的社会主义文化。红色文化本身深刻体现了当代中国文化的核心价值与主体精神。

二、红色文化的基本特征

（一）先进性

　　中国共产党本身是红色文化的重要创造主体，也是中国先进文化前进方向的代表，并且承担着文化创新的历史使命。值得注意的是，在近代，中国

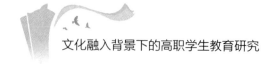

不但面临着严重的民族危机，在文化方面也面临着严峻的挑战，而中国共产党不但有效促进了传统文化的转型，还创造出了崭新的文化形态。一般而言，我们认为红色文化的创新性主要表现在以下两个方面：其一，中国传统文化在结构方面发生了改变，马克思主义能够在近代中国的各种文化思潮当中，成为中国新文化的主流意识，就是近代以来中国文化出现的最为显著的创新。其二，中国传统文化曾经所面临的封闭被动的情况出现了转变，最终形成了建立在民族文化基础上并广泛吸收人类所有的优秀文明成果的开放格局。

1. 马克思主义成为红色文化的主流

值得注意的是，中国传统文化尽管在体系上博大精深，但在文化结构上只是一种将儒家学说作为核心的封建文化。尽管中国传统文化在长时间的发展过程当中受到外来文化影响而出现过几次转型，但依旧处于传统的范围之内，并没有出现颠覆性的改变，在近代西学的传播过程当中，马克思主义成功与中国文化在各方面进行了融合。在 20 世纪二三十年代，马克思主义者已经开始使用唯物史观对中国文化中存在的各种问题进行具体探讨，并且，毛泽东也运用马克思主义的方法与理论，对中国传统文化与历史以及中国的社会现实进行观察分析，并最终提出了新民主主义文化的理论，使得中国传统文化在转型上拥有了一个较为科学的方法或模式，就是民族的、科学的、大众的文化。马克思主义成为红色文化的主流也是中国人民在中国共产党的领导下所作出的历史性选择。

2. 红色文化形成了博采兼收的开放格局

自从鸦片战争之后，由于各方面因素的影响，中国文化逐渐发生了变迁，其中最为突出的就是在五四新文化运动当中，很多早期的马克思主义者开始对以儒家为核心的传统文化的价值意义进行审视，并将传统儒学看作是封建专制主义的思想基础，将其作为自由平等观念的对立面进行批判，值得注意的是，在"五四运动"当中，反传统并不是对中国的传统文化进行直接的否定，而是对中国的传统文化进行扬弃，由此来破坏儒家的僵化躯壳，破除其中的传统腐化部分，并未曾打倒孔孟的真精神。通过将国民的思想从封建礼教的束缚当中解救出来，能够更好地对中国的传统文化进行客观地分析，吸收精华，抛弃糟粕，从而更好地弘扬优秀传统文化，使得马克思主义能够与中国文化更好地结合。

（二）民族性

1. 形成及其发展过程带有鲜明的民族烙印

以民族独立和民族解放为核心的中国近代文化是红色文化得以诞生的土壤。近代以来，中国人民的两大任务就是反帝反封建。其中需要注意的是，红色文化得以产生与发展的阶段是中华民族的精神觉醒阶段，为鸦片战争时期、甲午战争时期、辛亥革命时期与五四运动时期。1840 年，英国通过侵华战争使得中国的民族意识开始觉醒，爱国精神逐渐高扬，在不断地变革探索之后，民族危机意识逐渐觉醒。甲午战争的惨败在一定程度上激发并强化了中华民族的改革精神。辛亥革命是中华民族精神的伟大觉醒，积聚和彰显了民族危机意识、救亡图存意识和民主共和意识，将民族独立与推翻君主专制的民主革命进行紧密结合，成功将鸦片战争以来的民族运动推向高潮，孙中山先生则提出了"驱除鞑虏，恢复中华"的政治纲领。五四运动是近代中华民族觉醒的重要里程碑，高扬了以民主和科学为主要内容的启蒙精神，使民族主义和爱国主义成为 20 世纪中国救亡图存的强大精神动力和最强音。抗日战争使中华民族的觉醒达到新阶段，中华民族的概念更明确和鲜明，成为抗日战争时期最有号召力的旗帜。中华人民共和国成立后，中国共产党继续肩负起民族识别和民族调查的艰巨任务，并制定宪法明确规定中国是一个多民族的国家，各民族一律平等。56 个民族共同构成了中华民族，是一个荣辱与共、相互依存和不可分割的整体。

2. 马克思主义的中国化

马克思主义中国化内容上表现为中国共产党将马克思主义哲学原理同中国具体国情相结合，批判地继承了中国历史上的朴素唯物主义和辩证法思想的优秀传统，对中国哲学史上长期争论不休的一系列问题做了科学的分析和总结。毛泽东思想既是对马克思主义的重大发展，又把我国民族的思想水平提到了前所未有的合理的高度。如果不懂儒家思想的传统，就不能理解毛泽东思想。处理好马克思主义和中国传统文化的关系，才能始终成为中国先进文化的前进方向。社会主义制度建立后，马克思主义民族化进入了如何与深厚传统文化土壤的中国建设实际相结合的新阶段。作为红色文化的指导思想，中国化的马克思主义的民族性决定了红色文化的民族性。

（三）大众性

1. 中国共产党的先进性决定了红色文化的大众性

基于中国共产党自身的先进性，所以始终会将人民放在第一位，并且始终坚持与强调文化的大众性。值得注意的是，红色文化包含有 1840 年以来的中国近代文化、新民主主义文化以及社会主义文化，他们都有着极强的大众性。在中国的悠久历史当中，始终认为"民为重"，也有着"得民心者得天下，失民心者失天下"的说法，古人也将其作为中国的一种治国哲学。毛泽东同志就曾指出，新民主主义文化本身是民族的、科学的、大众的，值得注意的是，其中"大众的"就是指"民主的"，接近民众、贴近生活，为"全民族中百分之九十以上的工农劳苦民众服务的"。

2. 广大人民群众是红色文化的接受者、创造者和传承者

红色文化从形成、传播和发展都离不开广大人民群众这个主体。红色文化是中国无数仁人志士在探索救国真理的实践中创造出来的，广大人民群众

始终是红色文化的创造主体。从鸦片战争到五四运动期间，农民、洋务派、资产阶级、学生等相继登上历史舞台，发挥着重要作用，红色文化的指导思想马克思主义在中国得到接受和传播并最终实现马克思主义中国化，也是广大人民群众努力的结果。五四运动之后，在中国共产党领导的新民主主义革命中，人民是真正的主体。在社会主义文化建设时期，中国共产党始终坚持人民创造历史这一马克思主义的基本原理，始终坚持群众路线。包括知识分子在内的工人阶级是推动我国先进生产力发展的基本力量，农民阶级和其他劳动群众是重要力量，新社会其他新兴阶层中的人员也是中国特色社会主义事业的建设者。由此可见，红色文化具有大众性。

（四）革命性

红色文化的革命实践基础为旧民主主义革命与新民主主义革命，另外，需要注意的是，红色文化若是想要摧毁封建文化与帝国主义侵略买办文化，最有效也是最重要的方式就是革命。红色文化产生并形成于革命背景之下，而且，正是因为马克思主义革命理论的指导，才使得红色文化具备了革命性。

1. 革命是红色文化上升为主流文化的重要方式

红色文化，作为一种新价值和新观念，要上升为主流文化并为整个社会所普遍接受，必然要与封建主义文化、资本主义文化做斗争；必然要和帝国主义文化和已占统治地位的国民党反动的政治文化作斗争。在中国共产党成立以前，封建文化和帝国主义文化占据主导地位，为了实现民族独立与人民解放，无数的仁人志士坚持不懈地进行着艰苦探索。林则徐、魏源等人希望学习西方的科学技术，由此提出了"师夷长技以制夷"的主张。在 19 世纪 60 年代，洋务派官僚开始以"自强"和"求富"为目的，积极兴办洋务。作为资产阶级启蒙思想家的严复将进化论介绍到中国，将其作为变革现实、救亡图存的新式武器。以康有为、梁启超为首的改良主义者倡导的戊戌变法最终由于各种原因，以失败告终。直到 20 世纪初，以孙中山为代表的革命派将"社会契约论"作为依据，正式提出了"三民主义"的革命纲领，最终成功推翻了清王朝，成功结束了在中国延续了 2 000 多年的封建专制文化。之后，中国共产党在成立之后，领导中国人民通过大革命、土地革命、抗日战争、解放战争，最终取得了新民主主义革命的胜利，从而建立了由人民当家作主的中华人民共和国，彻底摧毁了封建文化与帝国主义文化，使得红色文化最终成了主流文化，并且，需要注意的是，若要创建红色文化，其中最主要的方式就是革命。

2. 马克思主义革命理论的指导决定了红色文化的革命性

在鸦片战争爆发之后，中国被迫沦为半殖民地半封建社会，在之后半个多世纪的压迫当中，中国人民始终坚持革命斗争与自强运动，积极学习与借鉴西方资本主义革命文化当中的思想武器，试图寻找到一条中国未来独立解放的道路，但是并不理想。无数的实践证明，中国的民族解放与国家独立，不但不能够完全依靠中国封建主义的传统文化，也不能够依赖西方资产阶级的学说，我们应当寻找到能够抵御并打败帝国主义与封建主义的强大思想武器。需要明确的是，在中国的封建社会当中，所运行的一整套的社会思想、价值观念、道德规范以及行为准则等都严重地束缚了人民的手脚，摧残了人民的心灵，所以，在当时中国革命首先要做的就是将中国人民从腐朽的文化束缚当中解放出来。革命文化本身是在革命之前所进行的思想准备，中国共产党人，在接触马克思主义思想，以及深刻认识到俄国十月革命之后，正式接触了马克思主义阶级斗争的理论，深刻认识到了，当时社会之所以不平等，其根源在于剥削制度的存在，而要彻底推翻这种制度，就必须组织人民群众进行革命。由此，马克思列宁主义正式成为中国无产阶级的革命战斗的科学理论。

（五）继承性

值得注意的是，近代以来，中国思想界所面临的共同问题主要是民族传统文化的继承问题，中国共产党本身是红色文化的创造主体，也是对近代中国社会进程产生深远意义的无产阶级政党，而且也承担着对中国的传统文化进行批判继承的历史使命。在马克思主义当中，存在于任何时代的文化与文明，其本身都是在继承已有的文化与文明成果的基础之上不断进行创新所得的。红色文化本身也是这样，不但完美继承了马克思主义与其他民族的优秀成果，还凝聚并传承了中华民族传统文化的精髓。

1. 吸收和继承了马克思主义及其他各民族文化的优秀成果

红色文化在发展的过程当中所形成的理论基础与指导思想是马克思主义，而在我国，红色文化对马克思主义进行了有意识的吸收与继承，这就是马克思主义的中国化。中国共产党是我国的红色文化创造主体，其中，我们可以从三个方面对中国文化与马克思主义文化之间的关系进行探讨。第一个方面从中西文化会通和超越的历史机制和规律上看，马克思主义能够充分融入中国的文化土壤中，并得到发扬光大，属于一种历史与逻辑上的必然；第二个方面从中国哲学与辩证唯物主义的比较来看，马克思主义和中国文化之间存在着会通和融合的机理；第三个方面从马克思主义诞生的文化背景来看，在马克思主义的形成过程当中，直接或间接地受到了中国哲学和中国文化的影响，而且在延安时期，毛泽东就对马克思主义的中国化的内涵进行了科学的表述，并且，延安的整风运动促使马克思主义更好地与中国文化进行结合，从而成为中国共产党的思想主流，并获得了全党的一致认同。

另外，红色文化本身还吸收并继承了各民族的优秀文化成果，其中值得注意的是，在一方面马克思主义本身凝聚了各民族的优秀文化成果，在另一方面，红色文化本身是在近代的中国文化基础之上诞生并逐步发展起来的，而中国近代文化从结构上看是以资产阶级文化为主导的，由各种文化因素并存却又彼此斗争的复杂多样的文化。近代中国文化本身充分融合了中西方各族的文化元素，而红色文化又在此基础上进行了合理的扬弃，选择性地对其中的精华进行继承。

2. 批判地继承了中国传统文化

中华民族本身有着 5 000 多年的丰富思想文化成果，并且从本质上看，中国的传统文化主要是以儒家学说为核心的封建文化，红色文化不但要对中华优秀传统文化进行弘扬并广泛继承其中的精华，还需要严格抵制封建主义的腐朽思想对自身的侵蚀，并对各种落后文化加以深刻批判。既然红色文化是以中国传统文化为土壤诞生的，就应当继承本民族的优秀文化，就比如在红色文化当中，广泛吸收并借鉴了儒家文化中所存在的一些道德原则与修养方法，并且在中国共产党人的道德修养中融入了儒家所强调的实践的道德践履行观。周恩来认为，中华民族传统的忠、孝、仁、爱、信、义和平应该大大发扬，尤其是礼义廉耻，更是民族气节所系，必须不折不扣地实行，这都是最高的道德标准，也是中华民族的优良传统①。不但对中国传统哲学中与实事求是相关的传统根基进行了继承，也对各种执行问题进行了科学的总结，并且对古代的朴素辩证法进行了相应的批判继承等等。

中国共产党所坚持使用的指导思想是将马克思主义中国化之后的成果，基本上属于将马克思主义与中国的传统文化进行深入结合的产物，而且拥有历史继承性的特点。在马克思主义中国化的具体途径的研究当中，中国化原则包括两个方面：一是要能控制中国传统的哲学思想，熟悉其表现形式；二是要消化抗战实践经验和教训②。由此，我们就能够明白马克思主义本身是在理论与思想上对我国优秀的民族传统文化进行了批判的继承，而且在思想上并不能够完全割断中国传统文化。

---

① 崔奇. 周恩来政论选 [M]. 北京：人民日报出版社，1993.
② 艾思奇. 艾思奇文集 [M]. 北京：人民出版社，1981.

第二节　红色文化教育的理论基础

一、红色文化德育理论研究

一般我们认为，行动的指南就是理论，而且红色文化本身属于高职德育中的优质资源。近些年以来，学界当中对高职德育中红色文化所发挥的价值功能以及怎样有效提升红色文化在高职德育实践过程当中所发挥的实效性进行了研究，并深入探讨分析了高职红色文化育人规律等等问题，获得了很多优秀成果。

（一）红色文化德育价值功能研究

学界中普遍认为，红色文化本身蕴含着十分丰富的德育价值功能，具体会表现为，红色文化属于理想信念教育中的优质资源，基本上能够更好地坚定高职学生的理念信念；另外，红色文化也是道德情操教育中的优质资源，它的存在，使得众多青年学生更能够积极奉献，增强自身社会责任感；红色文化也是爱国主义教育中的优质资源，能够有效激发被教育者的爱国意识；红色文化属于情感教育中的优质资源，它的存在使得受教育者更能够感受到轻松且愉快的正面情绪，可以有效抑制或弱化郁闷与紧张等负面情绪，并且值得注意的是，同时使用红色教育进行情感教育，能够更好地实现教育手段的多元化。

学界中大部分人认为，红色文化本身蕴含着十分丰富的德育价值功能，其本身属于能够坚定理想信念、陶冶道德情操、增强爱国情怀等的优质教育资源。

一是红色文化是理想信念教育的优质资源。红色文化德育价值功能首先体现为其能够有效坚定高职学生理想信念。正是因为红色文化之中蕴含了中国共产党人至死不渝的奋斗目标和实事求是、勇往直前的革命精神，在革命精神的感召之下，才使得运用红色文化对于坚守政治理想、坚定政治信念具有重要作用。红色文化展现了中国共产党人的"高尚品格"，正是在"高尚品格"个性魅力引领下，红色文化成为优质"思想政治教育资源"。

许多学者还从不同的角度探讨了红色文化理想信念教育价值功能，红色文化本身具有丰富的思想道德教育内容，正是内容的丰富性有利于高职学生树立正确的世界观、人生观、价值观，从而为实现中国梦不懈奋斗。有学者更是从红色文化其内在的精神性与物质性相统一角度，分析了其理想信念教育价值，指出作为承载革命精神与遗存的统一体，在价值引导等方面对青年学生具有独特的教育意义。

二是红色文化是道德情操教育的优质资源。道德情操教育是高职德育的重要内容，红色文化内蕴的道德内容与高尚品德，是其德育价值功能的重要体现。学界对此达成一致认识，红色文化反映了革命先辈们的英雄事迹和高尚品德，正是在革命先烈崇高事迹的影响下，使其能够发挥道德情操教育价值。红色文化之中蕴含了"革命前辈的英雄主义精神"和"中华民族的传统美德"，在这两者的双向互动过程当中，使得青年学生更加甘于奉献，有效增强自身社会责任感。

（二）红色文化融入高职德育难题及破解研究

红色文化若要充分发挥德育价值功能，会在很大程度上受到时空条件以及情景载体的限制，因此，使得红色文化在融入高职德育的过程当中会出现一些障碍与不适，包括：课堂内教学过程之中，红色文化的历史性、情感性及精神性要素的表现力及感召力用语言不能充分表达，从而难以将教育对象引入红色文化存在的历史情境；课堂外教学过程之中，由于红色文化的时代久远性、时空场域限制及教学条件难以调适等原因，也使得红色文化德育价值功能难以充分发挥。基于此，学界进行了充分的理论探索，提出了系列破解之道，以便能够更好地克服红色文化融入高德教育中的不适应。

一是对于红色文化德育价值学理认识不深的有效提升问题。运用红色文化开展高职德育育人实践，需要进一步从学理上进行深入探讨，为其提供理论指导，才能继续深化其实践运用。对此，学界表示一致赞同。有学者认为必须要进一步深入研究红色文化的革命精神内涵，才能建构其理论必然性，要着重讲清楚中国共产党革命精神的基本内容和历史来源，使广大师生认清选择中国共产党的历史必然性。应当有效加强红色文化转换为教育教学能量的理论研究，从而提升育人实效，提出要对红色资源能量实现教育教学的转化进行研究，以增强高职学生思想政治教育教学的效果。红色文化教学理念的理论研究是非常重要的命题，它的存在能够保证红色资源在推动高职思想政治教育工作成效得到提高。

另外，众多专家学者还对高职德育工作中使用红色文化的具体教学理论进行了深入的研究分析，从而提升其育人实效，应当重视对于红色文化教育情境的创建，并且需要依据不同的教育对象选择合适的教育方式，实现将"教育情境"引入到教育体系之中。

二是对于红色德育制度不全的有效建构问题。学界一致认为，实现红色文化对于高职德育的有效融合，制度建构是保障。基于此理论预设，学者们对红色文化有效融入高职德育实践制度建构进行了理论探讨。要注重红色文化供给制度理论研究，建构红色资源供给的长效机制，可以为高职学生提供更加丰富的红色教育资源。要将红色文化纳入高职德育整体制度框架建设，要将红色教育纳入高职思想政治教育工作制度建设，积极推进红色教育实现规范化与制度化。并且，还需要建构出红色文化融入高职德育育人实践系统化制度，通常情况下会从目标制定、开发实施、评价反馈等方面进行。不但要制定经常性、可行性方案制度，还需要依靠制定可行科学的方案使得红色资源能够在思想政治教育工作中更好地发挥作用。另外，要建构出合理的红色文化教育合力制度，从而形成全党全社会共同关心支持红色高职学生思想政治教育的强大合力。

（三）红色文化融入高职德育实践行为研究

通常情况下，我们认为要想更好地发挥红色文化的德育价值功能，最有效的方式是通过高职思想政治理论课程教学，可以通过开设校本课程、专题教学，建设教师队伍和发挥教育对象的积极性与主动性等方式来进行；要建设红色文化德育实践基地，为红色文化发挥德育价值功能提供实践场所，从空间上拓展高职思想政治理论课课堂教学；要构建高职红色德育校园文化，通过多种途径和方式潜移默化地熏陶与影响教育对象；要通过重大红色纪念日等将红色文化融入高职学生日常实践行为体系，将思想道德教育的内容"润物细无声"地渗透到学生的思想与行动之中。

理论的研究推动着实践的发展。学界围绕运用红色文化开展高职德育实践进行了深入的理论探索，主要为：将红色文化融入高职思想政治理论课教学；建设红色文化德育育人实践基地；构建高职红色德育校园文化；将红色文化融入高职学生日常实践行为体系。

一是充分融入高职思想政治理论课教学。高职思想政治理论课课程教学是发挥红色文化德育价值功能的主要方式。可以通过专题教学的形式，促进红色文化融入高职思想政治理论课教学，各学校可以根据本地的实际情况开设各种红色资源特色教学。

有学者对红色文化融入高职思想政治理论课教学的载体——教师队伍建设给予了一定的关注，提出更好地提高思想政治理论课教师对于红色文化教育进校园以及进课堂工作的认识，有效增强教师在课堂教学中使用红色文化的积极性与主动性。红色文化要有效融入高职思想政治理论课教学，必须注重发挥教育对象的积极性与主动性，让学生在学习和建构社会主义核心价值观过程中发挥主体作用。

教师与学生作为一对密不可分的主客体，对于红色文化融入高职思想政治理论教学也有着同样的重要作用，另外，需要注意的是，教师应当根据思想政治理论课的性质与特点，使得红色文化能够自觉地融入思想政治理论课的教学当中，帮助学生进行革命理想和革命精神教育。

二是建设红色文化德育实践基地。红色文化德育实践基地的建设，使得红色文化发挥自身的德育价值功能，有了相应的实践场所，并且能够更好地开展现场教学。另外，需要注意的是，中国共产党的革命历史遗存能够直接作为红色文化德育育人实践基地，提出要充分利用革命历史纪念地、旧址（旧居）和纪念馆、博物馆等已有文化资源，开展思想政治教育。红色文化德育育人实践基地有利于学生履行党和国家对于年轻人在社会实践中的义务和要求。

学者们还围绕红色文化资源德育实践基地对于高职思想政治理论课堂教学的空间拓展进行了探讨。红色文化德育实践基地的展示内容和教师在课堂上的讲授内容有机结合，才能使学生在深刻的思想内涵和信服的事实面前去感知和体验。红色文化德育实践基地的创新型教学方式具有独特育人效果，这种参与式、体验式的教学活动，增强了思想政治教育的感染力和说服力。红色文化德育实践基地具有一定的地域性，正是由于其地域性的特点更能够引起学生的共鸣。

二、红色文化智育理论研究

智育作为全面发展教育中的非常重要的一部分，是教育者对学生进行有目的、有计划、有组织地系统传授文化科学知识、技能和发展学生智力的教育。一般而言，我们所指的将红色文化融入高职智育育人当中，就是将红色文化作为一种教育资源，充分融入高职专业教育教学当中，由此，不但能够有效提升学生自身的专业素质与专业能力，还能够对学生的思想政治与社会科学水平进行有效培养，并最终实现课程思政。近些年以来，全国各大高职院校积极主动地加强了对于红色文化与高职智育之间的关系的研究，深入探析了怎样将红色文化充分融入高职智育育人的全过程。并且值得关注的是在实践上积极挖掘并整理了各区域中具有特色的红色文化，并为其成立了专门的红色学科以及相应的研究机构，深入探索了教育教学资源开发、课程教材

建设、实践基地建设以及师资培训、校园文化等方面，最终对课程资源进行了丰富，有效提升了教学效果。

红色文化本身属于一种教育资源而且使得高职智育育人获得了丰富的素材与良好的条件。并且，近些年来，诸多学者开始对红色文化融入高职智育育人的条件、课程教学、实践教学等方面进行了探索研究，并获得了相应成果。

（一）红色文化融入高职智育育人的条件研究

很多学者认为，要想有效促进红色文化与高职智育育人的融合，就需要对红色资源本身所具备的教育特质进行深刻认识与精准把握，可以从制度、方式与方法上对红色资源转化为教育教学资源的路径进行探讨研究，之后在进行具体的开发过程当中，应当体现出其中的时代性，有效把握历史性，在运用的过程当中，应当具备创造性与客观性，在最终效果上，不但要有理论上的教育意义，还应当具备实践的感染力。在红色课程教材的建设上，很多学者都认为，红色文化本身具有丰富的内涵与多种多样的形式，由此也使得红色文化融入高职课程教材建设当中的时候获得了众多的素材与载体，并且值得注意的是，红色资源进行转化利用的一种重要方式是学科渗透模式。在进行红色实践基地的建设时，众多学者认为红色资源因为自身所具备的教育特质使其并不能够通过传统的课堂教学模式获得理想的教学效果，而是应当借助现场的、体验的、感悟的教学方式实现育人价值的发挥，并且在建设过程当中，应当充分结合学科建设、课程的设置以及教师队伍的管理。在红色师资培训上，众多学者认为能够直接影响到红色文化在高职智育教育教学过程中运用、见效的关键因素就是师资队伍。为有效提升红色文化的教育质量，我们需要建设一支有着极高的专业素质以及优秀的师德人品的红色文化教育师资队伍。在进行红色校园氛围的营造上，应当将红色文化充分融入校园文化建设当中，营造出良好的校园红色文化氛围，从而有效促进高职学生的健康成长。

德育作为全面发展教育中的非常重要的一部分，是教育者对学生进行有目的、有计划、有组织地系统传授文化科学知识、技能和发展学生智力的教育。红色文化本身属于一种教育资源而且在高职德育与高职智育当中占有极为重要的地位，红色文化也使得高职智育获得了更为丰富的素材。并且，近些年来，诸多学者开始对红色文化融入高职智育的条件、课程教学、实践教学等方面进行了探索研究，并获得了相应成果。

　　红色文化本身属于一种优质的教育资源，而且在进行教育教学资源的转换时，有着独属于自己的天然的优势与特质。为更好地开展红色资源教育教学，就需要对红色资源本身所具备的教育特质进行深刻认识与精准把握。

　　在教育教学的过程当中，合理运用红色资源，能够更好地作用于受教育者，并且需要注意的是，这一过程与那些远离红色资源现场并使用书本知识形态的教育教学的过程有着明显的区别。从红色资源的存在方式上进行观察，我们能够明显发现，其有着以下几种教育特质：情境性、离散型、非移动性、多样性等；从红色资源内涵的教育内容进行观察，它具有不完全知识性、非传递性、综合性、隐含性等教育特质。我们应当对红色文化进行积极的研究与开发，并通过使用相关研究成果有力推进其进校园、进课堂、进教材、进实践，有效增强高职学生思想政治教育的感染力和说服力、针对性和实效性。我们应当对红色文化教育第二课堂的开辟加以重视，主要是为了对课堂教学进行延伸，并更好地强化红色文化教育的社会实践活动。

　　将红色资源转化为教育教学的资源，属于一项十分具有创新性的工作，并且需要注意的是，在转化的过程当中，应当始终坚持接受党的领导，始终保持转化的正确方向。通过建立起科学的资源观，有效加深对于转化的思想认识。并且还需要加强体制机制建设，有效推动转化工作实现常态化。始终坚持维护广大人民群众的利益，严格落实以人为本，通过党的领导始终确保红色资源在转化上保持正确的方向，并在此基础上从制度上、方式上、方法上等方面来探讨红色资源转化为教育教学资源的路径可能性。

　　在对红色文化教育教学资源进行具体的开发的时候，需要确定以马克思主义的根本方法为指导。第一，对于红色资源的开发运用需要体现出时代性与历史性。值得注意的是，红色资源本身属于特定革命以及建设时期所诞生的特定地域的物质、人物、文化资源等的总和。所以说，它不但以实体模式展示，还以精神模式凸显。在对红色资源进行开发运用的过程当中必须具有一分为二的眼光；第二，对于红色资源的开发与运用需要保证体现出创造性与客观性。对于红色资源的开发运用必须有其内在的创造性，在中国特色社会主义核心价值体系发展的意义上，我们应当完全抛弃那种纯粹商业化的红色资源，把对它的开发运用放在提高国民对马克思主义的理解与认识上，以便更好地坚定自身对于中国特色社会主义事业的信念与追求，促使爱国热情得到强化，道德意识得到增强。为此，就需要在对红色资源进行开发运用的过程当中，基于客观性不断进行创新，可以借用先辈的真实革命事迹，对当代的中国人进行感染；第三，对于红色资源的开发与利用，不但要有理论上的教育意义，还应当确保具有实践上的感染力。对于红色资源的开发与利用，需要打破纯粹的商业红色旅游，在实现社会主义核心价值体系教育的同时，决不能只停留在理论的说教上，还应当确保实现理论教育与实践感染的互动结合。

（二）红色文化与高职智育育人的课程教学研究

在高职教育教学当中，最为基本的条件以及重要的内容是课程教材，众多学者认为，红色资源的教学过程相比于传统的学校常规教学过程有着一定的共性，也有着属于自己的特殊性，由此，我们就能够正确地认识到红色资源教学管理规律，并设计红色资源教学管理机制。一般而言，学者认为，对红色资源教学活动进行时间安排与规划的是红色资源教学设计，并且需要注意的是，因为大多数红色文化教育教学是在室外现场组织开展的，所以，为保证教学开展得卓有成效，就需要对其进行统筹谋划与有序安排，需要充分考虑教学系统的多样性、非线性、不确定性、自组织性和混沌性；在对红色课程教学所选用的教育方式方法进行研究之后，很多人认为红色资源的教学过程是一种包含了教导过程与学习过程的复合过程，在红色资源的教学过程当中，相关教学方式主要表现为"激励－建构"式，其中的学生并不是被动接受者，而是诸多对未知的知识进行探索的人，在红色文化对高职学生进行理想信念教育的时候，可以选择多种教育教学的形式与方法；在红色课程教学的教学评价上，很多人认为红色资源教育教学本身属于一种非传统的体验式教学，其中主观评价就是其中最为基本的评价方式，与此同时也需要注意对全高职红色资源教学的评价机制加以健全。

总的来说，红色资源的教学过程十分复杂，通常情况下，我们会从广义与狭义两个层面对其进行理解。其中，在广义层面上，红色资源的教育教学过程主要指的是基于教育教学的目标，教育者与学习者根据一定的教育教学内容选择合适的教育学的方式方法，并通过教育教学媒介最终实现预期变化的活动过程。从狭义的层面上来看，红色资源的教学过程主要指的是教师与学生在同一个时空之下所开展的教与学的行为流程结构。其中需要注意的是，这个行为流程结构包含有两个不同主体的两种不同行为，而且这两种不同的行为不但会表现为相对独立的教导行为与学习行为，还会在充分融合之后形成较为统一的教育教学行为。另外，我们所说的红色资源的课程教学，就是指直接将红色资源作为教材所进行的课程教学，其中需要注意的是，课程不但是红色资源，在教学时所选择的内容也是教学的手段与方式。另外，红色资源的教学本身属于一种在课程形态上表现得十分独特的教学，通过对红色资源的教学实践进行分析，我们能够明显发现，红色资源的课程形态主要可以分为以下七种类型：讲授聆听类课程、解说观察类课程、互动交流类课程、活动类课程、体验类课程、音像类课程、隐性课程。红色资源课程教学的特殊性，需要确保教师能够拥有合适的特殊能力结构，并且这种特殊能力结构主要表现在以下六个方面：优化改进课程教学的教师自身因素的能力；研究把握课程教学特点和规律的能力；课程开发与课程设计的能力；不同类型课程的教学实施的能力；激励激活学生在现场情境中有效学习的能力；在运动中教学的课程教学秩序管理能力。

（三）红色文化与高职智育育人的实践教学研究

红色文化的教育教学主要为现场教学。对于参与研究的学者来说，在教育资源中红色资源所拥有的最为鲜明的教育特质是情境性。另外，需要注意的是，红色资源教育教学本身是一种在运动中进行教学并且在流程中进行管理的体验式教学，现阶段，充分融入高职社会实践中的红色资源，有着形式多样化、模式创新化等特点。另外，在现场的教学特色活动设计当中，红色文化得以充分融入智育教学中的一种有效教学方式，就是体验式教学。利用亲身体验的方式，充分发挥出学习者的主体作用，能够独立思考、领悟，充分拉近学习者与红色资源之间的距离，最终实现知、情、意、行的统一；在进行现场的教学方式的选择时应当将看、听、思、悟、行等充分结合在一起，之后使用多媒体等技术，实现以景触情、以景感人、以情动人，以便更好地提升红色文化实践教学的育人效果。

通过对红色资源教育教学实践的发展历程进行研究，我们能够明显发现，其发展趋势由参观学习向现场教学、由课外活动向课堂教学、由培养方案外的自选行为向培养方案内的规定，在发展过程当中，教学特点逐渐变得正式规范，且开始重视实效。其中，我们可以明确的是，红色资源教育教学在实践过程当中有着以下两个发展历程：其一是由参观学习到现场教学；其二是由课外活动到课堂教学。伴随着近年来人们对红色资源教育的特质有了更为深入的认识，并且也进行了很多红色资源教育教学的方法创新，所以现阶段的很多学校都已经将红色资源充分融入了课程建设当中，使得红色资源的课堂教学拥有了新的理念与活力。值得注意的是，随着近年来交通条件的发展以及在教学过程当中所使用的教具逐渐变得易于携带，所以曾经以旧居旧址的形式存在的红色资源，如今已然能够更加方便地转化为课堂。红色资源教育教学从课外活动逐步发展到课堂教学，对自身的教学方式进行了有效创新，也在很大程度上提高了教育教学的实效。

三、红色文化体育理论研究

红色文化本身蕴涵着丰富的高职体育教育元素，无论是对高职体育教育的内容进行丰富，还是对高职体育教育的途径与方式进行创新等方面，都有着十分重要的价值与意义。最近几年来，专家学者对红色文化融入高职体育中的价值与功能、途径与方式以及效果等方面进行了深入研究，并获得了喜人的成果。

（一）红色体育文化研究

红色体育是作为红色文化的一部分存在的。近些年来，很多学者都把红色体育文化融入高职体育育人当中作为切入点进行研究，大多数人都认为，红色体育文化指的是主体为无产阶级的，基于马克思主义思想的指导，并在新民主主义革命时期，以革命根据地为主要阵地，从事革命实践活动中所形成的，集健身性、竞技性、群体性、教育性为一体的一项有组织的体育活动。红色体育文化是红色文化中的一部分，是中国特色社会主义当中存在的先进文化，有着革命性与实践性、教育性与科学性相统一的特征。

（二）红色文化在高职体育中的价值与功能研究

世界上所存在的任何一种文化，都有着自身的价值。对于大多数学者来说，将红色文化充分融入高校体育育人当中，能够充分发挥出其中的价值导向功能，也能够更好地培育高职学生社会主义核心价值观以及理想信念，有效提高高职学生的就业理念与心理承受能力，有利于自身继承先辈自力更生艰苦奋斗的生存理念，最终使得学生在参加体育活动的过程当中，不但能够有效增强自身体质，还能够充分接受革命精神的熏陶以及爱国主义、集体主义、革命传统的教育，有效增强学生对于民族和国家的认同，有力推动了红色文化的传承与创新。

（三）红色文化融入高职体育育人的途径与方式研究

部分学者认为，红色文化的存在能够使高职体育教学拥有与更多合理的途径与方式真正实现"育体"与"育人"的巧妙结合。其中一方面主要是指在课程上面应当根据学生在体育课程当中所充分表现相互的思想、情感、个性、行为，等等，充分掌握其特点，有目的性、针对性地对学生进行红色德育与挫折教育；另一方面我们可以将红色体育文化与校园体育文化进行充分的融合并发展，使得红色文化能够与校园网络进行衔接，之后使得红色文化能够成为校园网络的主要阵地，甚至于可以使红色文化成为网络时代的高职校园内部的主流文化等。另外，需要注意的是，在相关赛事当中，需要确保比赛项目与红色文化能够密切结合，并充分联系革命历史，使得学生能够在比赛的过程当中感受到趣味性，最终可以吸引更多的人参与到红色运动会当中，真正实现传承并弘扬红色文化的目的。

（四）红色文化融入高职体育育人的原则与特点研究

红色文化在充分融入高职体育育人之后，能够表现出自身独有的原则与特点，并且，很多学者认为这一类的红色体育项目在运作与组织方面更加方便，在场地的选择上，大小随意且室内室外均可。所有的红色体育运动项目都取材于革命战争时期的各位英雄人物以及各种感人事迹，通过更容易被人接受的方式，将居民革命战斗生活充分表现出来，其中，最主要的表现形式是通过体育竞赛。

（五）红色文化融入高职体育育人的难题破解研究

很多学者都认为通过开展红色体育教育有效推进体育新课程改革，有效激发学生对于红色体育的兴趣，并积极培养学生对于民族体育运动的热爱十分重要。其中一方面主要表现为应当充分认识到红色体育在学校的体育，特别是素质教育当中所起到的作用；另外一方面，应当加强红色体育应用于学校体育当中。并且，在对红色体育进行创新的时候应当注意吸收其他的优秀文化成果，积极追求自我转型，对红色体育文化在传播中的实用性加以增强等等。

（六）红色文化融入高职体育育人的效果评价研究

通常情况下，我们认为红色文化在充分融入高职体育育人当中，能够有效促使学生的人生观与价值观进行积极的转变，也使其就业观迈入正轨，除此之外，还能够有效增强学生的责任心、合作精神与能力，更好地锻炼学生的抗挫折能力以及坚强的意志品质。

第三节　红色文化教育的发展历程

根据中国共产党的发展历史，我们能够将红色文化育人的发展历程划分为以下三个阶段，分别为：新民主主义革命时期、社会主义革命和建设时期、改革开放新时期。其中需要注意的是，中国共产党在不同的历史时期会有着不同的中心任务，红色文化是为当时的具体任务服务的，深刻体现出了一定的时代特性，而且也表现出了育人的作用与特点。

一、新民主主义革命时期红色文化育人的发展

处于新民主主义革命时期的红色文化本身，是在红色革命根据地所诞生并发展的文化，其中，最为典型的是井冈山、苏区、红岩、延安以及西柏坡红色文化。红色文化是革命时期中国共产党领导广大人民群众在新民主主义革命的实践过程当中逐渐形成的，并且值得注意的是，在这一时期所形成的红色文化本身有着十分强烈的战斗性，而且我们需要明确的一点是，红色文化在育人方面的作用主要为团结人民、教育人民、打击敌人、消灭敌人，充分激发人民的爱国热情，唤醒并凝聚广大人民群众的力量，以便实现彻底的

反帝反封建以及民族独立与国家解放。

在新文化运动之后，中国开始广泛传播马克思主义。直到 1921 年，中国共产党诞生，逐渐形成了核心为奋斗与奉献的红船精神，之后在马克思主义文化理论的指导之下，通过共产主义的思想作为武装的广大知识分子与革命群众共同组成了新的文化生力军，开始领导无产阶级文化运动。值得注意的是，在中国共产党诞生之初就开始通过工人集会或者演讲，以及举办面向工人农民的补习学校，积极创作各种红色歌谣、在出版面上刊载面向工人阶级的通俗读物等方式，积极宣传马克思主义，扩大党的政治影响，不断提高工人阶级的政治觉悟，重点激发出工人阶级的自由平等的意识等等，其中，某些学者就认为，中国共产党 20 世纪 20 年代早期在安源煤矿大力推行的政治动员，是中国革命史中最不应被遗忘的部分……安源革命传统的主要推动力不是阶级斗争和个人崇拜，而是个人为了寻求尊严而投身基层组织[①]。

大革命失败后，城市革命进入低潮，毛泽东、朱德等无产阶级革命家带领红军进入农村，创建农村红色革命根据地。在井冈山革命斗争和中央苏区的艰苦岁月里，形成了"坚定革命信念、敢闯新路"的井冈山精神、"顾全大局、团结统一"的长征精神、"执政为民、廉洁奉公"的苏区精神。创办专门的文化建设组织机构，兴办各种教育，通过夜校、识字班、俱乐部、业余学校等发展社会教育，出版《红军故事》《革命歌谣选集》等书籍，提高群众文化水平。苏区掀起了红色戏剧文学的高潮，成立了"八一剧团"、高尔基戏剧学校等，俱乐部、歌舞团大量涌现，创作歌舞剧、革命话剧，编创革命歌谣和歌曲。"红色歌谣万万千，一人唱过万人传"，这一时期涌现了许多由根据地军民自发创作的红色歌谣，如《红米饭，南瓜汤》这样一首乐观向上、脍炙人口、久唱不衰的歌谣："红米饭，南瓜汤，秋茄子，味儿香，餐餐吃得精光，养好身体打豺狼。"表现了根据地军民高昂的革命乐观主义精神；《西江月·井冈山》《如梦令·元旦》《七律·长征》等诗词，反映了革命家和工农

---

① 裴宜理. 重拾中国革命 [J]. 清华大学学报：晋学社会科学版，2011（5）：21-31.

红军战士不畏艰难、勇于探索的精神。

抗日战争时期，我们党结合具体革命任务的变化，在弘扬井冈山苏区红色文化的同时，形成了红岩精神和延安精神，推动了抗战时期红色文化建设，充分发挥了先进文化鼓动群众投入抗日战争的作用。红岩精神是以周恩来为首的中共中央南方局和八路军驻渝办事处领导国统区人民进行革命斗争过程中形成的一种革命精神，其核心是"爱国、奋斗、团结、奉献"。在延安，以毛泽东为代表的无产阶级革命家领导人民进行民族解放战争，形成了由坚持正确的政治方向，实事求是，全心全意为人民服务，自力更生，艰苦创业所构成的延安精神。为鼓舞人民奋起抗战，保家卫国，我们党带领文化工作者创作优秀的红色文艺作品，为广大群众提供精神食粮。比如创造出文学作品《白毛女》《小二黑结婚》等，还涌现出许多描述军民抗战生活的戏剧作品《吴满有》《三光政策》，创编了戏曲《三打祝家庄》《逼上梁山》，另外，《义勇军进行曲》《黄河大合唱》等红色歌曲，激励广大群众奋起抗战，保家卫国。边区报纸和期刊如《新中华报》《解放日报》等发挥了传播新知识新文化、提高工农群众思想水平的作用，也有利于加强党内教育、干部教育和社会教育。总之，通过红色文化、革命精神的宣传教育，进行抗日政治动员、爱国主义教育、艰苦创业教育，使国统区和根据地军民的精神面貌焕然一新。

西柏坡时期，是光明与黑暗两种中国命运决战的关键时期。我们党高度重视红色文化，把思想文化建设作为决定中国命运的重要因素，形成了以"两个务必"为核心和灵魂的西柏坡精神——"务必使同志们继续地保持谦虚、谨慎、不骄、不躁的作风，务必使同志们继续地保持艰苦奋斗的作风"①。解放区创作出反映时代特征的红色作品如《暴风骤雨》《八路军进行曲》《没有共产党就没有新中国》等红色歌曲，颂扬了军民的鱼水之情，体现了人民军队一往无前和昂扬向上的时代精神，激励他们不断走向新的胜利；改组了原有的抗日文化社团，成立了许多新的文化社团，如华中文化协会、华北文艺

---

① 毛泽东选集：第4卷［M］. 北京：人民出版社，1991.

界协会等。解放区贯彻新民主主义教育方针和教育改革的精神，明确了支援解放战争、开展土地革命和生产建设服务是开展教育的主要任务。开展"三查三整"的整党运动，统一全党思想；开展土地运动，提高广大群众的政治觉悟，激发他们积极生产、支援解放战争的热情。

从这一时期红色文化育人的历程可以看出，革命战争年代我们党的中心任务是如何夺取革命新胜利，红色文化的形成发展要为这个任务服务。这就决定了特定时期红色文化育人有其自身的特色。一是红色文化是刺向敌人的匕首和投枪，具有强烈的革命性和战斗性。红色文艺作品渗透了强烈的斗争精神和共产主义理想，体现了革命乐观主义精神和敢闯新路的大无畏气概。红色文化宣传的目的在于提高群众素质和政治觉悟，增强对党的认同感，教育和引导他们积极参加到革命之中，为获得个人解放和民族独立而奋斗，也就是要"震撼、唤起中国农村中的亿万人民，使他们意识到自己在社会中的责任，唤起他们的人权意识，……为'人民当家作主'——这是中国农村中的新气象——而斗争，为共产党心目中的具有正义、平等、自由、人类尊严的生活而斗争"①。二是红色文化是广大军民的精神食粮，提高了广大军民的文化素质，发挥了娱乐身心、凝聚军心民意的作用。在物质生活条件艰苦、敌我力量对比明显的环境下，宣传红色文化能够缓解军民压力，丰富广大军民的生活。三是红色文化宣传工作贴近群众，宣传形式多样。既结合当地流行曲调改编军民喜闻乐见的红色歌谣、山歌，又新编戏剧、漫画，出版通俗读物来宣传党的理念、方针政策以及革命英雄主义和革命乐观主义精神等，使军民在潜移默化中接受红色先进文化教育。

二、社会主义革命和建设时期红色文化育人的发展

我们认为，红色就是中国革命、建设、改革的底色，另外，红色文化也属于中国共产党能够延续百年不断发展的基因密码，这么多年以来，中国共

---

① 埃德加·斯诺. 西行漫记 [M]. 北京：东方出版社，2010.

产党始终将红色文化的传承作为自身凝聚力量的重要手段。值得注意的是，社会主义革命和建设时期十分关键，在这一时期，中国共产党成功团结并带领人民建立起了全新的社会主义中华人民共和国，从而为中国未来的独立自强确立了良好的兴国道路，并且，在这之中，红色文化的传承一直都秉承着"为人民建江山"的独特境遇而展开。

在 1956 年至改革开放之前，我国都处于社会主义建设时期，在这一时期，出现了一大批全心全意参与到社会主义建设当中的英雄人物，充分体现出了团结一致、奋发图强、艰苦奋斗的精神面貌。值得注意的是，在这一时期，中国出现的红色文化的精神形态主要有以下几种，分别为红旗渠精神、雷锋精神、焦裕禄精神、"两弹一星"精神等等。之后，伴随着我国的第一个"五年计划"的顺利完成，各种社会主义建设成就，比如设施设备、场地场所等等已经成为物化形态的红色文化，广泛分布于全国各地。在 1957 年，文艺界进行了一次整顿，之后就创作出了较好的电影作品，就比如《创业》《海霞》等，值得注意的是，在这一时期，红色文化仍旧使用"革命"作为主题。

一是红色文化育人政治教育作用非常明显。1949 年以后的很长一段时间内，"革命"成为全体中国人民的第一要义，文化领域也被挂上"革命"二字，如"革命文艺""革命歌曲"等。革命意味着艰苦奋斗、艰苦创业，任何贪图享乐、吃喝玩乐的思想都属于资产阶级人生观，都在批判和痛扫之列。革命纪念地是开展爱国主义教育、革命传统教育和政治思想教育的阵地，不管是游览伟人故里、参观博物馆、纪念馆，或缅怀革命先烈先进事迹，还是宣传学习典型模范人物，甚至是创作红色歌谣、改编经典作品，都是为了唱响社会主义中华人民共和国的赞歌，对人们进行爱国主义、英雄主义、集体主义教育，使人们具有坚定的革命信念和坚强的革命意志。有学者认为："这些作品在既定意识形态的规限内讲述既定的历史题材，以达成既定的意识形态目的；它们承担了将刚刚过去的'革命历史'经典化的功能，讲述革命的起源神话、英雄传奇和终极承诺，以此维系当代国人的大希望与大恐惧，证明当代现实的合理性，通过全国范围内的讲述与阅读实践，建构国人在这革命所建立的新秩序中的主体意识。"①

二是注重加强集体主义教育，强调集体性。这一时期强调国家和集体利益至上，将个人利益放在第二位，当二者发生冲突时，应以前者为重，甚至无条件牺牲个人利益。毛泽东说："共产党员无论何时何地都不应把个人利益放在第一位，而应将个人利益服从于民族的和人民群众的利益。因此，自私自利、消极怠工、贪污腐化、风头主义等等，是最可鄙的；而大公无私、积极努力、克己奉公、埋头苦干的精神，才是可尊敬的。"② 可以说，"先公后私""大公无私""毫不利己专门利人"思想对共产党人是必要的，但不能无条件牺牲、漠视个人正当利益。

三是在红色典型人物形象塑造上具有鲜明的阶级性和纯洁性。这一时期树立了黄继光、雷锋、焦裕禄等一批与革命和建设事业紧密结合的典型人物，利用党报党刊、电影、电视剧等，歌颂他们的伟大精神、高贵品质，对广大群众具有榜样示范作用。

但在对这些人物的宣传上往往抹去他们的缺点、污点，脱离群众，任意拔高红色人物，把先进人物神圣化，树立"高、大、全"的光辉形象，比如宣传雷锋是"毛主席的好战士"，具有爱憎分明的阶级立场，却隐藏雷锋追求时尚、爱照相等方面的内容。

总之，存在于这一历史时期的红色文化使得人们逐渐拥有了一种独特的精神气质。在党的领导之下，所有人万众一心发展工农业，努力为改变当时中国的落后面貌而奋斗，希望最终能够建立起一个伟大的社会主义国家。当时是一个艰苦奋斗的时代，也是一个全民乐于奉献的时代，还是一个思想熠熠生辉的时代，这种时代的特性所创造出的社会风尚与思想氛围，使得中国的社会主义建设的历史时期留下了深刻的烙印。可以说，在那个物质贫乏、物质欲望受到压抑的年代，红色文化满足了当时广大群众的精神文化需求，强化了国家在文化领域的领导权。

---

① 黄子平. "灰阑"中的叙述 [M]. 上海：上海文艺出版社，2001.
② 毛泽东选集：第 2 卷 [M]. 北京：人民出版社，1991.

三、改革开放新时期红色文化育人的发展

在 1978 年，中国共产党召开了十一届三中全会，会议当中决定了日后的工作，应当把党和国家的工作重心转移到经济建设上来，并且，重新恢复了实事求是的思想路线，正式开启了以改革开放为鲜明标志的伟大历程。直到 20 世纪 80 年代中期，因为受到了国内外各种因素的影响，我国开始出现消解红色文艺、戏说经典、躲避崇高的现象。在 20 世纪 90 年代，市场经济体制确立，使得红色文化借此迅速发展起来。总的来说，当我们的时代主题开始为改革、创新与发展的时候，能够体现革命精神、革命任务、革命道路的红色文化也开始出现一系列的变化，在这一时期，红色文化主要通过红色资源的属性表现出来，盛行其中的育人方式也主要是通过使用新时期的红色精神对人进行鼓舞，并有效加强革命文化的征集与保护工作，之后还需要利用红色资源，积极发展红色旅游与红色文化产业，创作或改编各种红色经典，或者是树立一些有着先进事迹的新时代模范人物等等，这种基于新的历史条件所创造出来的红色文化使得人们能够更加坚定地走改革开放的道路，并且全心全意地为中华民族的伟大复兴而努力奋斗。

首先，重视革命文物征集保护工作，利用红色资源，充分发挥出其在弘扬时代主旋律与革命时期革命文化传统时的作用，重点加强社会主义先进文化建设。截至目前中宣部已公布了 300 多处全国爱国主义教育示范基地。1982 年 11 月 19 日，第五届全国人民代表大会常务委员会《中华人民共和国文物保护法》，进一步规范革命文物管理。在 1998 年 2 月 18 日，中央宣传部、国家教委等联合发出的《中宣部等六部委关于加强革命文物工作的意见》，其中指出，应当重视革命文物，促使其能够发挥出在全社会开展的革命传统教育、爱国主义、集体主义以及社会主义教育当中的作用。在之后的十多年里，革命文物的保护工作有了重大的进展。之后，国家又印发了《2004—2010 年全国红色旅游发展规划纲要》《2011—2015 年全国红色旅游发展规划纲要》。在 2008 年，中宣部等十部联合发布了《关于加强革命文物工作的若干意见》，

其中主要指出了应当充分发挥出革命文物的教育作用，并且对红色文化的保护与开发进行了具体的规定。

其次，形成新时期的红色精神。中国共产党带领全国人民继承党的优良作风和革命传统精神，在改革开放和建设中国特色社会主义伟大实践中，形成了体现农村改革中的"大包干"精神、深刻体现城市改革的张家港精神以及完美体现经济特区发展的敢闯敢试精神等，以及"64字创业精神"、抗洪精神、"抗非"精神、"万众一心、众志成城，不畏艰险、百折不挠，以人为本、尊重科学"的抗震救灾精神、载人航天精神、奥运精神等，极大地丰富并拓展了红色文化的时代内涵与实践特色，有效推动了红色文化育人的发展。同时，我们党也注重弘扬"长征精神""延安精神""大庆精神""两弹一星"精神等革命精神，使之成为全民族在社会主义建设道路上团结奋进的巨大精神力量。

再次，鼓励和感召广大群众为实现"四个现代化"而奋斗成为时代最强音，一大批先进红色典型人物和模范群体应运而生，并呈现出多样化和个性化的特征。如攻克世界著名数学难题"哥德巴赫猜想"的陈景润，使经历动荡的国人深受感染，中国女排以"五连冠"为改革开放初期国民找回自信和自豪，救火少年英雄赖宁，还有孔繁森、李素丽等各条战线的道德楷模纷纷涌现。特别是进入21世纪，我国进入了更加多元开放的发展阶段，互联网等新媒体迅速发展，人们的主体意识和民主法治意识显著增强，"以人为本"深入人心。随着红色人物形象更加多样化、个性化，不仅有相关部门推出的时代先锋、十大杰出青年、公民道德建设模范，也有社会机构评选出的感动中国人物、公益英雄等。《时代先锋》一书中的"领导楷模""政法英雄""基层典范""军旅先锋""岗位尖兵"五个栏目，记载了牛玉儒、范匡夫等2000年以来的100位模范人物。

最后，红色经典作品改编在经过80年代的沉寂之后再次兴起。进入90年代，国家积极利用红色经典这一文化遗产，维护和巩固主流话语。既有《百团大战》《开国大典》等影视剧见证着现实秩序的合理性与必然性，引导人们增强信心，坚定信念，也有《春天的故事》《走进新时代》等红色歌曲高唱改革开放的时代主题，展现了中国人民意气风发、斗志昂扬的精神面貌。新世纪新阶段以来，红色经典再度成为热潮，类型繁多。针对红色经典改编中出现的问题，2004 年 4 月 9 日，国家广电总局发出《关于认真对待"红色经典"改编电视剧有关问题的通知》，规定了红色经典改编的细则。《建国大业》《建党伟业》等红色主旋律影视剧、红色图书《中华人文精神读本》（青少年版）等、红色歌曲《走向复兴》等、红色动漫《西柏坡》、红色连环画等，映入人们眼帘。2009 年创演的大型音乐舞蹈史诗《复兴之路》，反映了中国革命史、发展史和改革开放史，体现了是历史和人民选择了马克思主义、社会主义和中国共产党这一重大主题。

从以上可以看出，与革命年代和和平建设时期相比，这一时期红色文化育人有以下方面的特点：一是在对红色文化育人功能进行强调的同时也需要对红色文化的经济功能等加以重视。新时期红色文化的历史内涵与其独有的思想价值进一步彰显，提升人们的审美情趣，满足人们多样多层次的文化需求；同时，在社会主义市场经济条件下，改编红色经典、发展红色旅游等产生经济效益，推动经济发展。比如电影《郭明义》《建国大业》实现了经济效益与社会效益的双丰收，江西瑞金等红色旅游的发展推动了革命老区经济建设；红色主题图书《关注中国》在伦敦书展亮相等，红色文化走出国门，走向世界，塑造了良好的国家形象，提升了红色文化的国际影响力。二是红色人物形象生活化、人性化和多样化，宣传方式多，宣传周期短。新时期的典型人物涉及各行各业，包括不同领域的英雄、劳模、公仆和普通群体形象，更加贴近生活实际、贴近大众。这种变化反映着人们价值观念、思想意识的变革。除传统党报党刊、影视等媒体外，互联网、移动手机等电子媒介也参与红色典型人物的宣传，如央视"感动中国"年度人物评选有网上投票、专家评定等方法。与过去相比，红色典型人物宣传周期一般比较短。当然，不管新时期红色人物形象如何多元多样，他们都承载了社会主义核心价值观，弘扬了时代主旋律，引领人们求真、向善、追美。三是红色文化的精神内涵融入新的时代元素。从过去忠诚于党和国家的责任意识，大公无私、公而忘私的奉献精神，默默无闻、爱岗敬业的螺丝钉精神，顽强勇敢、不屈不挠的铁人精神，到新时期的改革创新精神、尊重科学、开放包容精神、志愿军精神，以及以人为本、人与人之间的互相帮助、忠诚、关爱精神等。可以说，随着中心任务和历史条件的变化，红色文化随着时代发展而发展，不断增添着新的先进元素。

第四节　研究红色文化教育理论和实践的意义

一、引导学生践行社会主义核心价值观

"社会主义核心价值体系"这一概念最早出现在 2006 年 10 月党的十六届六中全会上，胡锦涛同志正式提出这一命题，同时指出，"坚持把社会主义核心价值体系融入国民教育和精神文明建设全过程、贯穿现代化建设各方面"。

现阶段，为了推动社会主义核心价值体系从理论层面转为实践活动，融入国民教育和精神文明建设全过程，就要大力弘扬新时代的红色文化，继承中国共产党人崇高的革命传统，强化社会主义意识形态的凝聚力，着力提升文化吸引力，从根本上推动和振兴社会主义核心价值体系建设。

（一）红色文化与社会主义核心价值体系在内涵上的统一

红色文化的主体含义是：中国人民在中国共产党领导之下，最终实现民族独立和解放、在建设社会主义的实践中所形成的伟大精神及其载体，是由中国共产党人、中国全体先进人士和人民群众联合在一起创造的、富有中国特色的先进文化。从其本质内涵上来分析，红色文化具有以下两个主要特征。

1. 红色文化是以马克思主义为指导，结合中国革命和建设实践的产物

以毛泽东为代表的中国共产党人自始至终坚定地承担着中国革命的光荣使命，在新民主主义革命时期，将马克思主义作为引领革命活动的指导思想，让广大人民接受先进思想的感召，义无反顾地投入轰轰烈烈的革命实践之中，从这时起，中国共产党就已经代表着中国先进文化前进的方向，也就是将马克思主义和中国革命的具体实际、中国本土的现实条件紧密结合在一起，为马克思主义在 20 世纪的发展提供了创造性的突破，并从革命实践中总结经验教训，最终确定了农村包围城市、武装夺取政权的革命道路。中国人民在中国共产党的领导之下，实现了新民主主义革命的胜利，推翻了压在身上的三座大山，在 1949 年建立起中华人民共和国，实行人民民主专政制度，中华民族从此走向了解放和独立之路，第一次将马克思主义和中国实际国情相结合的、取得历史性伟大跨越的理论成果——毛泽东思想也由此诞生。

我国科学的社会主义理论体系的建立代表着马克思主义中国化取得了新的探索成果，正是在这一系列非凡理论成果的启示和引导之下，中国共产党才能率领全国人民走上解放思想、实事求是、与时俱进的道路，并且能够及时发现、总结和纠正建设道路上出现的错误，从中汲取经验教训，最终成就如今改革开放和现代化建设的辉煌成就，为中国特色社会主义建设事业翻开全新的篇章。这一切都来源于党的十一届三中全会：在会议的过程之中，中国共产党人系统地总结我国社会主义建设多年以来的经验，并分析和探讨了当前的国际形势与全球背景，决定将马克思主义基本原理和中国社会主义建设的真实情况结合思考，全面地分析时代的特征，由此开创了富有中国特色的社会主义道路，这标志着马克思主义中国化取得了第二次历史性的飞跃，邓小平理论就是在这样的背景之下提出的，后来的共产党人又在此基础上陆续提出了包括"三个代表"重要思想以及科学发展观等重大战略思想在内的一系列科学理论体系。综上所述，在当代中国的时代背景下坚守中国特色社会主义理论体系，就等同于忠实真正的马克思主义。马克思主义的中国化结

果，对于中国特色社会主义建设发挥着及其关键的引领作用，是社会主义事业的坚实思想基础，全党和全国人民都在这一思想的领导之下锐意进取、团结奋进，是植根于当代中国的科学社会主义。

2. 红色文化培育了中国特色社会主义的共同理想和坚定信念

在目前的社会阶段，我国的改革开放政策已经正式进入了攻坚阶段，经济社会的发展发生了显著的变化，并呈现出十分明显的阶段性特征，多种经济成分、多种经济利益主体、多种分配方式并存，各种价值观念相互交织、相互碰撞、相互影响，又面临西方意识形态的入侵。在这种情况下，必须要建立一种共同的理想信念来统领人们的精神领域，将人民凝聚起来、动员起来，将人民的创造力充分激发出来，至于此处提到的共同的理想信念和价值准则，从本质上来看就等同于社会主义核心价值观念。红色文化则是新时代下社会主义核心价值体系的有力载体，它是在中国共产党率领全国人民，致力于最终实现民族独立和解放、为了实现国家强盛和人民生活富裕并最终实现共产主义，进行革命斗争和建设过程中形成的，具有天然的理想导向功能。也正是有了这种坚定的社会主义和共产主义理想信念，一代又一代的中国人民才能在革命战争中，战胜千难万险，战胜强大的敌人，在失败中崛起，使革命取得胜利，才能冲破重重障碍，使社会主义建设取得了伟大成就。且以各种各样形式出现的红色文化完美地展现了中国共产党人在革命和建设中的坚定理想信念，井冈山的"星星之火，可以燎原"的信念；延安的"全心全意为人民服务""自力更生、艰苦奋斗"的信念等都是中国共产党人在革命斗争中形成的思想文化和崇高理想，它反映了中国共产党人解放全中国、建立社会主义中华人民共和国的政治追求和革命走向成功的政治决心，体现着中国共产党自始至终把握并坚守坚定正确的理想信念的崇高觉悟。

革命战争的历史告诉我们，共同的理想信念是我们夺取革命胜利的强大精神支柱和取之不尽、用之不竭的力量源泉。当下的社会主义核心价值体系实践必须坚定不移地继承和发扬红色文化精神的优良传统，这样一来，中国共产党和全体中国人民就一定不能忘记艰苦岁月中的革命先辈所体现的崇高理想、为革命事业奉献一生的执着信念，倾注全力树立中国特色社会主义共同信念和共产主义远大理想，坚定人民走中国特色社会主义道路的信心，打牢全党全国各族人民团结奋斗的共同思想基础。

（二）红色文化形成的过程，也是社会主义核心价值体系逐步培育和形成的过程

红色文化诞生于特定的历史时期和历史心态，是中国共产党领导全国人民为了实现民族独立和解放的历史过程中逐渐形成的。红色文化是一个动态的过程，具有时代性。在革命战争年代，中国共产党自觉担负起领导人民的重任，不懈地开展抗击帝国主义、资本主义和封建主义压迫的斗争，长征精神、井冈山精神、延安精神、沂蒙精神、西柏坡精神等伟大的革命精神无一例外地诞生于这一时期；在中华人民共和国成立、中国共产党带领中国人民步入社会主义建设的历史时期，以及后来的改革开放新时期，同样涌现出了许多令人折服的社会主义建设精神，包括"两弹一星"精神、抗洪精神、舟曲精神、青藏铁路精神等，这些都是彰显着时代特征的红色精神，形成和培育了以"跨行社会主义荣辱观"为主要内容的社会主义荣辱观。从一定程度上可以说，中国共产党领导中国人民进行革命，建设和改革的光辉历程，是红色文化形成的历程，也是社会主义核心价值体系逐步培育和形成的历程。

长征精神：1996 年 10 月 22 日，纪念红军长征胜利六十周年大会正式召开，在大会上，江泽民同志专门就长征精神的内涵和内容进行了简练准确的阐释，他表示：长征精神意味着中国共产党人要拥有钢铁般顽强的革命理想和拼搏信念，要坚定不移地将维护全国人民的共同利益放在所有工作的首位，誓死捍卫中华民族的根本利益，对正义事业的胜利怀有高度的信心和高涨的热情；中国共产党人在任何历史时期都不能忘记救国救民的崇高使命，不能畏惧必将存在的艰难困苦，要拥有为革命事业和社会主义建设奉献一切的牺牲精神；要坚定不移秉持独立自主、实事求是，一切从实际出发的求真精神；要秉持集体主义精神，对待任何事物都将大局放在首要地位，严格遵守团队纪律，紧密地团结在一起；任何决策和工作都不能脱离人民群众，要牢固地依靠群众的强大力量，时刻同人民群众的命运和意志站在一起，做到荣辱与共、艰苦奋斗。

井冈山精神：是以毛泽东为代表的中国共产党人在井冈山斗争时期，把马列主义普遍原理与中国革命具体实际相结合的过程中产生的伟大精神。胡锦涛同志在 1993 年视察井冈山时把井冈山精神的精神内核和精髓描述为"实事求是，敢闯新路，矢志不渝，百折不挠，艰苦奋斗，勇于奉献"。

西柏坡精神：中共中央政治局常委李长春同志曾于 2004 年 6 月 17 日参观西柏坡精神巡回展览，在观看展览时，李长春同志特意指出："西柏坡精神与井冈山精神、长征精神、延安精神是一脉相承的，都是我党宝贵精神财富的重要组成部分。他们有着共同的理想目标、价值取向、理论基础和文化渊源。西柏坡精神包含着井冈山精神的艰苦创业精神和坚定的革命信念，包含着长征精神的大无畏的革命英雄主义和革命乐观主义，也包含着延安精神的自力更生和艰苦奋斗精神。但西柏坡精神又具有自己的特殊本质和独特风格。正是在如火如荼的革命高潮中，诞生了我们党敢于斗争、敢于胜利的革命精神，善于破坏旧世界、善于建设新世界的科学精神，坚持依靠群众、坚持团结统一的民主精神和务必保持谦虚谨慎、务必保持艰苦奋斗的创业精神。这两个'敢于'两个'善于'两个'坚持'和两个'务必'，正是西柏坡精神的科学内涵所在。"

延安精神：延安精神来自于中国革命圣地延安的红色文化，是我国历史上最伟大的精神理念之一，闻名于世。在伟大的中华人民共和国的建设过程之中，延安精神产生了无可取代的作用，彰显着无与伦比的意义。江泽民同志在 2002 年曾经赴陕西省展开实地考察工作，期间特别强调了发源于当地的"延安精神"。江泽民同志指出：延安精神充分反映了我马克思主义政党在我们国家不可动摇的执政地位，突出了我们党自始至终同全体人民维系休戚与共的命运的扎实作风，体现了中国共产党人在前进的道路上披荆斩棘、不畏艰险的奋斗精神，彰显了中国共产党紧紧把握时代潮流、永远走在时代前列的思想境界。综上所述，延安精神的内容实质可以概括为：艰苦奋斗、自强不息的开创性精神，解放思想、实事求是的思想路线，坚定不移的正确政治导向，全心全意为人民服务的根本宗旨。

"两弹一星"精神：1999 年 9 月，以表彰在研制"两弹一星"实验中做出突出贡献的科技专家为目的的表彰大会在北京召开，江泽民同志在会上专门对"两弹一星"精神进行了概括，将其描述为"热爱祖国、无私奉献，自力更生、艰苦奋斗，大力协同、勇于登攀"。

（三）红色文化蕴含社会主义核心价值的特质

在十六届六中全会上，我们党通过了《关于构建社会主义和谐社会若干重大问题的决定》，决定中明确提到，在构建社会主义和谐社会的实践中，必须将建设和谐文化这一任务放在至关重要的地位。和谐文化在建设社会主义核心价值体系的进程中承担着根本性的作用和意义。而建设和谐社会也是红色文化的一个基本特质，所以，红色文化蕴含着和谐文化的根本——社会主义核心价值体系。

1. 红色文化为社会主义核心价值体系的建设奠定了基础

我们认为，若想在新时代顺利建设社会主义核心价值体系，就必须将红色文化作为新事业的历史前提与扎实基础，红色文化资源的有效开发和充分利用在建设社会主义核心价值体系的实践中发挥着不可取代的作用，红色文化精神必须在新时代得到继承与弘扬。任何思想道德文化都具有历史的继承性，都是在前人文化的基础上发展起来的。在新时代构建社会主义核心价值体系，我们必须关注和强调建构一种社会主义先进文化，充分体现时代的精神和特征，而且还要继承和发扬中华民族优秀的传统文化与光荣革命精神。在中国已有的先进文化之中，红色文化是一种阶段性的文化，不仅体现了特

殊时期的历史事实和人民精神追求，又具有与时俱进的特征。它是中国共产党集体智慧的结晶，集中体现了中华优秀传统文化，是中华优秀传统文化的有机组成部分。

2. 红色文化为社会主义核心价值体系建设提供了优质资源

红色资源是全体中国人民在中国共产党的正确领导之下，基于新民主主义革命的伟大实践和构建社会主义的历程中逐渐形成具有资政育人意义的历史遗存，是一种物质、信息和精神为载体的资源。从其形成的过程来看，包括从中国共产党的诞生到 1949 年中华人民共和国的成立，孕育了种种优良传统，包括长征精神、井冈山精神、延安精神、西柏坡精神等，从社会主义建设到改革开放新时期的铁人精神、雷锋精神、抗洪精神等优良传统，因此，红色资源的形成过程，实质上也是社会主义核心价值体系逐步培育和发展的过程；从其内容上来看，红色资源作为一种历史性文化遗产，它体现了以马克思主义为指导，坚定为社会主义、共产主义奋斗的理想信念；承载着中国共产党人在长期革命和建设实践过程中形成的艰苦奋斗、不怕牺牲、勇于胜利等高尚情操，继承了中华民族的优良文化传统和民族精神，它是集科学的指导思想、坚定的理想信念、崇高的道德情怀和坚定不移的爱国主义等于一身的社会主义核心价值体系内容。现存的任何红色文化资源（包括革命遗产与文物等）都能够反映出历史沉淀雄浑的革命精神和崇高光辉的革命文化内涵，映射出一代代革命先辈为共产主义理想献身的坚定不移的信念、爱国主义情怀与纯洁高远的品质，如今的高职院校在开展社会主义核心价值体系教育时，可以从中获取无比生动而具体的教材，社会主义核心价值体系的建设更可以从中汲取优质的养分。所以，在社会主义核心价值体系的建构之中，自然而然地包含着与红色文化密切相关的内容，也就是马克思主义指导思想、中国特色社会主义共同理想、以改革创新为核心的时代精神、以爱国主义为核心的民族精神以及社会主义荣辱观。

3. 弘扬红色文化是增强社会主义核心价值体系教育效果的有效途径

红色文化资源是早期中国共产党人留给中华民族的历史文化遗产，它主要包括：革命战争年代形成的长征精神、井冈山精神、西柏坡精神、延安精神；社会主义构建时期形成的大庆精神、雷锋精神、"两弹一星"精神以及后来出现的"抗洪精神"、抗击"非典"精神等，还有反映这些精神的遗迹、文物、博物馆、纪念馆、展览馆、烈士陵园等。具有超越时空的感染力、震撼力和说服力，其内涵丰富，形式多样，将其融入社会主义核心价值体系教育中，可以增强教育的直观性、生动性、感染性，实现寓教于游，寓教于乐，使社会主义核心价值体系的内容和要求形象化、通俗化、具体化，真正为人们所理解和接受，使人们的思想素质得以提高。如通过参观革命遗址、博物馆、烈士陵园，听红色故事、唱红色歌曲、看红色经典电影、参加红色旅游等途径，使人们在润物无声、潜移默化中受到熏陶和教育，在心灵震撼中获得教益，从而影响人们的思想观念、价值判断和道德情操，使社会主义核心价值观深入人心。

二、增强社会认同

文化是建立在社会的发展和社会成员的实际需要的基础之上形成和发展的，它可以从一些侧面反映出人的价值创造持续改变、走向升华的过程，文化体系也形成于这一过程之中，并在各种社会因素的作用之下不断地趋于完善和严谨。从这个角度来说的话，可以将红色文化视为中国人民在特殊的困难历史时期所形成的独特文化心理，反映出中国人民追求民族独立和国家富强的内心需要，这种贯穿时代的追求也使得红色文化历尽时光而不衰，一直在中国前进的道路上为中国人民提供精神力量，成为中国人民迎难而上、战胜种种艰难困苦的强大内心动力，引领着全体中国人民义无反顾地投入实现伟大民族复兴当中，发挥着无可取代的作用。中国共产党人一直在艰苦的革命战争年代牺牲自我，为革命事业甘心抛头颅、洒热血，这就是后来人们经常提起的"一不怕死、二不怕苦"的精神，体现出中国共产党人大无畏的牺牲意志，广大人民群众亲眼见证了共产党员和人民军队的奉献精神，并产生了深刻的共鸣，这种精神一直延续至今，持续地为共产党人提供奋斗的力量，每每国家、民族和社会处在重大灾害或群体性风险的威胁之下，总有共产党人会挺身而出，为人民担负责任、抗击灾害，这是党性本能的体现，是支持中国共产党永葆青春的无限动力。红色文化的意义不仅仅在于它所意味着的精神力量，更融合在全体人民内心深处的情感之中，唤起一层又一层强烈的感情和灵魂共鸣，一次次强化和深入着人们彼此之间的情感认同与家国情怀，维系着整个中国社会的和谐稳定与长治久安。

总之，研究红色文化教育理论和实践，不仅能够使人们认识到文化的育人功能，增强人们的文化自觉性，使人们自觉用红色文化进行自我教育；而且也能够使人们认识到文化在整个社会结构中的作用，坚定不移走中国特色社会主义文化发展道路。

三、助推中国梦的实现

（一）凝聚力量共筑中国梦

红色文化是中华民族在历史长河中积淀的光辉璀璨的传统精神的重要组成部分，在中国精神中承担着核心地位，为全体中国人民创造了一种无比强大的凝聚力。如今，我们立足于新时代的崭新历史起点，更应该有意识地回顾曾经中国共产党人所体现的红色革命精神，自觉承担起在新时代背景下继承和发扬红色文化的崇高历史使命，坚定不移地集中在党中央的领导之下，共同汇集成磅礴的伟力，为实现中国梦的奋斗添砖加瓦。在回顾红色文化的过程之中，我们能够亲眼见证：全体中国人民在党的光荣领导下，实现了从站起来到富起来，再从富起来到强起来的伟大征程，这一征程为中国共产党和中国人民积累了无比珍贵的精神财富，彰显出极其强大的理想信念，中国共产党人至今还秉承着艰苦奋斗、实事求是的伟大革命理想，并使其在新时代依然发挥出非同寻常的影响力和感召力。

（二）发扬坚韧不拔精神护航中国梦

红色文化所发挥的精神动力是不可小觑的，它是中国共产党人带领全国各族人民实现中华民族伟大复兴的梦想的重要力量。在当今时代，中国人民正处于一个无比关键的历史交汇点，面对汹涌澎湃的时代潮流、瞬息万变的当代社会和复杂难测的信息冲击，人们更应该借助红色文化的力量，用革命先辈所流传和总结的先进思想理论武装自己的头脑，汇集磅礴的群众力量，这样才能真正实现中华民族伟大复兴的中国梦。

中国精神和中国力量是实现中华民族伟大复兴的中国梦不可或缺的强大力量。2019 年，习近平总书记赴河南省进行实地考察时，曾经专门强调中国精神与中国力量的重要性："全党同志不能忘记红色政权是怎么来的、中华人民共和国是怎么来的、今天的幸福生活是怎么来的。"[①] 一直以来，中国共产党人都维系着作为马克思主义执政党的纯洁本色，在世界潮流面前高高擎起红色的旗帜，在各种挫折面前知难而上、敢于用创新的方法挑战困难，坚定地维持和建设中国特色社会主义道路，本着"撸起袖子加油干"的精神，珍惜革命先烈在艰苦岁月和纷飞战火中用鲜血和生命创立的伟大事业，以无比坚定的信念在建设社会主义事业的道路上奋勇前进。

（三）弘扬爱国主义精神实现中国梦

红色文化的起源是"中国道路"这一传统文化的滋养土壤，在实现中华民族伟大复兴中国梦的实践中，它自始至终发挥着凝聚民族精神、把握时代前沿理念的作用。中华民族的优秀传统文化有着极其丰富的思想内涵，包括顽强拼搏、逆流而上、不屈不挠的精神等，这些精神都在红色文化的形成过程中发挥了不可忽视的促进作用。

---

① 习近平. 全党同志不能忘记红色政权是怎么来的［EB/OL］.（2019-09-16）［2022-3-6］. https://www.chinanews. com. cn/gn/2021/10-04/9579565. shtml.

我们实现中华民族伟大复兴的中国梦的道路不可能是一帆风顺的，中国梦是近代以来中国人民提出过的最伟大的梦想，它的实现将会是一个艰苦卓绝的过程，全体参与其中的中国人民必然面临来自内外的各种挑战与阻力，这就要求我们切不可失去向心力，必须坚持中国共产党的领导，齐心协力、团结奋进、携手前进。习近平总书记指出："只要我们紧密团结，万众一心，为实现共同梦想而奋斗，实现梦想的力量就无比强大。"[①]

（四）团结带领全体人民实现中国梦

在无产阶级革命事业的建设当中，之所以是中国共产党带领广大人民群众取得了最终的胜利，根本原因就在于中国共产党的执政理念——始终坚定不移地把人民的利益放在首位。红色文化的精神内涵之一是我们党执政的根本宗旨——全心全意为人民服务。中国共产党人任何时候都不应该忘记：革命的胜利离不开人民的力量，党的权力和合法性无一不来自人民，因此，在发扬红色文化时，一定要高度重视并维系老一辈革命家执政为民的精神，永远不能忘记党的根本执政宗旨就在于为人民服务，一定要将这一理念继承好、传承好、发扬好，人民对美好生活的向往乃是我们党持续前进的强大动力，这种动力永远不会枯竭。

---

① 习近平. 共享民族复兴的伟大荣光［EB/OL］.（2021-08-25）［2022-3-9］. https://baijiahao.baidu.com/s?id=1709012484683264437&wfr=spider&for=pc.

第二章　红色文化教育的现状及问题分析

本书第二章为红色文化教育的现状及问题分析，主要介绍了三个方面的内容，依次是红色文化教育取得的成效、红色文化教育存在的问题、红色文化教育存在问题的原因分析。

第一节　红色文化教育取得的成效

一、高职院校高度重视红色文化教育

在维系中国特色社会主义文化的繁荣兴盛、紧密把握意识形态工作领导权的实践当中，大力深入并推广红色文化精神教育是不可不着力践行的重要要求。

从文化建设的角度来看，红色文化是一种极其理想的育人资源，它具有内核广泛、含义充实、载体多样等显著特点。我国所掌握的红色文化资源有着分布广泛的特点，有不少高职院校都充分发挥自身所在区域的地理优势和资源优势，发挥本地红色文化的作用，出台各式各样与国家政策相匹配的课程，让红色资源优势真正成为教育上的优势。所以，我国的各类院校有必要在红色文化的发掘工作中投入更多的精力和思索，发现红色文

化更加多样、更为深入的价值内涵，在高职学科专业建设、课程教材安排、实践行为育人等方面都充分地融入红色文化精神，之后使其在校园中发挥精神感召作用，成为立德树人的优质教育资源。许多高职院校都有着理想的浓厚红色文化精神教育氛围，校内教师和领导对红色基因的传承教育给予高度重视，大力推进红色文化理论教学，使理论成果真正成为课堂和教材的组成部分，并深深地烙印在学生的头脑之中，成为伴随其一生的宝贵精神财富和思想动力，这些教育工作都收获了肉眼可见的不俗成效，另外，类似的教育实践还总结了许多教学经验和教学理念，这些经验和理念都显露出突出的教育特色，为其他院校和教师开展红色文化教育工作提供了启示与借鉴。

二、高职学生对红色文化的总体认同较好

从整体角度来看，眼下我国高职院校的学生大部分拥有较为理想的政治觉悟和政治理论素养，虽然有时也有错误思想和不良行径出现，但整体思想趋势依然是积极向上、健康昂扬的，这些高职学生对于中国共产党的执政理念和执政能力充满信心，坚决拥护党的领导，对祖国、对人民充满热爱，决心在毕业后凭借自己的所学和能力为建设祖国、构建社会主义强国做出贡献，对国家的未来满怀信心，秉持昂扬不息的动力，对红色文化抱有积极的看法，并且在学习生涯中感受到了红色文化的深刻精神内涵，认为其必会对自身的进步和成长产生重大的意义。在高职学生（以及其他各类高校的学生）群体看来，红色文化所反映和蕴含的乃是中国共产党人在共产主义事业中不懈奋斗，将自己的终身奉献给国家事业的伟大理想信念和生命境界，学习红色文化能够从根本上提升一个人的思想道德水平，对自身未来的成长起到积极的引导作用。综上所述，高职学生群体在红色文化方面的理解情况依然较为理想，大体上可以说是符合当前的道德要求与思想政治要求的。

三、高职学生红色文化教育取得的经验

（一）注重结合形势创新高职学生红色文化教育

自从中华人民共和国成立以后，全体中华儿女对国家和未来的热切期盼日益高涨，纷纷投身社会主义建设，希望建立起一个繁荣富强的社会主义新国家，在这些新生时代的建设者中，青年学生扮演着最富有生机、思想最为活跃的角色。当时，党和国家也十分充分地认识到了学生群体的这一特点，从青年学生热情高涨的实际情况出发，引导其积极投身新生的中华人民共和国的建设，将革命英雄主义宣传、爱国主义教育、革命传统讲述等作为精神教化的主要内容和形式，大范围开展了最早的红色文化教育，向学生群体宣传并发扬了大量革命时期涌现的模范英雄人物和社会主义建设实践中的劳动模范的光荣事迹，让广大青年学生受到这些人物所彰显的先进思想的感召，学习他们的崇高精神和伟大品质，在未来投身改造客观世界和主观世界的实践活动时获得强而有力的精神支撑，国家建设的全新局面也由此产生。毛泽东曾经对此进行过这样的描述："人们的社会存在，决定人们的思想。而代表先进阶级的正确思想，一旦被群众掌握，就会变成改造社会、改造世界的物质力量。"[①] 许多对中华人民共和国的建立和早期的保卫战争做出杰出贡献的英雄先锋和模范人物，在中华人民共和国成立初期相当长的一段时间内被作为广大青年学生的学习和效仿榜样，教师在课堂上全面讲解这些人物的真实言行，使青年学生接受崇高精神的感召的先进事迹的鼓舞，在此教学过程中引导他们通过力所能及的方式去模仿和学习，让他们以高度的自觉和高涨的热情投身于社会主义建设的实践之中，满怀对国家、对人民的使命感与责任感，对未来的新生活充满美好的向往与真挚的热爱。

中华人民共和国成立初期青年人所经历的时光可以用"激情燃烧"一词

---

① 毛泽东著作选读（下册）[M]. 北京：人民出版社，1986.

来形容，在这些学生之间，红色文化教育以各种各样生动的形式进行着，这使得他们积极投身社会主义事业、建设美好家园的热情被充分点燃。虽然在那个艰苦的岁月，我国的物质条件还十分匮乏，但青年学生在革命先辈们的崇高精神的感召之下，即使处于简陋的环境之中也没有感觉艰苦疲乏，相反，学生们处在丰富多彩、充实鲜活的精神世界中，对所有的事物都充满了希望，在学习与工作中都发挥出了无穷的力量。青年学生接受党的指导和引领，积极响应党和政府面向全体人民群众提出的要求，投入诸如"上山下乡"等重大工程，在劳动实践之中学习知识、掌握经验，深入劳动人民的生活，在基层和最艰苦的地方感受真实，时刻关注祖国建设最现实的需要和诉求，尊重广大人民群众的态度，与其打成一片，在群众之间传播红色文化，促使更多人怀着坚定的奋斗意志参与社会主义建设，而不是过分考虑个人的得与失，凝聚成社会主义建设的强大力量。中华人民共和国建立初期，无论是社会背景还是思想环境都有着一定的特殊性，很多学生都在新民主主义革命胜利的前提下满怀着对共产主义的坚定信仰和学习热情，内心深处十分向往社会主义环境下的崭新生活，在当时的高职院校之中，学生群体普遍拥有大胆地改造自我的精神，在全部少年人和青年人群体之中将一种革命乐观主义色彩传播开来，这时的革命乐观主义已经呈现出了隐约可见的理想主义色彩，年轻的社会主义建设者们单纯地奉献自我，不追求任何物质层面的回报，只追求精神层面的满足；自觉维护集体主义精神，不过分突出个人；服从整齐划一的纪律，不使个性在集体中过于突兀甚至发生冲突。基于这一独特的社会心理，当时的红色文化教育实现了非常理想的契合，而且还强化了学生们的共产主义信念，这就是其最终收获极大成功、在全社会范围内引发了积极向上的社会效应的根本原因。

（二）重视先进人物的示范效应

中华民族是一个重视修身养性的民族，这一点从自古以来的教诲"见贤思齐焉，见不贤而内自省也"中就可见一斑。在中华人民共和国成立之后，党和国家也非常重视模范的作用，一直在红色文化教育中加入先进人物的事迹加以说明。正是在这些先进人物事迹和传统教育思想的感召和引领之下，学生们才能充分领会共和国精神，并在社会主义建设实践之中将其发扬光大。这对如今的红色文化教育也能起到深刻的作用，高职院校在全方位开展红色文化教育的过程中，应该对革命先烈和先进人物的榜样引领作用有充分的认识，并予以高度重视，发挥其感召作用，在面向高职学生进行的红色文化教育中，大力开展抓典型、树榜样等活动，并善于在学习实践中发现和宣传新的学习工作榜样：这些榜样应该有令人信服的事迹，并且符合可学、可操作、平易近人的原则，让广大青年学生在校园生活中拥有活生生的榜样，树立明确的发展目标，在学习上取得更加喜人的成就。

（三）充分发挥媒体教育作用

红色文化在高职院校学生群体（乃至全体社会公民）之间得到有效与积极的强化是一个极其重要的精神建设层面，它决定着红色文化的顺利与长久传承、在新一代社会主义建设者之间的发扬光大以及一届届青年学生的健康成长和全面发展，最终，这种精神被学生群体内化，融入其处事态度和生活、学习、工作习惯之中，并且被更多的社会成员所接受。而要想实现红色文化的教育和宣传强化，就必须充分发挥各类现代媒体的作用，向更多的人描述和阐释红色文化的意义，面向全体社会公民进行推广。在中华人民共和国成立初期，党和国家高度关注红色文化的宣传与教育工作，各院校都为此付出了极大的努力，这其中就包括校内媒体宣传手段，包括校广播站、校园报刊、文学作品、电影等，这样的宣传的持续力度长久且多方位、多层次的，能在学生群体的心目中树立起具体化、立体化的革命英雄人物形象，用朴实的方式赞颂、宣传和推广他们为社会主义事业献身的伟大精神，就这样，一代又一代的学生受到革命先烈与劳动模范的精神的鼓舞与感召，自觉、自愿地为国家建设贡献出了自己的力量，在奋斗中付出青春与汗水，向世界彰显生生不息的力量，成为如火如荼的伟大社会主义事业当中的一个虽微小却不可或缺的部分。很多优秀而经典的红色文艺作品也都来自这个年代,这些作品大都反映旧社会的压迫与黑暗、描写革命先烈们不屈抗争的意志和浴血拼搏的事迹,内容真实感人,不仅体现了纪实文学的价值,而且含有宝贵的文学思想和艺术价值,对青年一代起到了十分理想的教育效果,激励着不同时期的学生度过自己的青春岁月,在英雄人物的鼓舞之下度过激情燃烧的少年时代和青年时代,这其中自然也包括各大高职院校的学生。在进入改革开放时期之后,我国的思想文化界迎来了可喜的繁荣与开放,接受并利用起许多新生的文化传播方式,文化事业掀起了又一次高潮。而在正式迎来信息时代之后,传媒手段愈发高效且多样化,人们能接触的信息范围越来越广,内容也越来越丰富,在这样的背景下,高职院校就不能一味固守传统的传媒手段,在利用校园广播电台、校园报刊、文学艺术作品、影视等媒介宣传的同时,还应该把视线转向电视和网络等新生媒体,充分发掘和发挥这些事物的作用,特别是要通过网络媒体作用向更多群体宣传红色文化,接受红色精神的感召。在近几年,越来越多的高职院校都进行了不同形式的红色文化宣传教育活动,在校园内举办了内容充实、形式多样的文化活动,还有许多高职院校专门开设了以红色文化为主题的专题网站,指定专人对网站进行定期维护与更新,让网站更具有时代气息和文化内涵,增强其教育意义、思想深度和艺术魅力,符合当代思想精神教育的要求,并吸引更多的青年网民浏览和学习。

第二节　红色文化教育存在的问题

一、高职教育中存在的问题

(一)红色文化在高职传播中的问题

红色文化在高职传播过程中存在的主要问题是"四有四无"现象。

"四有四无"红色文化现象主要是指"有意向无动向""有学习无体会""有传播无拓展""有过程无内容"。

"有意向无动向"是指当代高职学生容易受周围环境与氛围的影响，在一定情况下受周围环境的刺激产生学习、探讨乃至自发地向他人推广和讲解红色文化的意愿，然而这并不是持久的，在时间的推移之中，这种简单的愿望也会逐渐消散，不见于现实行动。

"有学习无体会"主要是说高职学生未能通过红色文化的传统传播形式领会其深层次精神内涵，仅仅是在参加活动时走马观花甚至应付差事地浏览红色文化相关信息，并未将红色文化的实际内涵结合在自己的固有思维之中。

"有传播无拓展"指的是枯燥单调的形式宣传依然在如今的红色文化活动中占据主流地位，这种方法当然很难吸引年轻人的关注和兴趣，没有有趣的形式作为依托，很难大面积实施并延续下去，这样一来根本无法将新一代的青年学生真正培养为红色文化的继承者与发扬者。

"有过程无内容"则意味着针对红色文化学习中没有真正形成精神层面的内化和深化，这样的学习本质上是无效的，无法形成预期的实质性教育成果，也没有在学习实践中发挥创新精神，彰显红色文化的时代内涵。

同时，在高职院校举行的一系列红色活动中，活动与网络不能有机结合。这都在一定程度上制约了红色文化的传播。

（二）重视教育的社会价值而忽视个体价值

在相当长的一段时间内，针对高职学生开展的红色文化精神教育经常参考现实中的社会需要来决定课程的价值导向，教师会让学生接受"红色文化精神教育应该首先顺应社会潮流和政治导向的要求"这样的观念。我国在实施改革开放的基本国策之后，整个社会的工作重心都放在了经济建设上，在这样的环境下，高职学生所接受的红色文化精神教育当然也是围绕着服务经济建设这一主题展开的。这些教育举措和教育观念都是在尝试适应新时代和新的发展形势之下社会前进的现实方向，但从客观角度来看，这样的红色文化教育没有突出其应有的精神文化价值，未能从根本上促进高职学生的全面发展，也就是没有关注学生的精神世界，高职学生是一个独立的个体，其必然拥有内在的自然发展的需求，而如果在教育中过分重视结果的功利性，强调让学生从学习成果中收获效益，那就会使教育失去原本的理想色彩和引导价值。虽然教育的社会性是一个十分重要的方面，但是其自我完善性是更为重要和本真的性质。以往的高职学生红色文化精神教育就存在这样的缺陷：未能充分发挥教育对于一个人的自我成长、精神锻炼、思想打磨、价值实现等方面所承载的作用与意义，而仅仅强调教育在大的社会体系中所发挥物质层面诸要素的价值和用途。如果更深入地研究的话，许多高职院校对学生所进行的红色文化精神教育在学科定位和价值定位上出现了偏差，认为这种精神教育是单纯地依附于政治要求与经济发展的工具，将德育的实质等同于满足某种外来的需要或物质诉求，这样就使得接受教育的高职学生失去了红色文化精神教育真正的精神起点，未能给予人的主体性以足够的尊重，不能真正唤起学生的人文意识和人文情怀。简要分析高职学生红色文化精神教育的课程价值导向与教学目标，可以得出以下结论：从一方面来讲，高职学生红色文化精神教育首先服务于社会政治、经济、文化的健康稳定发展；从另一方面来讲，它也应当协助高职学生有效地探索发挥自身的潜能、实现自我人生的价值、彰显学生的独立个性、实现学生的人生梦想，这才是完整意义上的精神教育课程。为了实现这一目的，教育工作者应当在这方面付出更多的努力，在教学活动和校园环境中实现社会价值与个体价值的有机和谐统一，只有做到了这一点，才能说是理想地达成了高职学生红色文化精神教育的完整教育价值，进一步强劲地促进个人的全面发展，并有机地融入社会的发展与时代的潮流之中，达到个体生命在社会生活之中的大和谐。

（三）教育与高职学生的身心发展不相适应

截至目前，在高职学生之间开展的红色文化精神教育已经有了一定的实践时长，根据教学积累的充实经验，教育工作者们已经充分地认识到榜样教育的作用，并且能够比较熟练地应用这种教育方式，最终收获了相对理想的成效。

在近几年我国的发展进程中，社会主义市场经济的发展程度越发深入，经济全球化进程持续推进、不可阻止，基于这样的社会背景，当代青年学生在思想上接收着来自各方面的冲击与塑造，思想认识已经不同于以往的学生一代，产生了十分深刻而多面的变化，然而，很多学校的教育模式和教育内容依然没有进行相应的调整，仍然长期向学生灌输着"完美化""规范化"的榜样的形象，因此很多被作为施教榜样的人物的形象太多疏远，在学生群体之间没有代表性，其事迹可操作性不强，无法给接受教育的学生们以足够的亲近感，这从本质上来说是一种误导，会使得青年学生对榜样的整体印象和内心态度偏离合理的范围，影响他们的信任和接受。

因此，为了红色文化教育的课堂效果和宣传效果，应该尽量避免在榜样的宣传讲述方面过分地包装和美化，使学生对榜样的形象产生过度理想化、崇高化的印象。对于青年学生来说，只有生动真实的例子才是富有感召力的，假如原本存在于现实生活之中、本质也是平凡人的榜样反而被异化成了高大神圣的"圣人"状态，就会失去其最本真的"人性"，化为学生们心中的某种他者性"事物"，即使学生原本有学习效仿的想法，最终也会对榜样感到疏远，甚至因为不真实的人物形象而心生反感。

许多红色文化精神教育的问题症结都在于脱离实际，它们没有真正顺应青年学生真实的身心发展状态和内心期望。红色文化教育者总是过分强调教育内容的规范性和政治宣传意义，却过分忽视了青年学生的内心想法，不关注学生心理，更没有系统地研究、探讨和分析合理的教学方法，不主动把握教育对象的状态和内心活动，使得精神教育反而和学生真实的精神世界脱轨。毛泽东曾经就这一问题专门发表过看法："人们要想得到工作的胜利即得到预想的结果，一定要使自己的思想合于客观世界的规律性，如果不合，就会在实践中失败。"① 所以，教育工作者在开展精神教育和思想宣传工作之前，首先必须充分了解青年学生真实的身心情况，熟知年轻人精神世界的内在发展规律，这样一来才能在教育工作中取得令人满意的实效。

综前所述，教育工作者在面向高职学生推广红色文化教育的实践之中，必须充分且深刻地认识榜样先进性的体现方面，自身对红色文化教育的构成成分应该有合理的见解，具体包括革命精神、奉献精神等，这些精神的共同特征之一都在于其时代特征。

从精神价值的角度来分析，合格的榜样都能彰显一种体现长久的号召力、经久不衰的崇高精神，所以在任何时代背景下都能够对高职学生产生模范式的引领作用。不过，榜样依然需要被赋予充足的时代内涵，才能更加完整地发挥深层的作用，让榜样所蕴含的跨时代价值完整地契合当代社会的主流文化与宏观价值追求，同时也更加符合时代潮流下的社会道德发展趋势和道德追求，这样，榜样的事迹对于青年学生会更有说服力，其精神更容易引发学生心灵的共鸣与认可，不再被动地接受榜样教学，而是主动探求榜样的精神，并在现实生活中自发地实践这种精神。

需要教育工作者特别注意的一点是，不能仅仅宣传和讲解革命年代为革命与战争献出生命的先烈的生平与事迹，还应该多挑选一些贴近当代学生生活实际的榜样，树立工作学习先进分子的典型，向学生传递热爱学习、乐于合作、敢于创新、甘于奉献、注重个人品德情操的精神理念。应该有效地把握和顺应高职学生的身心演变规律和精神追求，以便更好地进行艰苦奋斗、顽强拼搏、树立远大的理想等方面的红色文化精神教育。

（四）教育方法较为单一

在 21 世纪的社会，经济全球化已经完全成为不可阻挡的发展趋势，社会

---

① 毛泽东选集（第一卷）[M]．北京：人民出版社，1991．

信息化的程度也在不断加深，人们获取信息的渠道越来越多，能够随时掌握全球范围内各种领域的最新资讯，世界信息网络的面貌已经发生了翻天覆地的变化，这一大背景促进了全体人类行为习惯和生活理念的转变，如今人们的思维方式和以往相比，发生了多方位的深刻变革。因此，在信息多样化的时代背景之下，高职学生所接受的红色文化精神教育也应该与时俱进，不能再固守以往传统的教育方法，红色文化精神应该敢于尝试多元化的、体现创新思想的教育方法，另外还应该遵循从实际出发和个性化的原则，分析每个学生的不同学习能力和接受能力，结合所处的教育教学环境等，灵活地调整和改进现行的教育方法，从而符合不同的教学目的，实现更为理想的教学效果。

可是，从我国高职院校目前的教学情况来看，施行的教育方法并不符合上述要求，仍然呈现十分单一的特点，不管是课堂教学还是实践教学都没能把握新时代的新要求。

第一，实践教学的形式十分单一。任何理论，只有在通过物质实践应用到生活中并收获成效之后，才能说它是有价值的。而红色文化本身也来自实践活动：中国共产党在新民主主义革命时期勇担历史重任，进行反帝反封建的斗争，在中华人民共和国成立之后，又带领全国人民开展社会主义建设，最终选择改革开放的道路，红色文化正是来自这一漫长的进程中的历史积淀，是中国共产党领导下全体中国人民共同取得的辉煌文化成果。所以，在实践育人中加入红色文化的内容，是红色文化精神教育的有效途径，能够协助学生对红色文化精神获得更加深入和全面的认知，增强应用理论的能力，强化实践动手的能力等。各高职院校需要在教育实践中充分融合红色文化资源，在实践中育人，让学生获得身临其境之感，尽可能地发挥和培养学生的主体性功能，通过情感、直觉、灵性等能力全身心渗透到实践当中，用心灵去体会和发现，感受红色文化精神的感召，认真地思考和领悟红色文化的深层次内涵，只有这样，才能使得学生的学习能力、实践能力和创新能力全方位地提升，更进一步地促进学生的全面发展。我国拥有多样且充足的红色文化资源，这些资源包括革命人物故居、烈士纪念馆、战争遗址、革命纪念碑等，广泛地分布在全国各地，都能为打造高职学生爱国主义教育的实践基地提供丰富的物质资源。各高职院校在课余时间可以定期安排一些诸如前往革命烈士陵园扫墓、参观革命纪念馆的红色文化实践活动。

有教育研究者专门面向高职学生进行了红色文化实践教学方面的调查，得到了以下结果：部分学生认为实践活动的形式比较落后，依然沿用十分传统的方式，所以很难对其产生足够的兴趣，这就使得教育的效果大打折扣；还有一部分高职学生将红色文化实践教学活动视为一种流程或者形式，认为其开展目的仅仅是应付上级部门下发的政治宣传任务，在参与实践活动时仅仅以"交差"为目的，能够回复老师和上级的要求就算达到活动目的，没有主动用心地探索并提炼红色文化资源的根本性内涵，未能认识到实践教育活动的本质目的——使红色文化精神深入受教育者的内心，被内化为精神的组成部分。上述这些都是现阶段高职红色文化实践教学中所存在的缺陷和问题。

第二，教育技术的落后也是高职院校红色文化精神教育的一个主要缺陷。如今已是信息社会，高速发展的信息技术和大量普及的计算机以及其他各种智能设备都为人们的生活的和工作创造了肉眼可见的便利，教育领域自然也不例外，信息化必然是我国教育未来的主要发展趋势，然而，很多高职院校对于新媒体技术和自媒体技术的重视程度不够，或学校自身的物质条件有限，未能在教学中充分发挥最新技术的作用。现如今，许多教学单位都已经掌握了高效的新媒体和自媒体技术，将其应用在教学实践当中，取得了良好的成效。高职院校中开展的红色文化精神教育也应当把握这一趋势，在面向高职学生进行的红色文化精神教育之中广泛应用自媒体技术，更好地传授和讲解授课的内容，从而更加深入地满足高职学生的求知欲望与学习需求。所以，假如高职院校的教育工作者能够在红色文化精神教育实践中实现自媒体等新技术与传统教学方法的有机结合和合理搭配，那么就能够为今后更多教师的授课提供经验，大大提升红色文化精神教育的教学效率，收获更令人满意的教学效果。

二、社会教育中存在的问题

提出问题、分析问题是本书的逻辑中介。只有弄清楚红色文化教育价值实现中出现的问题，才能对症下药，找出对策。红色文化教育价值实现中出现一些问题，如红色文化宣传教育形式化、过于注重理论灌输而忽视内在精神的升华、在利用新媒体传播方面有所不足等，都会影响红色文化育人的实际效果。

（一）红色文化宣传教育简单形式化

我国目前的宣传教育工作之中依然存在许多复杂的问题，这些问题都关系着红色文化教育价值能否顺利实现，影响着文化宣传路径与渠道的畅通的与否，左右着红色文化教育的根本质量。许多红色文化宣传教育活动都存在"有形式、无内容"的问题，只注重活动的外在形式和政治宣传意义，并没有总结红色精神的内涵，未能使其留存在宣传对象的内心中，仅仅是单方面的强制灌输，也没有在教育的引导方式上体现个性化、多元化和灵活化的原则，话语表达方式也比较落后，这些不利因素都使得人们对先进红色文化的内化不够深入，影响了红色文化育人的实际效果。

1. 红色文化宣传教育形式化，不注重内在精神的升华

文化育人并不是一项能够一蹴而就的工作，它要求参与者付出高度的耐心和责任心，长期投入其中，不厌其烦地参与种种复杂且系统细密的思想建设工程，如果要让红色文化在社会范围内真正发挥深层次的育人作用，就要使文化传播形成一种常态化的有序机制，不能落入形式主义的窠臼。然而，从目前的文化宣传情况来看，形式主义和官僚主义依然是亟待解决的严重问题，红色文化的宣传教育工作姿态不够端正严肃，很多活动都是一时兴起或应付差事，临时掀起一股风潮，随后就无从说起，无法给人们留下深刻的印象，甚至因烦琐的、表面化的程序而招来广大群众的厌烦，这些对于红色文

化育人来说都是必须反思和避免的主要问题。

不仅如此，受到中央部门的高度重视和多方位扶持，全国各地都建立起了许多优质的红色教育基地，可是，也有许多地区政府未能充分地认识到红色文化的精神内涵，在红色文化宣传教育的落实方面仅仅突出了红色文化的物化寄托形态，却没有举办相应的文化活动来提炼与升华红色文化的思想境界，没能深入宣传对象的内心。有人说，"课堂花了一年工，挡不住社会一阵风"，这既是对扭曲变形的红色文化宣传工作的惩戒，也是其长期形式主义的必然结果。因此，我们在加强红色教育、开展红色文化宣传活动时，必须坚持常态化，注重实效性，才能使红色文化的教育价值源源不断地发挥和涌现出来。

2. 红色文化宣传注重理论灌输，不注重实践体验

如果文化宣传沦为一种强行的灌输手段，而没有考虑和结合不同的社会群体的特殊个性、生活习惯和思维方式，那么这种宣传最终必然无法收获令人满意的效果，一定是低效、无效甚至有负面效应伴生的。"我们的理论是发展着的理论，而不是必须背得烂熟并机械地加以重复的教条。越少从外面把这种理论硬灌输给美国人，而越多由他们通过自己亲身的经验（在德国人的帮助下）去检验它，它就越会深入他们的心坎。"[①] 传统的填鸭式、命令式或者"我讲你听、我打你通"的单向性，都是强制灌输的鲜明体现，难以在受教育者心中产生共鸣。宣传红色文化贵在运用鲜活的事例和生动的材料，以群众喜闻乐见的形式表现出来，才能取得最佳的教育效果。改革开放30多年来，红色文化的宣传教育从未停止，既表现为群众性活动也表现为个人的实践和履行。当下拜金主义、享乐主义、利己主义等思想不断滋生蔓延，官德、商德、公德等道德滑坡问题令人担忧，特别是曾经的"小悦悦事件"唤起全体国民的痛切思考。可以说，这些现象的出现与长期灌输式教育导致人们对

---

① 马克思恩格斯文集：第10卷 [M]. 北京：人民出版社，2009.

红色精神内化不彻底密切相关。

3. 红色文化话语表达被动滞后

从语源学看，"话语"（discourse）一词来自拉丁语，而在法语中，"话语"接近于"自由对话""闲谈""对事实的叙述、陈述""语言""言语"等。法国哲学家让·保罗·萨特曾把语言比作我们的"触角"和"眼睛"。在海德格尔看来，语言是自身存在的证明，人的本质总是通过语言来展现的，"语言敞开着人赖以栖居的领域"①。在福柯看来，"话语"不仅有作为知识形态存续的空间，而且也有作为语言形式存在的风格。他曾猜测，在所有的社会环境中，所谓的"话语"无一例外地来自一个被控制着的、中途有所选择和组织编排的程序，而且还会遵循某些秩序的要求进行再分配，这种程序的主要目的是：话语可能因其权力而造成难以估量的危险，产生不可预知的负面事件，唯有对话语加以管制，才能将这类风险的可能性降到最低。

每一个时代都具有自身特殊的话语系统，这些话语系统也都反映了各不相同的思想内涵。此外，即使是在同一时代背景之下，不同的群体和角色也呈现着自身特有的话语表达习惯。我们可从市场经济、改革开放、全球化、以人为本等语言中感知时代脉搏，显然这些词汇与阶级斗争、灵魂深处闹革命、政治运动、计划经济、"斗资防修"等蕴藏的政治信息和反映的时代背景是不同的。在宣传红色文化时，一定要借助一些方便大众充分理解、可信度足够高、让人感到心悦诚服的语言，要编排所谓的"亲近性文本"，也就是高度符合人们的思维习惯和心理活动方式的语言，借此走近群众，真正达到红色文化育人的目的。

（二）红色文化利用媒体传播存在差距

文化传播的主要特征在于它的目的性，这是一种按照一定的计划、本着

---

① 海德格尔. 思的经验（1910—1976）[M]. 北京：人民出版社，2008.

某种指导意识而进行的传播，它的本质是传播思想的活动，目的在于构建一种在社会范围内占据主流地位的文化系统，营造一种宏观的思想态势，其根本目的在于影响和改变传播对象现有的思想观念①。根据本尼迪克特·安德森的理解，文化传播包括文艺、报刊、电影、教科书等，构成一个国家"想象的共同体"，并在国家建构中发挥了举足轻重的作用。影响力是由传播力所决定的。红色文化的传播渠道的通畅与否，对于其育人价值的最终实现与教育理想程度存在着决定性的作用，关系到红色文化传播的水平与境界。当下，红色文化的宣传方式依然比较有限，未能体现多样性的原则，主要的大规模宣传形式依然集中在红色旅游和国家的重大节日的纪念活动这两个方面，其他新颖且行之有效的媒体宣传手段依然有待开发，仅从红色文化的传播占比和当今传统媒体的话语分量来看，它的声音依然不够"洪亮"，而且在红色文化利用和借助新兴媒体进行传播方面显得比较单薄，力度相对不足，制约了红色文化育人作用的真正发挥。

1. 红色文化在传统媒体上的声音较弱

在任何种类的文化传播中，传统媒体都发挥着基础性的重要作用，红色文化自然也不例外，传统媒体依然是其在当代有效继承和广泛传播、实现内在教育价值最为直观而快速的媒介。但是，传统媒体在当今社会也面临着一系列十分棘手的问题：现代化信息手段的冲击、市场经济发展趋势的推进、多元文化的飞速演变等，在这样的背景之下，很多传统媒体忙于应对随之而来的现代行业竞争，却忽视了原本应当赋予红色文化的关注程度。传统媒体在红色文化宣传上很容易出现这样一种问题：有的媒体过分突出和看重红色文化的政治价值，并将红色文化置于高高在上、高不可攀，甚至凌驾于其他一切文化形态之上的"唯我独尊"地位，这样做，必然导致文化批判功能的丧失，使广大文化工作者实际上成为整个社会生活的歌功颂德者，成为主流

---

① 郝雨. 中国现代文化的发生与传播 [M]. 上海：上海大学出版社，2002.

意识形态的单一传声筒。对此，马克思当年在批判普鲁士政府的书报检查制度时就曾经入木三分地分析过类似的问题，认为书报作为文化发展的主要平台，一旦过于强调、夸大其服务政治的功能，将会出现"思想褪色"的可怕现象。另一方面就是在"资本为王"的驱使之下而陷入娱乐化甚至庸俗低俗化的泥沼而难以自拔。不管是报纸杂志，还是广播电视，往往会在商业化浪潮中迷失方向，丧失应有的媒体良知与责任感，不是把宣扬红色文化放在第一位，而是有意无意地宣扬诸如"宫廷争斗""感情纠葛"式的东西，以此吸引观众眼球，一味追求扩大收视率，或者只是在某些时候才把红色文化拿出来作为装点节庆气氛的时令鲜花。总之，现有的传统媒体经常在两种宣传的极端之间反复不定，依然没能将红色文化的内涵与气量真正向全体人民宣传出来，红色文化在媒体中的影响力之式微和覆盖范围之有限都是肉眼可见的不利现象。

2. 红色文化利用新兴媒体传播力度不够

随着网络新媒体时代的到来，红色文化的宣传教育面临信息化社会的新形势，本应与时俱进，探索新的方式方法。但迄今为止，红色文化在利用新媒体这方面略显不足，不能适应现代传媒的快速发展，及时有效地利用新的传播方式。当前，移动手机、互联网、微博等新媒体快速发展并渗透到人们日常生活的各个方面。与过去的文化传播方式不同，包括网络手段等在内的新媒体的普遍特征是信息的查询和发布十分快捷、自由程度高、开放范围广泛、时效性和交互性强，这些新媒体的面世和应用对文化的传播和再建起到了显著的作用，全球范围内的多元文化都得到了广泛的宣传，所有互联网用户都可以平等地享用来自全世界的文化资源，从而实现了文化的全方位流动、互动和再创作，用于文化传播的语言符号也因此得到了理想的充实。借助网络这一新平台，红色文化教育功能的发挥获得了新的传播渠道、新技术载体和新的言论空间，有助于增强红色文化的吸引力、凝聚力、感染力和影响力。新媒体的多元性、开放性和交互性，在为人们提供了获取信息和言论表达自由的新途径的同时，也使人们在浩瀚复杂的信息面前不可能被动地接受主流媒体的教育和灌输，不可能简单地认同主流价值观，从而导致人们对红色文化认同的无形流失，最终不利于红色文化充分发挥应有的教化育人功能。

第一，在如今我国的网络环境中，无论是各网络媒体对红色文化的宣传力度还是人们自发寻求红色文化相关信息的程度都严重不足，此外，网络社会中的一些不良现象依然普遍存在，对良好的网络环境构成了威胁，对此，网络监管部门依然没有推出强有力的制约和管理手段。由于网络法规不健全，宏观层面的政策法规不健全，标准不统一，我国网络事业发展缺乏统一的指导方针、实施战略和发展规划；部分教育工作者对计算机知识尤其是互联网知识和技能知之甚少，在网络监管上心有余而力不足；网络法制的建设依然未能紧随时代而发展完善，虽然网络技术的水准和应用程度都在高速持续地发展，然而网络管理依然处在一个不甚理想的水平，不适应信息时代的需要；红色网络信息容量大、内容广泛、层次复杂，红色网站很可能受到一些低俗、不实的"红色信息"的侵蚀和污染，从而大大拉低其中包含的红色文化应有的品位，乃至让网站自身的可信性受到质疑，给红色文化育人造成障碍。

第二，红色文化传播内容不能随新时代和生活的发展而向网民呈现更富有时代感的精神。现代资讯的快速发展，使得人们能够获取大量鲜活生动的内容，但是当下红色文化网站数量少，版面设计死板，缺乏动画、色彩设计，并且这些网站承载的红色信息与那些泛滥的信息相比更是少之又少。红色文化网站内容单一陈旧不丰富，更新速度慢，甚至有些红色文化网站内容千篇一律，页面资料就是党史介绍、学习资料宣传，或是从其他网站转载，而人们喜欢的那些动态的红色人物或者红色文化基地场馆信息却很少发布，人们感受不到红色文化教育的氛围，难以引起对红色文化精神的情感共鸣。以井冈山红色文化传播为例，政府部门创办的网站有井冈山革命博物馆、井冈山红色数字家园、吉安旅游网以及社会上的机构、组织和个人创办的网站等十余个。这些网站的内容是以井冈山精神为核心的革命人物、革命故事、革命文艺作品、井冈山革命斗争历程及增值文化产品等，对于文字、信息及视频运用得相对较多，对于动漫、游戏等新型信息媒介运用得少，甚至可以说凤毛麟角。

三、学生学习中存在的问题

（一）红色文化认同有待提高

高职学生对红色文化的认同需要获得一个基础性前提，就是对红色文化的本质性内容有较为充分的认知。但是眼下，相当一部分高职学生依然不够了解红色文化，在认同方面也比较模糊和薄弱。同时，在对红色文化具体内容的了解中，同学们的选项也不够全面和具体。这充分说明高职学生对红色文化的认知认同较为模糊。一方面，高职学生虽然已经熟悉并且认同了红色文化这一概念本身，然而依然不够了解红色文化的基本内容、主要特征、核心内涵等本质性问题，处在一种一知半解的认知状态之下，这对于红色文化的继承也是不利的；另一方面，部分高职学生虽然对红色文化虽然有一定的了解，然而这种了解是片面而且层化的，在细节上的具体认知不够，也不符合科学和客观的要求，更有甚者对红色文化的真实含义产生了误解、曲解和误读。所以，要想强化高职学生群体对红色文化的认同感，首先应该让其对红色文化有基本的正确认知，要想实现这一点，必须针对高职学生进行深入的红色文化精神教育，从源头上改变高职学生对红色文化认知模糊的不良现状。

（二）学生学习运用红色文化的主动性不足

现在的高职学生学习主动性不强，很多学生都缺乏主动独立思考的习惯，也难以从学习体验和现实生活中发现问题，没有主动探索事物本质的精神，在校园内仅仅接受教师课堂上给予的单方面知识讲授，总而言之，大部分高职学生在校期间都没能做到主动学习，仅仅是被动地接受教师传授的知识。更有甚者，机制观念出现了偏差，认为如今的生活条件远远优于过去，因此道德标准也不能等同于以往，认为传统观念已经无法在当下的学习生活当中发挥应有的指导意义，在有意识或无意识间抛弃了以往的优良传统作风。从这些事实中我们可以发现一个不容乐观的事实，那就是当代高职学生普遍对红色文化缺乏应有的价值认同感。

第一，高职学生探究红色精神并付诸实践的主动性与热情不足。曾有许多教育领域的学者和研究人员面向高职学生召开过各种形式的访谈交流，从调查结果中，学者们发现：相当一部分学生表示自己会遵循校方提出的要求，定期参加一些社会实践活动，这些实践活动大都和红色文化的宣传教育有关，学生也可以在活动期间了解一些关系着红色文化的历史知识、理论知识（无论学习程度如何）。不过，如果学校或老师没有提出专门的硬性要求，这些学生自己是不会主动接受红色文化宣传教育的，也不会自发参观和游览现有的各种红色景点，不会自行搜索相关的知识，这种自觉性缺乏的情况极大地制约了红色文化精神教育在当今的高职院校发挥理想的作用。受到传统教育方式的惯性作用影响，在接受红色文化宣传教育的短时间之内，学生可能取得一定的收获，然而无法真正将知识吸收并内化为自身精神理念的组成部分，也不会主动探究并深化已经掌握的红色文化知识，这样一来，现有的红色文化精神教育往往很难达到理想的宣传效果。

第二，高职学生普遍出现知行脱节的问题。在当下的社会大环境中，经济全球化、文化多元化的趋势越发明显，我国在接受各种先进的外来思想的同时，也经历着落后的社会思潮的考验，年轻人被各种各样的扭曲价值观所侵扰和影响，有些高职学生难以抵挡社会上的诱惑和欺诈，被诸如"享乐主义""拜金主义"等腐朽观念所侵蚀，无论是在学习还是生活中，都只看重物质利益，过分追求现实收益，做任何事情都把个人利益放在第一位，这样一来就会造成学生社会主义责任感的短缺，不愿为大众做出贡献，不肯牺牲个人利益，视集体主义若无物，最终出现知行严重脱节的问题。面向高职学生开展的教育，从本质上来说是一个双向推进知识的内化与外化的进程，在落实教育的过程中，高职应该引领学生实现思想和行动的一致化，不仅要让高职学生接受红色文化的宣传教育，还要使其将学到的价值观念逐渐内化，最终成为自身现实生活中的有力理想信念，让自己的言行举止得到红色文化的充实，更富有内涵，更符合时代发展的需要。红色文化宣传教育的目的在于：学生在理解了教育的内核精神之后，不仅会自觉地为实现中华民族伟大复兴中国梦和个人梦而奉献自己的力量，还能够在日常生活中时刻体现革命优良传统的精神，用艰苦奋斗等优良作风来管理自己的行动。

第三，在一些高职学生看来，红色文化是"古董文化"，不再符合当下社会的主流追求，也不符合现代人的生活理念。最新一代的高职学生大体上由"00后"群体构成，该群体的普遍特点之一是：受到社会风气的影响，在物质利益上的追求过分强烈，不少学生都没有在自身的人生信念和价值追求中充分融入红色文化的精神内涵，并且认为红色文化是年代非常久远的事物，已经不符合自己在现代社会中的理想目标。如今人们生活的年代，物质条件极其丰富，已经与艰苦卓绝的革命年代相去甚远，物质生活的改变让如今的高职学生对革命年代的生活缺乏想象，因此很难体会和理解红色文化所包含的深刻精神内涵。还有一部分学生将革命精神视为过时的思想，在物质财富充裕的当今社会没有必要学习这些革命的精神。在这样的背景下，学生完全没有主动研究和领会红色精神的概念，只能一味地接受教师在课堂上的单方面讲授。

第三节　红色文化教育存在问题的原因分析

一、社会原因分析

（一）市场经济弊端的干扰

市场经济本身存在的弊端容易导致一定的负面现象，而这些负面现象与高职院校开展红色文化精神教育的内容是格格不入的。如市场经济体制下，金钱的多少成为衡量一个人是否成功的唯一标准，一个人只有拥有足够多的金钱才能得到他人的称赞；而红色文化中则以是否具有为社会主义事业奋斗的精神作为衡量人是否成功的首要标准，个体只要有着远大的理想，爱岗敬业，不管他处在何种工作岗位，都会得到社会的认可。理论和现实的矛盾会使学生在接受红色文化教育时产生疑惑，进而对高职红色文化精神教育工作带来挑战，也会对学生正确认识红色文化的当代价值产生干扰。随着我国改革开放的不断深化，市场经济条件下追求利益最大化的观念在社会中流传开来，使得人们过分重视眼前利益而忽视长远利益，推崇利益至上，淡化人格精神，甚至出现极端利己主义的错误倾向。改革开放四十年以来，市场经济体制日益成熟，经济建设取得了卓越的成就，城乡居民的收入水平持续增高，生活条件得到了明显改善。整个社会从经济基础到上层建筑都发生了翻天覆地的变化，社会经济迅速发展，思想观念也随之发生变化。不可否认，市场经济为生产力的发展注入了新的活力，但市场经济趋利性的特征又导致一部分人将最大限度地追求经济利益作为行为准则，认为物质价值是人生的唯一追求，忽视精神价值，拜金主义、利己主义思潮泛滥，甚至为了追求物质利益不惜违反法律和社会良俗，突破社会道德底线的事件时有发生。

市场经济对红色文化教育的负面影响主要体现在以下几方面：首先，个人主义观念盛行，部分人过于注重个人利益，对于他们来说，为了实现个人利益的最大化可以忽略甚至损害其他人和集体的利益，尊崇金钱至上，不择手段的追逐金钱，严重影响了红色文化所倡导的集体主义价值观；其次，社会诚信意识滑坡，为了追逐利益，部分人将劣质产品贴上优质产品的商标来冒充优质产品，人与人之间信任感偏低，"老赖""碰瓷"现象时有出现，这和红色文化提倡的诚实守信、严守纪律相违背；再次，政府官员本来是人民的公仆，应该秉持着为人民服务的理念，但是部分政府官员将职权当成了替自己谋利谋财的工具，时有发生的政府官员贪污腐化问题严重影响了政府公信力；最后文化市场消极现象的存在也给高职学生带来了不利影响，如部分影视作品为了收视率故意歪曲革命历史，夸大历史事实，甚至有些影视作品篡改革命历史。影视作品的初衷是为了丰富人们的文化生活，本来应该向人们传达社会正能量，但近年来，一些含有不良内容的影视作品为了追求文化产品的利润，迎合部分观众希望感官刺激的错误倾向，全然不顾历史的严肃性，比如一些影视作品中出现了"手撕鬼子"的夸张剧情，消解了红色文化的崇高性。还有一些影视作品低俗、庸俗和媚俗的倾向严重，为了吸引年轻观众，极力增加恋爱元素，将红色革命电视剧演变成爱情偶像剧，剧本创作与历史事实严重不符。还有一些红色旅游景区采取形式化、低俗化的手段包装红色文化，歪曲红色文化资源的精神内涵。

红色文化精神教育工作的顺利开展离不开现实环境的支持。高职学生从课本中学到的革命知识与市场经济条件下的现实生活的矛盾，容易导致高职学生的思想出现偏差，不利于高职红色文化精神教育工作的进一步开展。市场经济是一种利益驱动，经济利益的最大化是首要准则，而红色文化是一种精神财富，蕴含着丰富的革命精神，市场经济体制中的不良思想冲击着红色文化价值观，导致红色文化的世俗化，对红色文化育人功能的发挥产生了不利影响。市场经济的发展是一把"双刃剑"，一方面，使得人们将生产生活的重点放在经济建设中来，鼓励人们积极创造物质财富，激发了人们的潜能，另一方面，其天然具有的弊端给人的全面发展带来消极影响。高职院校积极开展红色文化精神教育的目的是立德树人，通过红色文化来引导高职学生传承革命先辈艰苦奋斗的精神，坚定理想信念，增强爱国精神，促进学生的全面发展。如果社会现实与高职的知识教育相符合，就会使学生以积极主动的态度来学习红色精神，进而增强高职教育的有效性；相反如果学生发现他们在学校学到的知识、培养的品德与社会现实是不一致的，甚至是相矛盾、相抵触，就会使学生怀疑在学校学到的知识是否是真实的，是否能够用来指导生活，动摇学生原本坚定的理想信念，甚至会使心理脆弱的学生在遭遇挫折后怀疑人生。由此可见，市场经济的弊端导致的不良现象严重削弱了高职红色文化精神教育的有效性。

（二）红色文化网络传播影响力不足

随着信息技术的高速发展，网络在人们生活中的作用日益突出。网络技术在教育领域也得到了广泛的应用。有关调查显示，加强红色文化的网络传播能力是推进红色文化进校园的重要途径。但是现实情况是，大部分学校并未深刻意识到网络技术在红色文化教育工作中的重要作用，红色文化网络传播影响力不足，导致红色文化在高职学生群体中的传播受到限制，进而影响了高职院校教育工作的时效性。

一是传播内容缺乏吸引力。高职院校通过建设红色文化网站来开展红色文化精神教育，但是在传播的过程中过于强调政治教化的功能，传播内容仅仅局限于课本中就有的马克思主义的基本原理、毛泽东思想等，主题单一，更新速度慢。高职学生求知欲旺盛、好奇心强，对于社会中的热点问题极为关注，学生希望能了解这些问题，但是网站中并没有涉及高职学生感兴趣的内容，也没有将时事热点问题同红色文化结合起来，致使他们不愿意去访问网站，由此造成访问量有限的局面。

二是传播形式过于追求商业化。还有些红色文化网站过于追求网站的外在包装而忽略红色文化的内在本质。这些网站对红色文化进行市场化、商业化的包装，通过流行音乐、娱乐节目等来吸引网民，提高点击率，却并未深入挖掘红色文化资源的内涵和底蕴，最终造成红色文化本身的价值缺失。

三是对红色文化的网络监管不到位。红色文化的网络监管工作并不是一件简单的事，既精通网络技术又掌握红色文化知识的网络人才是进行文化网络监管工作的理想人才，现实情况是，虽然我国精通网络技术的计算机人才的数量较多，但他们对于红色文化知识的了解却很少，无法满足红色文化网络监管工作的需要。同时我国的网络监管工作尚处于起步阶段，网络传播的法律法规还不健全，造成网络传播信息的鱼龙混杂、良莠不齐，在一定程度上弱化了红色文化的价值导向，甚至损害了红色文化的精神内核。

二、文化原因分析

与经济全球化相适应的，是世界范围内文化的多元化发展。在中西方思想文化相互激荡日益加深的时代背景下，我国思想意识领域也出现了多元文化并存的复杂文化生态环境和基本发展格局。其中，虽然大众文化、消费文化和网络文化是典型代表，正确的与错误的、积极的与消极的、先进的与落后的，使红色文化的发展空间遭到了严重挤压。

（1）大众文化呼唤红色文化的引领效应

大众文化是工业社会产生的、以都市大众为欣赏对象，采取时尚化运行方式，通过现代传媒特别是电子传媒传播、按照市场需要批量生产，注重大众感官娱乐的文化样式。大众文化内容复杂，通俗文学、流行歌曲、广告艺术、服饰文化、影视文化等大众日常生活接触到都可以归为大众文化之列。大众文化具有以下特点：第一，大众文化具有商品性。无论是文化产品还是文化活动、设施，在进入大众消费之前都要进行商业化包装、宣传，以便刺激大众消费欲望，增加对大众的诱惑力。大众文化的商业性对传播先进文化起了一定作用，但也会造成大众欣赏水平的庸俗化，艺术家从文化的传播者变为商品提供者。第二，大众文化具有娱乐消遣性。在现代社会中，激烈的市场竞争使人们生活在紧张和压力之中，大众文化主要不是为了宣传主流价值观念，而是为了娱乐消遣。在快乐原则指导下，大众文化经常出现人为设计的时尚因素，引导大众追求流行时尚而撇开对现实生活的不满，因而大众文化内容充斥平面性、无深度性和消费性。第三，大众文化是对大众日常生活的反映，具有强烈的渗透性。大众在接受大众文化时没有任何戒备心理，对文化中隐藏的价值观念、思想意识等能比较顺利地认同。同时大众文化的趣味性、通俗性对大众产生了强烈的诱惑力，大众对主流价值观念的接受态度是主动、自愿地接受。

大众文化自 20 世纪 90 年代中后期随着中国市场经济的建立开始兴起，便以前所未有的态势迅猛发展，是具有较大覆盖面和极大影响力的文化，成为当今都市文化的主流。而大众文化追求感官享乐、低俗的时尚，无疑堵塞了对高雅文化和理想的追求，忽视了人的神圣性，不愿过问人生的意义和目的，更谈不上理性思考和道德追求。法国哲学家阿兰·芬凯尔克劳特在《思想的溃败》中曾提到，文化消亡在何处？消亡于消费的狂热，消亡于享乐的风尚，消亡于寻欢作乐。大众文化以其娱乐性和消遣性一定程度上缓解了市场经济体制下人们的精神压力，但其负面影响也挤压了红色文化的生存空间，影响人们对红色文化的正确认知，制约了红色文化育人作用的发挥。

大众文化制约了人们对理想和高雅文化的追求。大众文化的娱乐性质和消费时代的商业操作，使大众文化充满了粗糙、刺激、感性的隐私，丧失了对崇高的追求，宣泄个人情绪、沉迷感性生活、放纵阴暗心理，消解了深层次思考和判断，忽视人之为人的神圣性，不愿过问人生的目的和意义问题，更谈不上道德追求和理性思考。因而，大众文化在竞逐欲望满足的怪圈之中会导致人的个性片面发展，在虚假的快乐体验中助长享乐主义和消费主义倾向，消解红色文化对社会生活和人生价值的导向作用，动摇和摧毁主流的价值观念与理想精神。大众文化因其趣味性、刺激性和新奇性的特点，更容易得到青年人的青睐并很快成为他们的主流文化。在这样的形势下，如果红色文化教育引导不好，人们必将沉溺于娱乐与消遣的文化氛围中。

（2）消费文化影响人们对红色文化核心精神的追求

消费文化形成于第二次世界大战之后。战后美国经济迅速发展，首先成为消费社会，与之相伴的消费文化也成为现代经济增长的精神动力和价值导向。消费文化是以刺激、鼓励消费为目的的文化。支持消费文化的学者认为，消费是一种意义的生产，鼓吹人生的意义就是消费，倡导人们要尽可能地进行消费。只有持续不断的消费才能保证资本积累的现实利益，才能进行再生产。消费文化的显著特征是把对商品的消费同自我认同、社会认同的实现相挂钩，将购买高昂的商品同幸福的生活联系起来，将高质量的生活作为人生价值实现的重要指标。随着时代的发展，物质资源的丰盈，人购买商品或服务不再是简单地满足日常需求，而是寻找"实用"符号背后的象征意义，体验某种"意境"，追求某种"价值"。它不仅仅是一种文化，从更深层次看，更是一种意识形态。消费文化的迅速发展对红色文化育人价值实现产生的影响主要表现为以下几点。

第一，消费文化的兴起弱化了人们对红色文化主旋律思想的认同感。在消费文化生活方式影响下，衡量人的价值以"物"为标准，使人在"物化"消费中迷失自身真正的追求。这就导致人们以物质利益的实现和感性的满足为出发点，弱化理想、信念、道德等形而上层面的作用，误导社会发展的价值导向。消费主义生态学家奥德姆曾生动形象地指出了消费主义文化生活方式的弊端，说其蔓延速度之快好比是干草见烈火，后果如同传染病那样可怕。消费文化中包含着低俗、消费至上、崇洋媚外、追求享乐等负面思想，并通过游戏式、休闲式、快餐式等文化样式满足人们感官愉悦，凸显对物质的占有。消费文化使人们一味追求享乐和低俗时尚，把主体滞留在即时性的快感中，致使人们对理想、道德的追求和理性思考以及对红色文化倡导的主旋律产生排斥心理。

第二，消费文化的兴起影响人们对红色文化的自觉选择。文化自觉需要每个人都有这种自觉意识。全球化的发展推动了消费文化的盛行，人们可以选择不同类型、不同性质、不同价值观念的文化产品。大量外来文化产品的进入，使得年轻的一代成长在新文化环境中，接受着与本国环境相脱离的信息和文化，这些信息和文化对青年一代的吸引力和影响力远超过共产主义和社会主义理想信念教育，造成了本国国民的国家意识和文化意识的削弱。消费文化把人们推向平庸、单调、统一化，使人们失去对现实批判和辩证的思考，成为马尔库塞预言的、具有标准化性格和同一面孔的"单面度的人"。因而，如何创新红色文化内容形式，将红色文化这一高雅的文化用通俗的形式表现出来，使人们在多样文化形态中选择红色文化产品和自觉进行红色教育，是实现红色文化育人价值需要思考的问题。

（3）网络文化与红色文化产生了冲突

第一，网络文化内容与红色文化内容的冲突。目前，我国网络文化建设机制尚不健全，海量的信息充斥在网络中，既有高雅、有益的内容，又有低俗，有害的内容。文化具有相通性，当人们在浏览网上信息时，很容易将网络文化内容与现实的大众文化、娱乐文化联系起来。红色文化作为中国人民宝贵的精神财富，正是需要我们继承与发展的，这点恰巧与网络文化内容不符。要想正确地理解网络文化与红色文化之间的冲突，首先我们就要清晰地了解网络文化与现实文化之间的关系。众所周知，网络文化是现实文化在网络中的延续，现实生活中大众文化、娱乐文化等与红色文化存在冲突，在网络环境中同样可以发现大众文化、娱乐文化等与红色文化相矛盾的地方，因此我们不能简单地为网络文化贴上低俗文化的标签，认为网络文化就是低俗文化的代名词，所有高雅的、积极向上的文化是无法在网络环境中发展的，这是对网络文化片面化的理解。实际上，我们面临的现实问题是，多元化是网络文化的发展趋势，先进、积极的文化在网络文化多元化发展的道路中承担着领导者的责任，只有不断地引入积极文化，网络文化的才能持续健康的发展，而红色文化正是我国建设先进文化的重要内容。此外，从建设网络文化的内容来说，我们要深入挖掘自身的优秀文化资源，这是因为网络文化作为我国上层建筑的重要组成部分，同国家文化安全、文化权益有着密切的关系，所以建设的资源应首先选择具有红色基因的文化。

第二，网络环境的特点与红色文化教育实际效果的冲突。互联网具有虚拟性、自由性的特点，即人们无法得知网络对面人的身份，可以自由地表达观点。面对这种自由而私密的环境，人们会产生这样的疑问：利用网络开展红色文化教育真的会有效果吗？要想回答这个问题，我们必须明白红色文化教育效果产生的机制。任何外在的理论说教都无法产生直接的价值，只有人们从内心接受了这种理论并将之作为自身的行动准则，才能在实践中发挥作用。这也就是说，不管是在现实中采取灌输式的教育方式还是利用虚拟网络开展红色文化教育，从本质上来说，二者并没有什么不同，没有哪种方式先进，哪种方式落后的区别。有关调查显示，当前我国现实环境下开展的红色文化教育的效果比较一般，无法使学生的思想道德水平得到大幅度提高，基于此，我们可以将网络技术引入红色文化教育工作中，拓展多种渠道，也许会收到意想不到的教育效果。

三、高职院校原因分析

（一）高职思想政治教育对红色文化资源的开发和利用不足

首先，高职院校在思想政治理论课上对红色文化资源的开发和利用不足。课堂是高职院校开展思想政治教育的主阵地，虽然高职院校深刻认识到思想政治教育的重要意义，不断提高思想政治课程的教学质量，但是尚存在对红色教育重视程度不够的问题，很多高校将红色文化教育和思想政治教育割裂开来，无法很好地利用红色文化进行思想政治教育，导致思想政治教育的实效性大打折扣。除此之外，思想政治理论课程教学存在教学方法滞后、教学模式单一的缺陷，很多高职院校中的思想政治理论课教师认为思想政治教育就是向学生讲授课本中的知识，完成教学目标即可，通常是教师讲授，学生记笔记，很少向学生介绍课本之外的知识，更不用说通过思想政治教育来引导学生树立正确的价值观。在这种情况下，就无法发挥思想政治教育的特有优势，最终降低了实效性。

其次，高职院校在日常管理中对红色文化资源的利用和开发不足。有关调查显示，高职院校在开展思想政治教育时大多数采用行为管理，即通过组织和设计与思想政治教育有关的文体活动，潜移默化地影响学生的内心世界。但是以红色文化为主题的活动较少，并且开展方式也比较单一，有时只是简单走个过场，高职学生对这些活动并不感兴趣，更不用说积极参与，教育目标的实现更是无从谈起了。

再次，高职院校及其教育主管部门在红色文化资源方面的开发和利用不足。他们没有意识到红色文化资源在高等教育事业发展中的重要意义，没有对红色文化这个宝贵资源给予应有的重视，也并未深入挖掘和整理红色资源，传播红色文化的方法过于陈旧，与红色文化教育资源相关的配套设施还不够健全。红色文化教育工作的开展是一项系统性的工作，需要高职院校和教育部门协调合作，加强宣传推介，创新宣传方式。但现实情况是很多高职院校未能开发出适合教育的红色文化资源，也未能将红色文化教育同学校的发展、学生的成长成才有机地结合起来，导致红色文化特有的教育功能大打折扣。此外，教育环境的改变也会影响到红色文化在高职教育中的作用。

最后，高职院校在教育体系方面不够成熟，对红色文化资源的开发和利用不足。当前教师占主导地位的传统教育观念和单一的教育方式的现状并未得到明显的改变，很多高职院校在红色文化的教学过程中仍旧采用灌输式的方法，导致学生觉得红色文化离自己的生活很遥远，对红色文化的兴趣不高，对红色文化知识的了解不多，进而影响教育价值的实现。有关研究表明，红色文化教学效果的提高有赖于高职院校转变教育观念，只有采用理论与实际相结合的教学方法，将枯燥的理论知识同时事热点问题结合起来，才能有效提高学生的学习积极性，进而弘扬红色精神，宣传红色文化。除此之外，高职院校在思想政治教育中存在着考核体系不够完善的问题。虽然很多高职院校开设了红色文化教育的课程，但是并没有制定出合理的教学目标和明确的教学方案，也没有编写出系统性的专门教材。高职院校在教学和管理上，也没有完善的运行保障机制和监督机制，存在着红色文化的教育落实不到位的问题，这些不完善都造成对红色文化资源无法充分开发和利用的结果。

（二）教育内容不适应高职学生实际需要

（1）红色文化所宣传塑造的英雄榜样不完全适应高职学生的现实需要

红色文化教育活动的开展离不开革命英雄榜样的宣传。为了使红色文化教育深入人心，我们塑造了一大批革命英雄，这些英雄具有"政治化""完美化"的特征，与当代青年学生的现实生活有一定的距离。过于完美的英雄形象，使得高职学生觉得他们可望而不可即，觉得自己即使再努力也无法达到如此完美的程度，反而打击了他们的上进心。另外，随着改革开放的程度不断加大，我国与世界的联系越发紧密，西方各种社会文化思潮大量涌入，并与中国本土的思想文化进行融合、变更，文化多元化的趋势越发的明显。在这个多种文化交锋的时代，当代青年的榜样也是多种多样的，有的学生崇拜优秀的企业家、管理者，有的学生将体育明星、影视明星当成自己的偶像。教育者用心宣传塑造的英雄榜样，与受教育者心中真正认可的榜样存在某种错位。革命先辈对于高职学生的激励作用是毋庸置疑的，但如何挖掘革命先辈身上丰富的、值得学习的元素，是值得我们深入思考探讨的一个课题。

（2）高职红色文化精神教育不完全适应教育者价值观念的变化改革

改革开放对青年学生的影响是深远且持久的。改革开放初期，西方的各种文化和价值观念进入中国，给青年学生带来了新鲜元素，同时对青年学生原有的价值体系造成冲击，新旧价值观念的更替引发青年学生的迷茫和困惑。全球化背景下，大学生的个体价值得到张扬，民族精神意识强烈。青年学生思想观念的变革必然引起世界观、人生观及价值观的变化，并随着时间的推移，进而影响到婚恋观、幸福观、荣辱观、英雄观等的变化。随着社会的发展和科学技术的进步，我国工业化和城镇化的进程不断加快，特别是伴随着信息技术的日益成熟，网络虚拟社会快速发展，青年学生的内在心理已然产生了深刻的变革。他们的梦想追求、人生信仰、兴趣爱好、情感需求等与革命先辈完全不同。他们有着较强的自我独立意识，对于高职院校开展的红色文化精神教育有着自己的判断标准，对革命先辈、英雄模范有自己的看法和理解。他们不拒绝崇高，但反对将崇高强加于自身。我们要清醒地看到，一方面，红色文化的教育对象，其价值观念同其他时代相比已然发生了深刻的改变，且这种观念的变革是全方位的、群体性的；但另一方面，我们的教育模式尚未发生根本性的变革，并未从青年学生的发展规律和身心特点出发，深入分析青年学生这个群体的典型特征，而是仍然固守传统的教育理念和教育模式，导致教育理念与教育方法与受教者相脱节，从而影响红色文化精神教育的深入开展。

（3）高职红色文化精神教育内容与受教育者不完全相适应

随着市场经济改革，经济全球化现象越发的明显，与之相对应的是，多元化的价值追求成为潮流。受教育自我发展、自我实现的方式也越来越多元化。计划经济体制下，红色文化精神教育内容是介绍与党史相关的理论知识和宣传革命先辈的英雄事迹，与当时保守社会环境和相对单一的价值体系是相契合的。21 世纪是一个开放的时代，当前高职院校红色精神教育内容却依然沿袭计划经济时期的教学材料，传承的价值也相对单一，未能从受教育者的实际出发，因材施教。有关调查显示，高职院校的红色文化精神教育内容与中小学的红色文化精神教育内容之间并没有多少差别，可以说是大同小异，面对着从小学到大的红色精神文化，高职学生自然兴致缺缺。这就要求我们，要在坚守革命精神教育的大前提下，根据新形势的变化和高职学生的身心发展水平，在开展红色文化精神教育时尽可能融合新时代的各种积极健康的教育元素，吸收古今中外的优秀价值观，丰富教育内涵，不断满足青年学生的学习需求和内在价值追求。

（三）教育方式不遵循规律

高职院校在长时间的红色文化精神教育实践中，积累了丰富的经验和良好的做法，但是也存在很多问题。影响红色文化精神教育持续健康发展的因素是多种多样的，其中，不能遵循红色文化精神教育规律、思想道德形成规律和人的成长发展规律是最主要的因素。众所周知，为了实现中华民族的独立和中国人民的解放，我国进行了艰苦卓绝的斗争，革命先辈在中国共产党的带领下历经新民主主义革命、社会主义建设和改革时期的奋斗，终于使中国成为世界第二大经济体，中国社会在各个方面都发生的巨大的转变，凝结成了人、事、物、精神等有形或无形的物质财富。高职院校通过运用科学有效的方法和手段开展红色文化精神教育有助于对高职学生进行正面的价值引导和启发，激发他们的内在动力，使他们能够接受红色文化精神并将其内化为自身的思想品德。革命先辈、革命精神的外部引导力量要想充分发挥教育的功能，就必须作用于受教育体，激发青年学生主观能动性和自主学习的能力，使他们将革命先辈当成自己学习的榜样，将自身的言行与革命先辈的言行相对照，看到他们良好的行为就自觉地去模仿，进而上升到学习思想品德、传承革命精神。高职学生教育工作的开展需要遵循一定的规律，红色文化精神教育作为高职学生教育的重要组成部分，自然要遵循规律性原则。只有从红色文化精神教育的规律性出发开展教学，才会取得良好的教学效果。但在实践的操作中，却存在着违背教育规律性的现象，致使教育效果大打折扣，具体表现在以下几个方面。

（1）没能遵循道德发展的一般规律

个体品德的形成是一个长期的过程，需要经历知、情、意、行四个阶段，是一个循序渐进、由量变到质变的过程。很多高职院校将红色文化精神教育同庆祝活动等同起来，认为只要抓住建党节、建军节、国庆节、五四青年节等重大节庆日的契机，通过开展诸如大学生主题辩论会、大学生运动会等轰轰烈烈的活动就可以引导青年学生树立正确的价值观、人生观。事实证明，这种观念是错误的，仅仅通过短时间内的活动就想提升受教育者的思想品德不仅是不可能的，也是不现实的。因为它违背了道德教育的一般规律。教育基本原理告诉我们，良好思想道德不是一朝一夕就可以形成的，需要学习主体自我内化和自主建构，只有受教育者将教育和自我教育有机结合起来，并进行自我内化才能逐步形成良好的思想道德。一阵风式的教育，虽然在短时间内可能取得较强的教育效果，但是随着教育活动的结束，教育的效果就会逐步减退，甚至完全消失。这就要求我们在开展思想道德教育时，一定要注意方式或方法，否则不仅不会取得预期中的教育效果，甚至可能出现教育效果与教育目的相冲突的情况。

（2）没能遵循红色文化精神教育规律

教学实践证明，在红色文化精神教育过程中，适当地运用灌输式的教育方法，不但是可行的，而且是必要的。灌输式教育方法有如下优势：一方面可以向学生传授红色文化知识，另一方面又会增进青年学生对于中国历史特别是近现代历史的了解。虽然灌输式教育方法可以有效提升红色文化精神教育的效果，但这并不意味着该教育方法是完美无缺的，相反由于过分重视红色文化知识的普及，导致学生对红色文化教育内容的了解比较浅显，仅仅停留在表面上，无法深刻理解红色文化精神的内核，从而无法激发受教育者的内在共鸣和认同。当代青年学生是伴随网络发展成长起来的一代，对他们进行红色文化教育要注意方式方法的选择，可采用案例式、启发式等教学方法，将红色文化融入学生的学习生活当中，从而促进青年学会生真正领悟红色文化的深厚内涵。因为人的道德发展和思想品德形成是内在因素和外部引导的双重作用的结果，是教育者引导和受教育者自主建构的统一。灌输式教育具有单向性的特点，也就是说在教育的过程中，教育者处于绝对支配地位，教育活动围绕受教育者而展开，受教育者是被动接受教育的客体，处于从属地位。教育者往往从自己的主观臆断出发，认为自己是教育的中心，受教育者只需要接受教育即可，既不考虑受教育者的内心需求，也不考虑他们的主观感受，通过发号施令的教育模式来开展教育。这种教育模式要求受教育者接受统一的思想，形成统一的意志和行动，忽视了学习者的个体差异性，压抑了学习者的主观能动性，既不利于学习者的个性发展，也不利于学习者的道德成长。

（3）不遵循人的正常的身心成长发展规律

道德教育的发展过程是一个螺旋式的向上发展过程，这个过程由知、情、意、行四个部分构成，基本历程是由简单到复杂、由低级到高级、由不自觉到自觉。从哲学角度来说，道德教育的过程是一个由量变到质变再到新的量变的过程。发展性是道德的本质属性，且不同阶段的道德具有本质的差异和自己的独特性。一个人从开始认知事物到形成比较稳定的心理素质，经历了一个比较漫长的发展阶段。这就要求我们开展红色文化精神教育时，要从高职学生的成长规律出发，针对不同年龄段学生的特点，有针对性地开展教育。高职院校的红色文化教育存在着教育内容同质化严重、教育方法雷同、教育目标不明确等问题，不分对象的粗线条式的教育现象比较普遍。为了调动青年学生参与红色文化教育的积极性，需要更新教育理念和手段，从高职学生的心理特点出发，实施差异化的分层次教育，理论结合实践，激发他们对革命先辈的崇敬之情，进而把崇高理想信念转化为实际行动，自觉按照党和人民的要求锤炼自己、提升自己。

（四）育人机制不健全

高职院校是红色文化精神教育的主体，开展红色文化精神教育的目的是通过深入挖掘红色资源，传承红色基因，在潜移默化中坚定青年学生的理想信念。理想教育效果的实现并不是一件简单的事，不仅需要高职院校充分重视红色文化精神教育工作，做好红色文化精神教育的师资队伍建设，以及从学生的身心发展特点出发，因材施教，同时还需要健全的红色文化育人机制作为制度保障。然而，新时期的高职院校普遍存在着红色文化育人机制不健全的问题，特别是一些理工类的院校过分重视学生技术技能的培育，忽视学生人格魅力的培养，教育定位不够清晰。在这些高职院校看来，技术是学生在社会上立足的唯一资本，学生只需要掌握熟练的技术，就完全可以适应社会的需要，学生的思想品德在进入社会后会自然而然地提升。这种观点是错误的，事实上，高职红色文化育人是一个系统的工程，由教学目标的设定、教学行为的规范、教学质量的考核、教学信息的反馈以及教学成果的总结等部分构成。红色文化育人需要载体，红色文化精神的宣传也有赖于教育资源的支撑。但是在实践操作中，高职院校的红色文化育人机制尚不健全，由于没有系统性、科学性的红色文化育人机制的支撑导致我国红色文化育人课堂教学形式比较单一，社会实践流于形式，甚至部分学生将社会实践当作负担。理论课程教学是高职院校开展红色文化精神教育的主要形式，人员也主要依靠理论课教师以及专职辅导员，制度保障体系的缺乏，导致高职红色文化育人渠道比较单一。

四、家庭原因

中国传统的家庭教育有许多值得继承的优良传统，但是随着改革开放的不断深入，我国传统的教育受到了多元文化的冲击，中国的家庭教育开始表

现出一些明显的问题和不足。

（一）对读书目的的教育存在偏差

儒家思想在中国的思想文化体系中处于主导地位，"万般皆下品，唯有读书高"成为中国封建社会的主流思想，中国传统的家庭教育同学校教育和社会教育的宗旨是趋同的，即鼓励青少年刻苦学习的目的就是通过科举考试进入仕途，只有中举做官才是实现光宗耀祖和名利双收的唯一方式。这种思想不仅对封建社会的文人有着极大的影响，而且受到部分当代高职学生推崇。其实，任何时代的官员一般都受过良好的教育，即使是信息化高速发展的现代社会，招考和选拔公务员时，文化科学素质的高低也是衡量报考人员是否符合要求的主要因素。因此，一些家庭信奉"读书才能做官"的教育理念，认为学生只要认真学习就可以做官，进而改善家庭的生活条件，提高家庭的社会地位。在他们看来，做官是读书的唯一目的。但是他们却忽略了对做官目的的教育，忽视强烈的民族精神是成为官员的首要准则。也就是说，做官的前提应当是热爱自己的祖国，以报效祖国作为首要标准。新中国成立后，中国共产党深刻意识到爱国主义教育的意义，高度重视对人民群众进行爱国主义教育，而且还将热爱祖国同热爱中国共产党和热爱人民有机结合起来，即热爱祖国就是热爱中国共产党，热爱人民，将忠于祖国与忠于党、忠于人民的教育结合起来，即对祖国忠诚就是对党忠诚，对人民忠诚，始终维护党的领导，维护最广大人民群众的根本利益。因此，爱党，爱国、爱人民同忠于党、忠于祖国、忠于人民是完全一致的。我们的家庭教育必须把爱国主义教育与热爱中国共产党、热爱人民的教育融为一体，必须向学生普及有关党史的理论知识，引导学生树立起忠于祖国、忠于中国共产党、忠于人民的理想信念。家庭教育不仅要引导学生认真学习，同时要告诉孩子努力读书的目的是什么。在新时代，家长应当鼓励孩子刻苦学习，鼓励他们学有所成后通过报考公务员或从事其他行业来为祖国的繁荣昌盛贡献自己的力量。近年来，"读书无用论"思想在社会中流传开来，在这种思想的影响下，很多青少年早早辍学进入工厂打工，面对这种情况，社会也要加大宣传力度，正确宣传通过刻苦学习改善个人的、家庭的生活状况和命运的案例，鼓励青少年努力学习。家长要告诉孩子工作没有高低贵贱的区别，无论将来孩子做什么工作，都是为建设社会主义国家服务、为人民服务。国家的昌盛是人们安居乐业的前提和基础，只有国家建设好了，个人才能得到施展自身才能的机会，家庭的生活也才会得到改善。

（二）家庭教育意识比较淡薄

父母自身缺乏对子女进行红色文化精神教育的意识。红色文化精神的价值主要体现在精神层面，对人产生积极的引导作用。现实情况是，部分家庭过于重视为孩子提供优越的物质生活条件，反而忽视了对子女精神层面的教育和培养。很多家长以为，孩子只需要学习好就可以了，其他的诸如品德、人格之类的精神层面的东西是不重要的，这就导致他们将所有的精力投射到孩子的学习成绩上，很少过问孩子学习内容以外的东西，成绩是他们评判孩子的唯一标准，学习成绩好的孩子必然是优秀的孩子，思想品德水平必然也是很高的，相反，如果孩子学习成绩一般，甚至有些差就认为他是个坏孩子，品行自然恶劣。家长对于精神层面教育的过分忽视，导致他们缺乏主动向子女灌输红色文化精神的意识。还有一些家庭，家长对孩子的养育意识较强，认为只要满足孩子的基本物质生活保障，让他们吃饱穿暖就可以，而不太管孩子的教育。这部分家长有以下几种情况：一是思想认识不到位，缺乏教育意识或者教育意识比较淡薄，秉持着教育是学校的事情的理念，认为家长的职责仅是保障孩子的物质生活，学校才是负责孩子教育的主要责任人，将孩子所有的教育问题都推诿给学校；二是忙于生计，生活压力的加大和生活节奏的加快使得家长不得不出门务工，将孩子交给爷爷奶奶；三是家长比较懒散，将所有的事情和精力都投入到工作中，从而忽略了对孩子应有的教育。

（三）"三重""三轻"现象比较普遍

受应试教育的影响，现在的家庭教育中普遍存在"三重""三轻"的现象，即家长过分重视学生智育轻视德育，重视孩子是否掌握了课堂上教师传授的知识而轻视学生的能力，重视向孩子提供丰富的物质营养而轻视对孩子精神营养的灌输。有关研究显示，"中国父母最关心孩子求知的占 85.95%，而关心孩子实践能力培养的占 40.86%，关心孩子创新能力培养的占 39.24%，关心孩子审美能力培养的仅占 36.80%。"①

（四）教育方法不够得当

其一，简单粗暴。很多家长将打骂、体罚孩子作为教育孩子的主要手段，甚至还有些家长总结了教育孩子的三大法宝，即"嘴巴子、棍棒子、铁链子"，如果孩子不听话，可以直接打孩子耳光，即"嘴巴子"；如果经过打耳光之后，孩子还是没有意识到错误，就可以使用棍棒来打孩子，即"棍棒子"；如果经过棍棒击打后，孩子还是不听话，就可以使用铁链抽打，即"铁链子"。这类家长往往对子女有着过高的期望值，望子成龙，望女成凤，希望子女在较短时间内就可以长大，有出息，过于的求成心理使得他们将关注点放在了孩子的缺点上，很少能看到孩子的优点和进步，认为孩子有很多的问题，必须经过打压才能成才；在教育过程中主观武断，性情急躁，秉持着家长就是权威，家长所有的言行都是为了孩子好的理念，将自己的主观意志凌驾于孩子之上，不允许孩子发表自己的意见。简单粗暴的教育方法除了身体上的惩罚外，还表现为对孩子的心理惩罚。比如，对孩子干涉过多、限制过严、批评过大等。简单粗暴的家庭教育容易造成两种极端，一种是孩子在家长的阴影下过分胆小懦弱，性格内向，独立性差，另一种是过分胆大、粗野，为了避免惩罚而经常撒谎。由此可知，简单粗暴的教育方法对培养孩子是极为不利的，对孩

---

① 袁振国. 中央教育科学研究所 70 周年所庆调研报告［M］. 北京：教育出版社，2011.

子的身心健康造成损害。

其二，娇惯溺爱，即家长对孩子无原则地、过分地溺爱，其具体表现为"五个过"：一是家长对孩子的事包办过多，很多家长认为孩子还小，能做的事情有限，不愿意让孩子劳动，即使是孩子能做的事情也不让孩子自己做；二是家长对孩子提出的要求过分迁就顺从，有些家长从小生活条件比较困苦，等到他们成为家长后，觉得孩子就应该享受无尽的宠爱，有时即使孩子提出不合理的要求，家长也不愿意拒绝他们，反而尽力地去满足；三是家长对于健康和安全保护过度，有些家长认为，外面社会是危险的，体育锻炼也会伤害孩子，不愿意孩子参加体育锻炼和集体活动；四是家长对孩子的缺点和错误过分庇护，孩子的成长是一个不断纠正错误的过程，部分家长认为自家的孩子是完美的，是不会犯错误的，明知道孩子做了错事，依旧以孩子还小为借口包庇纵容；五是家长对孩子的生活过分照顾，甚至不该孩子享受的也不顾孩子的身心特点提前让孩子享受。在娇惯溺爱中长大的孩子，或者缺乏独立自主的意识与能力，或者缺乏对家庭和社会的责任感。他们形成了以自我为中心的观念，认为父母、他人、社会能够有机会帮助自己是莫大的荣耀，必须无条件地帮助自己，从未想过要为父母、他人和社会提供帮助，这种想法对培养孩子也是极为不利的。

家庭是社会的细胞，家庭教育有着社会和学校教育根本无法替代的作用，高职学生红色文化精神教育需要融入家庭教育中，需要家庭教育主动的配合和家长的积极参与。

五、高职学生个人原因

社会主义先进文化和红色文化作为思想政治课程的重要组成部分，在课程中均有体现。有关调查显示，高职院校的红色文化教育过程中存在着教学效果一般的弊病，课余之外，仅有少部分学生愿意进行社会主义先进文化和红色文化的学习。红色文化的理论知识比较枯燥复杂，导致学生学习的积极性不高，但更为重要的是部分高职学生认为红色文化与现实生活较远，对红

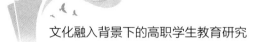

色文化了解不够，且在受教育过程中更关心切身利益，红色文化教育又无法带来直接的利益，导致他们学习红色文化的积极性不强。

（一）高职学生学习关注点偏离

部分高职学生学习红色文化积极性不强的原因之一，是高职学生在进入校园之后，其学习关注点偏离。基础教育阶段中，学生在教师的指导下开展学习，由教师制定教学目标和教学任务，学生跟随教师的教学思路进行学习就可以。高职院校的教育模式与之前完全不同，学生成为学习的主体，学生要根据自己的职业规划和兴趣爱好安排学习，强调学习的自主性，这也就为高职学生创造出了许多闲暇时间，他们可以利用闲暇时间做自己想做的事。但是任何事物都有两面性，时间的充裕也不例外，一方面使高职学生能够根据自身的实际情况来安排时间，尽情地享受学校生活；另一方面又会造成高职学生学习关注点偏离。有关学者对高职学生的闲暇时间的利用情况进行了调查，结果显示，大部分高职学生将闲暇时间用于网上购物和玩网络游戏，只有少部分学生利用闲暇时间来学习，主动利用空闲时间学习红色文化知识的学生是少之又少。部分高职学生在求学过程中，逐渐忘记了学习才是自己作为学生最重要的任务，自由和懒散带来的快乐会让高职学生不断消沉，学习重心偏离。

（二）高职学生更关心切身利益

部分高职学生学习文化积极性不强的另一个原因，是高职学生在进入校园后，更加关心切身利益。严峻的就业形势使得部分高职学生十分关注自身能力的提高，一部分高职学生热衷于各类证件的考试，另一部分学生热衷于参加各类社团活动，对于高职学生来说，如何在未来的就业市场中占据优势地位才是最重要的事，因此他们更加关心同自身切实利益相关的东西。

（三）高职学生缺乏学习红色文化的精神动力

高职学生学习红色文化的积极性不强，主要是因为高职学生缺乏学习红色文化的精神动力。第一，高职学生大多数出生在 21 世纪初，没有经历过红色文化产生和发展的历史阶段，对于他们而言，红色文化知识是难以理解的，更不用说发自内心地去认可红色文化了。第二，新时代高职学生的父母大多数出生在 20 世纪 80 年代中后期，也没有亲身亲历过红色文化产生和发展的历史阶段，对红色文化和红色精神没有深厚的感情，对于红色文化的精神内核也没有深刻的理解，这对于高职学生的成长经历也存在一定的影响。

总之，红色文化是一种独特的精神文明，高职学生红色文化精神教育的全过程，需要政府、社会、学校、家庭、高职学生个人同心协力，构建全方位覆盖、多渠道渗透、立体化网络、情与理交融的、相互衔接、彼此互补的教育新模式。

第三章 利用红色文化开展 高职教育工作

本书第三章为利用红色文化开展高职教育工作，分别介绍了三个方面的内容，依次是当代高职学生的思想政治状况、红色文化教育的时代境遇、高职院校红色文化育人机制研究。

第一节 当代高职学生的思想政治状况

全球化是当代国际关系中最为突出的现象之一，也是人们描述当代国际关系最为时髦和常用的术语。全球化是一把"双刃剑"，不仅给青年学生的思想政治教育提供了新机遇，也给青年学生思想政治教育带来挑战。这种挑战日益严峻，是导致当下高职学生思想政治问题和心理危机产生的基本诱因。

当代高职学生的思想政治状况整体上是积极向上的，具体表现为：爱党、爱国、爱社会主义的主流思想，政治参与意识强，具有较强的道路自信、理论自信、制度自信、文化自信，趋于健康的是非观、道德认识和积极向上的道德行为等。但是乐观的主流方向下不可避免地会出现一些问题，比如，部分学生集体主义意识淡化、人生价值观扭曲、政治信仰不坚定等。学生思想政治问题的出现与社会发展、思想政治教育工作的人效能以及学生自身的心理认知能力密切关联。

一、高职学生的思想政治状况问题

当代，部分学生存在的思想政治问题，应引起社会和国家的高度重视。比较严重而亟须解决的思想政治问题主要有以下几点。

（一）精神空虚、贪图享乐，理想信念模糊

首先，当代一部分学生没有在本应该充实的学习生活中去刻苦学习技能和专业知识，错误地认为"校园生活应该过得潇洒一点"和"上高职就是为了混文凭"，在平时的学习和生活当中，缺乏积极进取的精神态度。因此，不少学生总是在学习上选择偷懒，依靠期末突击复习和考试作弊来蒙混过关，避免"挂科"。同时，不少学生对人生的方向和目标缺乏自主思考和精准规划，"当一天和尚，撞一天钟"。这种现象在学生当中并不少见。例如，部分学生没有学习目标，有课就只带着教材去上，也不带笔记本，上课听听就行；没有课就躲在宿舍组队玩游戏或追剧，从不做远景规划，也不知道未来自己能做什么，对前途感到迷茫。于是，很多学生在面临工作选择和升学选择时往往会表现出从众的行为，但对于自己的综合能力，以及成长的规划明显具有盲目性和从众性，缺乏自主判断能力。

其次，互联网催生了经济的发展，但是却没有以相同的程度促进人的精神世界的丰富和充实。同时，物质生活的舒适和便利，让学生更倾向于通过外在物品获得内心的平衡；对于外物的依赖，降低了学生在心理层面上对于生活磨难的抵抗力。准确地说，物质享受影响了高职学生适应环境和应对困难的能力。部分高职学生对手机、电脑等电子产品依赖过度，影响了他们应对困难和适应复杂环境的能力。在互联网时代，人与人之间的交流变得更加高效、便捷，但却阻碍了人与人之间面对面的思想和情感交流。当代不少高职学生本应该在博览群书的大好时光中发奋学习，却沉迷于网络及各种网络衍生产品，如无节制地追剧、玩网络游戏，甚至参与网上赌博，等等。近年来，高职学生因沉迷网络而导致人际交往障碍、荒废学业甚至走向犯罪歧途

等令人唏嘘的事件被媒体频频报道。当代很多高职学生对于手机、电脑等其他电子媒体狂热追求，有同学甚至为了追求"苹果三件套"不惜花费大量财力来购买，以在同学群体中标新立异，达到自己所谓心目中的"同学的崇拜"。

（二）着重自我利益，缺乏社会责任感

市场经济是一把双刃剑，它容易产生个人和社会的错位，有的人以对社会奉献的多少和创造力大小为标准；有的人以财富的多寡为标准；有的人以社会地位高低和权力大小为标准。伴随市场经济的发展和社会的激烈竞争，当代很多高职学生没有树立起正确的价值观，把追求、实现个人利益作为自己的人生奋斗目标，缺乏对于社会价值的深入思考和人文关怀。例如，在贡献与索取的关系这样的话题上，很多高职学生仍然有为了索取而贡献的模糊认识。因此，他们在参与学校组织的集体活动和公益活动中，不少同学对参加公益活动持观望态度，忽视集体利益，总是在考虑"我能得到什么物质上的奖励"或"我能得到什么好处"，总是以获得物质利益的多少来衡量是否参与社会活动的标准，缺乏起码的集体主义精神。同时，不少高职学生认为"我没有必要为社会付出"，他们对于社会公益活动的兴趣不高，认为参与社会公益活动只是白白地浪费时间，得不到任何物质上的回报。不少人还深受"拜金主义"的影响，把实现较高经济收入放在人生追求的首要目标。有人针对"您申请加入中国共产党的动机"这一问题对高职学生开展的问卷调查显示，有 46.6% 的学生认为有利于就业和个人发展前途[①]。上述问题表明，高职学生的价值观教育需要加强，集体意识和社会责任意识亟待提升。

部分高职学生政治意识淡漠和社会责任淡化。在各种文化交融交锋交流的大背景下，高职学生能够接触的思想和信仰变得又多又杂，可谓鱼目混珠。高职学生因涉世不深而对这些政治思想基本无太强免疫力，容易对西式民主产生盲目崇拜。加上部分高职学生不从中国自身的实际出发，对中国政治缺

---

① 郑华萍，柴莉. 新时期青年大学生思想政治现状、问题及对策探析 [J]. 理论导刊，2007（01）：73-75.

乏理解，政治冷漠感和政治参与度就大大降低，很难把积极参与政治生活上升到权利和义务的高度，很难把服务和建设社会当作自己的责任。很多高职学生对共产主义、马克思主义、中国特色社会主义理论体系等科学理论理解不深，认识不够，甚至产生误解。部分高职学生对政治生活冷漠，不关注政治动向，不了解政治思想，沉溺于浅层的娱乐信息和奇谈怪论。这样就容易导致部分高职学生社会责任感淡漠，生活在自己营造的小圈子中。

（三）缺乏政治关注和崇高信仰

改革开放使得个人的主体意识普遍觉醒，人们开始追求各种各样的利益。于是，各种各样的价值观和信仰纷纷涌现出来。当然这些价值观有健康的，也有腐朽的；有现代的，也有封建的；有进步的，也有落后的等。表现出思想观念纷呈的局面，虽然使人们开始走向内在的独立和自由，但原有的意识形态构筑起来的理想大厦开始动摇以及由此而引发信仰危机，表现为思想观念领域的混乱、人们的彷徨和无所适从，甚至冲突，从而难以进行有效的社会整合。

信仰缺失的空间往往会由愤怒和绝望来填满。真正的危机，不是金融危机，而是道德与信仰的危机。信仰就是力量。只有坚守信仰高低，人生才会有正确的方向，奋斗才有不竭的动力，人格才有无穷魅力。在崇高信仰的加持下，人们在艰苦环境中就不失志向，在清贫生活中就不失气节，在现实诱惑中就不失操守。

高职学生处于公民意识形态巩固和深化的重要时期。十八大以来的高压反腐态势使高职学生认识了部分贪污腐败官员的不良作风，由此，部分高职学生对政治生活产生了认识上的偏向，认为政治、做官就是钱权交易，认为政治就是"假""大""空"。在这种错误认识的影响下，不少高职学生缺乏关注、参与政治生活的积极性和兴趣，这就丧失了培养政治信仰的重要途径。同时，处于当今社会的转型期，部分高职学生认为马克思主义已经过时，不再认同马克思主义甚至中国特色社会主义理论体系，在政治信仰上不坚定，容易动摇。

当下，我们面对的世界比过去更加复杂，我们面对的思潮比过去更加纷繁，我们面对的选择比过去更加多元。基于此，高职学生比以往更需要"意义"。没有梦想，何谈远方？没有意义，何以存在？在信仰的荒漠上，立不起伟大的民族；在意义的废墟上，立不起优秀的个体。信仰虽关乎人类的终极价值，但依旧能够赋予日常生活以实践的质感和超越的快乐。有信仰，青春才不会无处安放；有信仰，人生才不会随波逐流；有信仰，理想才不会被迷茫驱散。

当前，信仰缺失导致部分高职学生价值观趋向自我主体化，功利心强，具体表现在高职学生入党的动机上，更多的是为了提高自身的竞争力，而不单纯是为了服务人民。在现实生活中，部分高职学生奉行以自我发展为中心的理念，只顾追求自身利益，忽视，甚至损害集体利益，权利意识大于责任意识的现象越来越严重，具体表现在高职学生就业责任问题上，越来越多的高职学生希望追求更好的生活条件，但对集体利益、社会和国家需要的考量较少。

当代高职学生整体精神面貌健康、积极向上，思想政治素质和道德水平较高，大都能树立正确的人生观、价值观和世界观，这反映了近年来高职思想政治教育工作取得了一定的成效。但同时也发现当代高职学生思想上还存在一些比较突出的问题，这给高职的思想政治工作带来了一定的挑战。

二、面对高职学生思想政治问题的应对和思考

高职学生正处在人生成长的关键时期，正在迅速走向成熟又未完全成熟，情绪、情感体验日益丰富，中小学生的情绪的变化主要来自外部刺激，而高职学生的情绪变化主要源于内部的价值观。虽然高职学生比中学生更善于控制情绪，但仍带有明显的两极性：具有强烈性与脆弱性。遇事动辄振奋不已，或豪情万丈，敢于标新立异。但中国式教育使他们缺乏必要的社会实践，思想易于理想化，看待问题有时好走极端，表现出一定的片面性和盲目性，他

们的政治心理和文化观念常常带有较强的理想色彩，出现种种不稳定性和反复性。红色文化认同的应对，一定要紧紧围绕高职学生的特点和思想现状展开。

（一）应对多元文化，塑造核心价值观

在全球化背景下的中国，影响当代高职学生的有本土文化也有外来文化，儒家文化、红色文化、民族文化、社会主义文化。谁高谁低，孰优孰劣，在于人们接受的广度与深度。优秀的民族文化传统的精髓要得到有效传承。一定要根深叶茂，结出丰硕的果实，才能产生强烈的认同感和归属意识。但凡存在的即是合理的，西方文化并不一定就是洪水猛兽，要加以全盘否定；红色文化不一定就是阳春白雪，高不可攀；中国传统文化不一定就是封建愚昧，落后倒退。文化相撞后，必然会有冲突。

西方文化对当今的高职学生产生着深刻影响，是因为我们对自己的文化缺乏自信，甚至妄自菲薄。当前红色文化认同产生危机，就是在于当代高职学生在一定程度上排斥红色文化，没有深刻理解和接受，政府的责任不是对文化采用行政手段进行灌输，而是向公众传递什么样的价值观，要把决定的权力交还给公众。红色文化是有强大生命力的，红色经典电视剧的高收视率和红色旅游的兴起足以证明。不同文化的竞争，归根结底是文化所代表的核心价值体系的竞争。培育红色文化自信，其核心是对其精神层面的认同，因而要提高主流精神，最大限度扩大社会思想认同。

（二）创新红色文化内涵，加强政治绩效

文化要有生命力，成为人们的一种常态生活方式，必须是大众的文化，大众文化和大众永远是多数。走文化的群众路线，依靠人民的力量，才能推动文化的大发展大繁荣。红色文化在内容和形式不仅要贴近群众，还要贴近实际和贴近生活。

1. 构建大众的红色文化内涵

当前大多数学者在解读红色文化的内涵时，往往是把它纳入"精英文化"，是阳春白雪，只看到它正当合理的一面，基本上回避其革命的一面，充满说教，高高在上。孔东梅（毛泽东同志的外孙女）在解释她所倡导的"新红色文化"概念时讲道，新红色文化是为了让新一代的年轻人更多地了解自己民族当中的大师、伟人的历史，力求真实客观地表达历史，而不是故意包装出来用于宣传的。所以，文化是大众的，也必须服务于大众。认同红色文化，必须放下精英文化的架子，真正走进人们的生活，这样才能使红色文化的生命力长久。唯有如此，才能建构一个更加合理、更加美好的国家，才能让全体公民都能够生活得更加安全、民主和幸福。

2. 以民为本，加强政治绩效

市场经济体制下，我国的经济社会都发生了极大的改变，当代高职学生有着较高的理想抱负，自主学习和独立思考的能力不断提高，对于未来的就业和生活有着很高的心理期待。政府要站在促进高职学生健康成长的高度，不断提升他们的责任理念，始终秉持着为人民服务的宗旨，将关注民生放在首位，根据区域发展情况，制定科学合理的战略规划，艰苦奋斗，不断完成各个阶段的目标。在充分发挥市场分配资源的基础上，运用宏观调控，通过税收等手段再次分配资源，平衡收入，缩小贫富差距。政府还要高度重视高职学生关注的社会保障和就业情况，完善社会保障，努力实现社会公平，调整经济结构，大力发展文化、旅游等第三产业，为高职学生就业创造更多的岗位，鼓励高职学生自主创业，加强实习、实训基地建设，注重培养高职学生的实践能力，使高职学生切实体会到中国特色社会主义的优越性。历史实践证明，民众对政府决策的信任和认同有赖于安宁与从容的社会环境，只有社会稳定，民众才能信任政府，从而凝聚出强大的认同感。同时，完善的监督机制和评价机制是社会主义核心价值观得以践行的保障，健全的法律使得社会大众的思想和行为始终得到制度的约束，当社会大众的利益受到不法侵害时，健全的法律又是维护社会大众合法权益的有力武器。红色文化为人们描述了一美好的理想社会，完善的制度保障体系使得红色文化有了新的生命力，成为主流文化。

（三）创新红色文化传播形式，激发大众自觉践行

红色文化传播指的是以红色文化为信息内容的文化传播，其中红色文化传播者是红色文化传播的主体，受播者是传播的客体，为了能够使受播者尽快地接受红色文化以便达到传播效果，红色文化传播者经常借助电视、报纸、杂志等传播媒介，传播的手段也是多种多样的，如开展红色文化研讨会、组织红色文化主题旅游等，借助这些传播载体，潜移默化地影响受播者的价值取向，并将其内化为受播者自身的行为方式。显著的目的性和意识形态是红色文化传播的典型特征，同时，红色文化还具有传播者广泛的特性，学校、大众媒体、红色文化基地、历史博物馆、纪念馆等都可以是红色文化的传播者。甚至一个画家、教师、农民、学生都可以成为传播者。红色文化是大众的文化，政府的作用在于引导和唤醒。红色文化的主角是广大人民群众，红色文化传播要充分依靠大众。让人民群众成为文化传播建设中的主角，激发人民群众的文化创造潜能，促使文化的大发展大繁荣。

1. 要充分调动红色文化传播者的积极性

以精神荣誉和物质激励相结合的方式表彰有杰出贡献的文化企业和文化工作者，增强其责任感，鼓励民间组织或行业协会参与，激励越来越多的优秀人才加入红色文化传播。

2. 要创新红色文化传播的方式与途径

要善于运用大众文化传播中的成熟技巧和群众喜闻乐见的表现形式，使红色文化更加丰富多彩，更加符合当代高职学生心理和口味，具有时代性、

流行性、人性化的特色，进一步拉近红色文化与学生的距离。如江西卫视推出的"中国红歌会"就大胆创新，糅进了时尚元素，运用了选秀形式，借以发掘红色资源、承载红色精神、点燃红色激情。再如某宣讲团，让学生队员们身着红军装，肩扛钢枪，手举巨石……用逼真的姿势和传神的表情，以形体艺术的形式，直观展现了革命人物的英雄气概与爱国精神，颇受高职学生们的欢迎。

3. 当代高职学生既要做红色文化的传播者也要做受播者

要直接参与到整个过程，身体力行，充分体验，既创作作品也演绎作品，其认同和接受红色文化的效果最好。如2006年由央视组织的大型电视行动《我的长征》，筛选21位选手，开始重走二万五千里长征路。期间，爬雪山过草地、飞夺泸定桥、四渡赤水河等，还在跋涉过程中，捐助贫困小学、修缮红军墓等。在亲身体验中自觉感悟红色文化，重温革命先辈高尚的价值取向和行为方式。

（四）加强高职院校人文素质教育，促进文化再生产

校园是文化传承和再生产的重要场所，校园文化具有重要的育人功能，由显性文化和隐性文化两部分构成，其中，红色文化属于隐性文化的范畴，同学之间的关系、师生关系属于显性文化的范畴，无论是隐性文化还是显性文化都会对高职学生人格的形成产生影响。而红色文化这种隐性文化以它自身特有的潜在作用，影响着高职学生的思想品德和心理素质，是高职渗透道德教育的重要途径。

1. 加强理论研究，提高人文素质

文化是以价值观为核心的精神生产，是最需要教育传承和再生产的。高职院校必须重视人文教育，引导高职学生文化认同，传播真善美的价值品质，实现主流价值观的内化。为此，高职院校可以从以下几个方面进行努力。

（1）全面且科学地认识红色文化。有了认知才能有认同。红色文化内涵丰富，有许多东西还需要继续加深理解和认识，要实事求是，客观公正地认识红色文化，领会红色文化的价值精神；要与时俱进，利用现代信息技术，丰富红色教育载体，打造红色课堂，开展红色文化育人实践，倡导建立红色文化社团，研究红色文化形成发展规律，创新红色文化。

（2）深入挖掘和研究红色文化。高职院校是培养人才和科学研究的重要场所，红色文化作为研究的一个新领域，高职院校的领导者要高度重视红色文化的精神教育工作，加强对红色文化的研究，开展红色研学活动，打造上下贯通的红色文化传承组织体系，组织红色文化展演等公益活动，举办红色文化学术研讨会，制作政治立场正确、学生喜闻乐见的红色文化课件。高职学生要在教师的指导下，对当地的红色资源进行调研和保护，鼓励学生加入红色文化宣讲志愿者队伍，引导学生认同红色文化、弘扬红色文化，进而为当地的红色文化产业的发展提供理论依据。

2. 注重实践养成，营造校园文化

在实践当中践行红色文化，才能真正实现红色文化教育的目的和归宿，才能真正深刻影响高职学生的生活方式和行为模式。

（1）要贴近高职学生的生活实际。校园红色文化传播要符合青年学生的思想和心理特征，通过高职学生喜爱的文化教育活动，激发广大高职学生的爱国热情和奋斗激情。让高职学生们在潜移默化中得到启发、受到教育。

（2）积极开展红色文化主题活动。可以充分利用"五四青年节""七一建党节""十一国庆节""一二九运动纪念日"等重大节庆日和纪念日，开展主题教育，突出红色文化的主旋律，以发挥红色文化的精神价值。

（3）整合校园红色文化教育媒介。比如，宣传橱窗、校内广播电台、校园电视台、校报等的建设，运用这些平台积极营造良好校园环境，突出红色文化教育。在校园整体规划和建设上，也可以适当发挥红色文化资源的特色，用优美的红色校园景观激发高职学生的爱校热情。在公共场所，可以添加一些有红色文化内涵的书法、绘画作品，使高职学生在这种富于人文气息的地方接受熏陶和感染，增强认同感。

第二节 红色文化教育的时代境遇

时代是思想之母，任何文化的发展都离不开它所处的时代背景。改革开放深入发展的新时代是一个越来越重视国家文化软实力的时代，是越来越重视文化自信提升的时代，是越来越重视红色文化的发展价值的时代。在高职学生中开展红色文化精神教育，面临着不少难得的机遇，同时也面临不少前所未有的新挑战。认清高职学生红色文化精神教育的时代境遇，适应时代发展的新要求，增强高职学生红色文化精神教育的实效性。

一、红色文化精神教育的整体社会环境发生了新变化

改革开放以来，文化教育的整体环境已然发生了广泛而深刻的变化，这就要求我们深入分析我国所处的国际环境和面临的国内环境，全面分析新形势下当代高职学生所处的时代背景，这是我们做好红色文化精神教育的前提和基础。

（一）国际环境发生新变化

当前，国际环境正发生广泛而深刻的变化。世界由"两极"朝"多极化"方向发展，互联网和先进技术将世界各国连接成一个整体，全球金融市场和金融机构之间的联系日益密切，全球经济相互渗透、相互依存度明显提高。虽然和平与发展仍是时代的主题，但我们必须清醒地看到，当今世界并不太平。西方发达国家凭借其政治、经济、军事、科技、文化上的优势，利用经济全球化的机遇，推行强权政治，对后发展国家进行隐形的剥削，如将污染严重的产业转移到后发展国家，利用"人权""民主"等借口干涉他国内政；

制定有利于自己的规则，设置贸易壁垒，对有关国家实施经济制裁等。面对西方发达国家的全球战略计划，我们要在充分吸收全球各种先进文化成果的同时，善于反对霸权主义，抵御西方敌对势力西化图谋，并使红色文化教育经受住这种考验。

（二）国内环境发生深刻变化

市场经济体制下，市场在资源配置中发挥主导作用，我国的经济成分日趋多样化，自主创业、灵活就业等多种就业方式在一定程度上缓解了就业市场严峻的形势。与此同时，城乡居民的收入差距不断扩大，在分配领域出现了分配不公的现象，伴随着社会基尼系数的扩大程度日趋明显，社会领域也出现了社会阶层结构多样化的趋势。如何在讲究效率的基础上兼顾公平，让人民群众共享改革开放的成果，实现各阶层民众的和谐共处，是社会主义现代化建设实践中遇到的新课题。

列宁曾说过，不能认为人们的思想和感情似乎是偶然出现的"而不是从一定社会环境（它是个人精神生活的材料、客体，它从正面或反面反映在个人的'思想和感情'上面，反映在代表这一或那一社会阶级的利益上面）中必然产生的"[①]。面对着我国市场经济体制的巨变，人们的思想必然发生改变，继而引发人们行为方式的变化。在社会主义市场经济的冲击之下，人们的市场化、法治化意识普遍增强，质量第一、效率优先、节约成本、生态环境保护等词语成为人们生产生活中的常用词汇。但是落后、腐朽的思想观念依然有着一定的市场，如部分地区仍保留着家长专制、重男轻女等封建残余思想；受西方文化思潮的冲击，以拜金主义、利己主义为代表的资产阶级腐朽思想侵蚀着主流的价值观念；传统计划经济观念依然存在且负面影响不容忽视。而爱国主义、集体主义、艰苦奋斗等良好的思想在一些人的头脑中逐渐淡化。如何加强新时期高职学生红色文化精神教育，是我们必须面对的新挑战。

---

① 中共中央马克思恩格斯列宁斯大林著作编译局编译. 列宁全集（第一卷）[M]. 北京：人民出版社，1984.

二、民族精神受到弱化

一段时间以来，高职院校培育民族精神的教育环境还不够优化，主要体现在如下方面：首先，民族精神教育基地和实践平台的建设机制不健全，开展民族精神教育基地的数量有限；其次，民族精神教育途径窄化，当前学校教育是开展民族精神教育的主阵地，家庭教育和社会教育中很少有关民族精神教育的内容，造成各教育体系之间各自为政，难以实现有机融合。即使也是开展民族精神教育的重要途径——学校教育，其现状也不容乐观，存在着很多问题，突出表现在：教育领导者及组织者并未意识到民族精神教育开展对于学生健康阳光成长成才的重要意义，思想上不够重视；民族精神教育的主要通过课堂教学来实现，缺乏实践体验，课外活动总量不足。整体来看，高职教育在民族精神的培育形式化，教育的系统性、规范性不够，高职学生的认同度有待提高。

三、国家文化安全受到新挑战

随着社会的发展，信息传播技术得到了飞速的发展，以网络等媒体为依托，文化的国际传播速度日益提升。文化具有资本、商品、金融、军事力量等无可比拟的优势——更加快捷、高效与便利。除此之外，文化还是一个国家软实力的重要体现，能够产生强烈的民族冲击力和影响力。因此，我们要清醒地认识到，文化作为国家安全战略资源的重要组成部分，在保障国家安全方面发挥着不可替代的作用。

经济全球化背景下，我国与世界的联系越发紧密，资本的国际化进一步深化，国家安全也面临着前所未有的新挑战。历史实践证明，国家的繁荣昌盛，社会的安定团结以及人们的安居乐业，不仅需要强大的军事力量，也需要先进而强大的国家文化。改革开放以来，我国取得了卓越的成效，经济发展水平不断提高，人民可支配收入逐年增加，我国的国际影响力日益提升，与之相对应的是，我国的文化软实力稍显滞后，与广大人民的期盼相比，还不适应。红色文化精神教育资源作为我国文化体系的重要部分，还没能转化为强大的文化竞争力。

四、信息化建设受到新挑战

伴随着计算机技术和网络通信技术的蓬勃发展，信息全球化的趋势越发明显。以美国为首的西方发达国家由于信息化建设起步较早，网络法律法规日益健全，在世界互联网中处于垄断地位。有关资料显示，以英语为母语的欧美发达国家在世界互联网中占有绝对优势，最明显的证据就是，互联网上的信息 90%以上是英文信息，而且这些消息中的八成以上都是由美国提供的。"我国的网站仅占世界独立域名网站总数的 0.07%，网络信息输出量仅占全球互联网信息总流量的 0.05%，而美国输出、输入流量两项指标均超过 85%。"[1] 由此可知，西方国家尤其是美国在信息社会中所处的主导优势是非常明显的。

为了应对高职学生红色文化精神教育面临的新挑战，我们要深入挖掘红色文化资源，持续提高红色文化精神教育理论水平，按照教学规律开展课堂教学，将人工智能、虚拟技术等手段与红色文精神教育有机融合起来，开发有创意的红色文化教育体系，不断提高教育的实效性。这既是应对现实挑战的迫切需要，又是提升我国文化软实力以及培养能担当民族复兴大任的时代新人的需要。

第三节　高职院校红色文化育人机制研究

如何解决传统思政课教学过程中的痛点和难点问题，办好新时代思想政治课，为做好新时代学校思想政治工作、担当民族复兴大任的各级学校提出

---

① 周从标. 全球化背景下思想政治教育创新研究 [D]. 武汉：武汉大学，2006.

了历史性命题。以红色文化为统领，有效整合各类思想政治教育资源，构建全员育人、全过程育人、全方位育人的"三全育人"教育大格局，有助于帮助学生形成正确的世界观、人生观、价值观，自觉抵御"淡化理想""拒绝崇高""告别主义"等错误思潮影响，促进学生身心和人格健康发展。打造"三全育人"的"大思政"格局，是响应中共中央、国务院提出的坚持全员全过程全方位育人和推进思想政治教育课改革的要求。具体来看，实施"三全育人"理念具有突出的时代意义：

第一，建立"三全育人"体制机制是立德树人的内在要求。立德树人是培育社会主义良好风尚的体现，建立健全高职院校立德树人价值培育体系，要将思想道德教育、文化知识教育、社会实践教育等各环节融入培育过程中来，实现基础教育、职业教育和高等教育的协同发展，为推动全员全过程全方位育人奠定良好基础。

第二，建立"三全育人"体制机制是建立各级学校教育工作体系的关键。教育工作是需要动员和整合国家、社会、学校、家庭等各个方面的力量，打造目标明确、内容完善、标准健全、运行科学、保障有力、成效显著的教育工作体系，是持续推动社会主义教育事业发展的坚实保障，在培养"德智体美劳"全面发展的社会主义建设者和接班人的基础上，需要不断朝着实现中华民族伟大复兴的中国梦而努力奋斗。

第三，建立"三全育人"体制机制是青少年健康成长成才的内在要求。在全球化和信息化的时代背景下，青少年具有不同于以往的新的时代特点、性格特征和心理特征，学生获得知识和信息的途径从书本、课堂拓展到了网络、微信、微博等新媒体，教师的权威面临空前挑战，学校也不再是学生获得知识的唯一场所。社会的多元化给学生带来了深刻影响，部分学生自理能力比较差、自控能力弱、心理素质不高，极易产生一系列思想和心理问题。"三全育人"机制旨在从不同维度、不同层次强化对青少年的教育，为青少年树立正确的世界观、人生观和价值观创造良好的成长环境。

国家高度重视高职学生的教育工作，注重利用红色文化资源来推进高职学生爱国主义教育。2019 年 11 月，中共中央、国务院联合印发《新时代爱国主义教育实施纲要》，强调在坚持培育民族精神根基的基础上，以习近平新时代中国特色社会主义思想为引领，赋予爱国主义新的时代内涵，不断激励中华儿女接续奋斗。以红色文化为统领，构建红色文化"三全育人"体制机制，对构建"大思政"工作格局和全面落实立德树人根本任务具有重大的理论与现实意义。

一、红色文化全员育人机制

"办好教育事业，家庭、学校、政府、社会都有责任。"[①] 是习近平总书记在全国教育大会上做出的重要论述，为深入把握社会主义教育事业面临的新形势、新任务提供思想指导，为社会主义教育事业注入新的生机活力。以红色文化资源为依托，充分发挥家庭、学校、政府和社会等不同育人主体的作用，实现全员育人，有助于培养青少年树立正确的世界观、人生观和价值观，也有助于青少年顺利成长为担当民族复兴大任的时代新人。

（一）全员育人的概念

全员育人是指由不同的育人主体对育人对象进行教育和培养，强化育人意识和责任担当。学校，家庭和社会以及国家组成"四位一体"的育人主体，不同主体对学生实施直接或间接的思想价值引领，均在青少年成长过程中扮演着不可或缺的角色。任一角色的缺位，都会对青少年的健康成长带来巨大影响。

全员育人概念的提出源于现代社会教育主体的多元性。随着社会信息化、文化多样化深入发展，传统的思想政治教育模式表现出越来越明显的局限性，思想政治工作的系统性、整体性和相关性不够，造成德育缺位、低效现象十分突出。学校教育功能呈现总体弱化态势，互联网对青少年世界观、人生观

---

① 潘兴彪. 共同努力办好教育事业——四论学习贯彻习近平总书记全国教育大会重要讲话精神 [N]. 光明日报，2018-09-16（01）.

和价值观的影响凸显，教育面临新的严峻挑战。在这种情况下，在确保学校作为教育主体地位的同时，充分发挥国家、社会、家庭对学校教育的补充作用，把思想政治教育贯穿于青少年成长的全过程，有助于营造合力育人、协同育人的良好氛围。

（二）"四位一体"红色文化全员育人机制的构建

习近平总书记强调："我们要发扬光荣传统、传承红色基因，不忘初心、继续前进，努力在坚持和发展中国特色社会主义伟大进程中创造无愧于时代、无愧于人民、无愧于先辈的业绩。"①

红色文化因其突出的教育功能而使其在全员育人过程中发挥不可替代的重要作用。以红色文化资源为载体，国家、社会、学校、家庭等不同育人主体可以采用灵活多样的教育方式，使青年学生在瞻仰遗迹、缅怀历史的过程中获得积极的情绪和情感体验，发挥着思想引领、价值引导、凝心聚力的重要功能。

1. 红色文化融入家风教育

红色文化本身具有的丰富革命思想和厚重历史底蕴，具有强大的育人功能，而借助新媒体优势必然能在众多德育资源中成为最为有效的载体。将红色文化融入家风教育，对红色基因的传承和时代新人的培育意义重大。

家风是一种综合的教育力量，通过日常生活影响孩子的心灵，塑造孩子的人格，家风的影响是全方位的，孩子的成长和性格都会打上家风的烙印。正是意识到家庭教育在青少年健康成长中的巨大作用，我国适时出台《关于指导推进家庭教育的五年规划（2016—2020 年）》，提出要强化家长家庭教育主体责任，提高家长家庭教育水平，培养儿童优良品质和健康人格，促进儿童健康成长为目标，着力推动中华优秀传统文化、家庭美德以及科学的儿童

---

① 习近平. 在纪念刘华清同志诞辰 100 周年座谈会上的谈话 [N]. 人民日报，2016-9-29（02）.

发展观宣传教育，为营造有利于儿童健康成长的家庭和社会环境创造条件，为促进国家发展、民族进步、社会和谐发挥重要基础作用。

以红色文化引领家庭教育，在家庭中培养孩子热爱党、热爱祖国、热爱人民、热爱中华民族的情感，对青少年的健康成长具有重要意义。将红色文化融入家风教育，有利于引导家庭成员树立和坚持正确的家庭观、国家观和民族观，引领青少年深度理解和感悟社会主义核心价值观，帮助青少年"扣好人生第一粒扣子"。习近平总书记在会见第一届全国文明家庭代表时指出，要"继承和弘扬革命前辈的红色家风，向焦裕禄、谷文昌、杨善洲等同志学习，做家风建设的表率。教育亲属子女树立遵纪守法、艰苦朴素、自食其力的良好观念，明白见利忘义、贪赃枉法都是不道德的事情，要为全社会做表率"[①]。通过对红色歌曲、童谣、故事等信息类红色了解与体验，通过家庭教育引导少年儿童萌发红色情感，培养其勇敢坚强的红色文化品格。通过红色文化进家庭，深化少年儿童对社会主义理想信念的坚定传承，全面塑造中华民族自豪感、自强感、自信心和自尊心，将中华民族伟大复兴历史责任和重担在家庭教育层面持续牢固、传承和践行，将红色基因更好地从校内延伸并融入家庭教育。

2. 建立健全红色文化高职院校教育机制

红色文化融入学校教育特别是高职教育，是新时代开创"大思政"格局的重要抓手之一。中国在长期的革命过程中，形成了大量的红色文化资源，如带有红色文化烙印的革命根据地、纪念馆、战争遗址、领袖人物故居、带有红色符号的历史文物、文献资料、革命传统、革命精神等，它们都是十分宝贵的教育资源，都是鲜活的教材，都折射着革命先辈的伟大人格和高尚情操。让红色文化进课堂、进头脑，充分发掘各类红色文化资源，充分发挥红色文化蕴含的革命情感教育，以革命先辈的示范，来激发青少年内心的情感共鸣，促进青少年参照学习，达到内化于心、外化于行的教育效果。

---

① 刘晔. 继承革命传统，弘扬红色家风 [EB/OL]. （2019-09-10）[2022-3-9]. https://www.fx361.com/page/2019/0910/9935345.shtml.

　　红色文化资源只有经过深度挖掘和有效转化才能成为优质的教育资源。全国各地许多学校开始探索依托区域红色文化，充分挖掘区域红色文化资源，探索红色文化融入思政课教学的具体路径。赣南地区一所学校依托区域红色文化资源，将红色文化与课堂教学相结合，在课程设置上开设系列红色文化指定必修和选修课程，对课程教授内容加以创新。在教学方式上，改变传统教学模式，开设红色文化专题学习班，组织思想政治课教师参与研究和讨论如何进一步统筹红色文化精神内涵与课堂"理论联系实际"教学方式，在课堂讲授中融合当代高职学生乐于接受的手段，达到寓教于乐，传播红色文化的功效。在课程文本上，围绕"红色文化发展""革命精神""革命根据地建设""毛泽东思想形成"等经典著作、故事集、历史文本编印校本教材，简明扼要，深入浅出，形成富有区域红色文化特色的课程文本，让教师讲授红色文化内容有章可依，让学生传承红色文化精神有路可循。

3. 构建红色文化社区教育机制

　　红色文化蕴涵丰富的道德文化素材资源和思想遗产精髓，将红色文化内涵作为开展社区居民教育的主要导向，在潜移默化中培育社区居民的红色精神，构建符合社会主义核心价值观的思想教育体系，将内在的精神价值追求化为建设和谐社区的动力。

　　构建红色文化社区教育工作机制，必须强化政府部门的主导力，多方联动社会组织和民间志愿者。根据社区红色文化教育实际，在广泛开展社区教育工作调研的基础上，从中提取适合社区教育的红色文化资源，主动引导社区基层工作人员参与红色文化教育过程，建立健全社区工作评价体系，针对社区基层单位组织及人员开展定期考核，适当运用激励或惩罚措施推动社区红色文化教育进程，这应成为政府部门工作重点。当然，建设红色文化社区，同样需要发挥社会组织和民间志愿者的积极性，在深入普及红色文化教育的过程中，大力宣传具有红色基因的文化教育活动，持续开展社区红色资源文化新媒体矩阵建设，积极利用新媒体平台打造新型数字社区，强化社区红色资源信息服务能力，定期更新具有时代教育意义的红色文化内容。推进红色文化社区教育活动，需要传播多种类型的红色文化资源，以满足社区居民红色精神文化需求为主导，实现思想价值引导。

一些政府部门、教育机构开始积极探索红色文化进社区的渠道与路径。2019 年 5 月，赣州市开展了为期 7 个月的以"传承红色基因，弘扬苏区精神"为主题的赣南红色文化进家庭、进社区、进广场活动。活动期间，赣州市通过开展赣南红歌演唱、舞蹈、读红色家书、讲红色故事、朗诵、说唱、快板、情景剧等形式多样的活动，让群众在欢乐的氛围中接受红色文化洗礼，感悟浓浓的爱国情怀。某院校组建"爱国教育宣讲团"红色主题调研社会实践队，到社区内部宣传红色文化，传承爱国精神。2019 年 7 月 16 日，宣讲团来到成都市柳江街道锦馨社区，给当地的小朋友们及其家长开展了一堂爱国教育课。爱国教育小课堂——通过王二小、小兵张嘎和海娃的革命小故事，生动形象地给小朋友们普及了抗日战争的史实，在他们的心中留下红色记忆。绘画心中的红色记忆——引导小朋友们充分发挥自己的想象，通过画画表达自己的爱国情。上述丰富多彩的红色文化宣传活动，既在很大程度上满足了广大人民群众的精神文化需求，也促进广大群众特别是青少年潜移默化地感悟红色精神，传承红色基因。

4. 打造红色文化政府引导机制

政府在整合区域红色文化资源过程中发挥着引导作用，是深入推动爱国主义教育基地和国防教育基地建设与利用的引导者。当前，各层次规模的爱国主义教育基地，已成为孕育红色文化资源、培育民族精神根基的重要场所，政府部门应该积极建设并利用爱国主义教育基地，深入挖掘红色文化资源，积极打造具有鲜明导向的主题文化精品，突出爱国主义教育基地和国防教育基地的功能优势，引导社会各界群众积极主动参与红色文化资源的学习。为保障红色文化能够深入走进校园，政府可以完善爱国主义教育示范基地管理政策，向校园学生免费开放红色文化展馆，提升红色文化校园普及程度，更

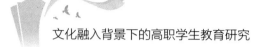

好地落实红色文化政府引导机制。

重大纪念日、重大历史事件成为挖掘爱国主义教育资源的重要渠道，是组织开展群众性主题教育的良好契机。国庆节是一个国家或民族特殊意义的象征，集中代表着某个重要时间节点，政府部门应该组织开展多种形式的国庆主题教育，如主题演讲、大合唱、快闪、灯光秀等，深入宣传以爱国主义为核心的民族精神，引导人民群众不忘初心使命，共同为努力实现中华民族伟大复兴而接续奋斗。除国庆节外，像是七一建党节和"八一"建军节，同样是广泛宣传红色文化的最佳时间节点，将红色文化融入重大纪念日或历史事件宣传中，是深入推进红色文化进入人民群众队伍的有力体现，是积极唱响主旋律的根本要求。政府需要抓好红色文化宣传契机，引导人民群众缅怀历史、共创美好未来。

积极运用大众传媒，做好红色文化资源开发利用工作。大众传媒是宣传红色文化的重要推动力，无论是报刊、广播、书籍等传统媒体，还是微信、微博、短视频等新兴媒体，建立媒体矩阵传播平台，已成为弘扬爱国主义精神的重要方法或手段。政府需要引导各种媒介组织做好红色文化宣传工作，通过推出系列主题专栏报道，传递更加具有生机活力、更富有情感温度的爱国主义精神，为人民群众树立正确的爱国主义价值观念，积极践行媒体作为"党和国家的喉舌"的导向。总之，政府部门需要广泛运用大众传播媒介，坚持以正确的舆论引导人民群众践行爱国主义观念。

积极宣传英雄先烈事迹、大力传承和弘扬英雄先烈精神，构建以爱国主义为核心的民族精神，培育和践行社会主义核心价值观，为实现中华民族伟大复兴的中国梦而接续奋斗，是我国 2018 年 4 月出台《中华人民共和国英雄烈士保护法》的现实需求。《中华人民共和国英雄烈士保护法》坚决维护英雄先烈声誉，以积极挖掘和宣传英雄先烈事迹为核心，对广大人民群众开展英雄先烈主题教育。各级人民政府需加强对英雄先烈的保护，以践行英雄先烈爱国主义精神为工作内容，深入推进社会主义精神文明建设，引导人民群众形成尊重、爱戴和纪念英雄先烈的良好社会风尚。该法强调英雄烈士的名誉、荣誉受法律保护，任何组织和个人不得侵害英雄烈士的名誉、荣誉。针对侵占、破坏、污损英雄烈士纪念设施的行为，要依法给予严惩。《中华人民共和国英雄烈士保护法》的出台，为传承爱国主义精神和增强民族凝聚力提供强有力的法律和制度保障，有助于进一步推动红色文化资源的有效开发和利用。

二、红色文化全程育人机制

（一）全程育人的概念

全程育人，即学校教育教学坚持将立德树人理念贯穿学生成长成才全过程。课程设置、教材选择、备课授课和质量验收等环节，必须强调以立德树人为导向，实现从学生入学到毕业的全过程育人，并且可以建立终身教育体系，形成全领域、持续性的育人机制。全程育人是相对于时间维度来说的，教育者需要承担起学生从入学到毕业整个过程的教育工作，为学生成长成才提供健康积极的场所环境。开展全程育人机制，最重要的是形成时空观念，即根据学生身心发展特点和各类空间学习环境，构建具有动态化、阶段化和层次化的育人工作体系，不断满足学生成长成才需求。

（二）红色文化全程育人机制的打造

步入高等职业教育阶段，学生会储备相对充足的专业知识，并逐渐塑造相对健全的世界观、人生观和价值观。为正确培育高职院校学生的思想价值观念，教育者必须着力打造红色文化全程育人机制，深入推进红色文化资源进校园活动，大力宣传红色文化精神，建设"家国同构"的高职红色文化育人体系。高职教育要坚持问题导向，直面现实矛盾，力求释疑解惑，通过对红色道路、红色理论、红色政权、红色精神等进行"理论—现实—理论"的结构性阐释，系统回答高职学生坚持红色文化自信、反对历史虚无主义若干问题。

1. 完善高职院校育人教学机制

高职院校要根据国家和教育部发布的相关法律法规和政策规定，制定学校红色文化育人的指导意见或者实施方案，实行全过程育人。构建由院党委统一领导的红色文化教育体系，是高职院校完善育人教学机制的重要方向。高职院校领导承担着管理师生教学活动的职责，深入推进红色文化教育进校园，必须强化高职院校领导的管理意识。高职院校思想政治学科专业教师，是高职院校开展红色文化育人工作的主体，高职院校思想政治理论课，则成为宣传红色文化的主阵地。作为高职院校教育教学管理者，要做好红色文化育人工作，就需要优化思想政治理论课程设置，不断提高思想政治理论课教师队伍素养，着力完善思政理论课红色文化教育培训机制，增强思政理论课教师运用红色文化资源育人的能力。

2. 建立高职教学课程体系改革机制

高职红色文化育人不仅要利用好理论课这一主渠道，还要努力融入高职文化建设，结合有关学科专业课程，深入推进红色文化育人实践教学工作，拓宽高职红色文化育人渠道。

以国家课程改革方案为主要依据，构建覆盖高职各年级阶段的思政理论课程体系，科学设置思政理论必修课与选修课教学时长，在建立"大思政"工作理念的基础上，广泛开展"课程思政"红色文化育人工作，培养师生课程思政意识，综合提升课程教师的思政理论文化素养，推动高职院校学生践行红色文化思想价值观。思政专业课涵盖众多的红色文化育人资源，思政理论课教师需要坚持从育人角度出发，探索适合高职院校学生学习的教学理论和方法，持续完善思政课程体系改革，为系统梳理并深入挖掘思政课程红色文化教育资源奠定基础，积极发挥思政理论课承载的教育功能，利用学科渗透模式围绕红色文化开展有意义的教育活动。如历史学、哲学类专业课程，要帮助学生掌握马克思主义世界观和方法论，从历史与现实、理论与实践等维度深刻理解红色文化育人的重要意义。美术专业课程同样蕴涵红色文化教育资源，美术专业课程教师可以安排学生参加红色文化写生活动，鼓励学生用手中的画笔描绘红色革命文化展品。将红色文化教育融入中文专业课程教学，中文专业教师可以定期举办各种类型的演出活动，在红色文化演出实践过程中提升学生的感悟力和凝聚力，深刻理解红色文化事迹蕴涵的鼓舞人心、催人奋进的价值。

3. 制定完善的教育评估机制

推进高职红色文化育人持续健康发展，必须坚持完善红色文化教育评估机制，将其作为检验红色文化育人效果的依据。针对高职学生开展红色文化育人研究，是建立健全高职院校育人评价体系的基础性要求，有助于优化红色文化育人教学过程，激发学生自主参与学习红色文化知识的兴趣。构建完善的红色文化育人评估考核机制，为进一步有效解决高职院校教学质量提供坚实保障，能够避免红色文化育人方向不明晰、不适用等问题的发生。持续推进红色文化教育评估机制实施，关键在于红色文化育人教学督导小组能否提供支持，完成对课程思政教师红色文化育人全过程的监督与评估。这也表明，高职红色文化育人评估机制重点，是对高职课程思政教师教学态度、教学方法与教学成效的定期评估，从中指出教师在育人教学过程中存在的不足之处。

4. 推进实践教学规范机制

正确理解和认识实践教学，是有效推进红色文化育人实践活动的基础前提。针对高职院校学生开展红色文化育人教学，需要建立完善的实践教学规范机制，形成常态化、规范化和制度化的红色文化育人实践活动，逐渐深化红色文化精神的引导力度。为确保红色文化育人实践教学规范化开展，可以预先制定操作性强的育人计划，同时广泛搜集各种类型的红色文化资源，以扎实的红色文化育人体系支撑红色文化育人实践教学开展。创造有利于红色文化育人实践教学开展的实践基地，提高红色文化育人实践教学质量。红色文化育人实践基地，包含各种鲜活生动的教学素材案例，以富有情感、深度和温度的教学环境氛围，引导学生更加理性地认识红色文化。从育人成效方面分析，以红色文化为主要教育教学内容的理论课程，必须实现与实践课程教学的相结合，形成相辅相成的育人教学体系，针对性地提升红色文化育人的实效性。另外，积极探索自主性实践学习形式，同样是开展红色文化育人实践教学的本质要求。

三、红色文化全方位育人机制

（一）全方位育人概念

全方位育人，即以构建多种形式的育人载体为工作核心，对学生综合测评、奖学金评定、诚信教育、学风建设、创新创业教育、社会实践等方面进行指导教育，体现显性育人和隐性育人综合实施的特点。因此，全方位育人本质上是提高教育的针对性，引导学生在学习、生活和社会实践等环节形成正确的认知，养成良好的思想道德素质，全面构建利于课程教育的"大思政"格局。

红色文化资源作为教育资源中的有效载体和重要的隐性教育资源，在全方位、立体化、多渠道综合育人方面扮演着不可或缺的角色，对青少年树立正确的世界观、人生观和价值观起着重要的促进作用。

（二）全方位育人机制的构建

1. 红色文化融入高职院校人才培养方案

学生党支部书记作为基层党组织的领头雁、排头兵、主心骨，其能力素质在很大程度上影响着其所在支部的组织工作成效，更能进一步影响党支部战斗堡垒作用的充分发挥，对于高职教育工作具有重要的影响。在此，我们以部分高校的实践案例为范本，为高职院校全方位育人机制的构建提供经验。例如，清华大学整合各类红色资源，全面制定并实施学生党支部书记培养支持计划。

学生党支部书记培养主要从理论和实践教育等层面加强红色文化资源的融入，促进学生党支部书记坚定理想信念和树立共产主义理想，进而形成带动效应。

第一，在理论教育层面。一是结合重大契机，统一组织重要理论学习。每学年秋季学期初，清华大学党委研工部统一组织全体新上岗研究生党支部书记、党建工作助理等参加党建骨干培训会，围绕党建工作面临的问题和形势、党建工作实务、党员发展工作、党支部建设工作案例等内容进行系统培训。党的十九大胜利召开后，为深入学习贯彻习近平新时代中国特色社会主义思想和党的十九大精神，学校统一组织全体党支部书记参加党的十九大精神学习班。党委研工部还组织部分党支部书记开展党的十九大精神专题读书班，赴校外开展为期两天的封闭集中学习，邀请校内外专家围绕习近平新时代中国特色社会主义思想、党的十九大精神、党的基本理论、马克思主义中国化等内容作专题报告，并与同学进行交流互动、答疑释惑。同时，学校以党中央召开的重要会议为契机，统一组织党支部书记群体开展集中学习，先后围绕习近平总书记在纪念马克思诞辰 200 周年上的讲话、在北京大学师生座谈会上的讲话和习近平总书记在全国教育大会上的讲话等开展学习。二是建立"领雁专家资源库"，支持各领雁小组结合院系实际需求开展特色轮训。清华大学充分发挥平台优势和专家优势，建立"领雁专家资源库"，包括来自校党委组织部、党委研工部、马克思主义学院、公共管理学院等部处、院系的 20 余位专家。学校要求领雁小组利用专家库资源每年开展集中理论学习，主题涵盖习近平新时代中国特色社会主义思想、马克思主义基本理论、中国特色社会主义政治体制及其改革、组织入党与思想入党、新时代发展与青年选择等内容。三是针对党支部书记具体发展需要，开展个性化的学习交流。清华大学着力打造"清华大学党建慕课""清华大学小研慕课"平台，开发线

上党建精品课程，要求党支部书记通过慕课平台开展自主在线学习，进一步提升理论水平。学校面向德育工作助理、党支部书记举办下午茶、读书会等形式新颖的交流活动，增强学生骨干的政治意识、理论水平、综合素质和工作能力。

第二，在实践教育层面。一是开办红色实践示范班，探索浸润式理论学习新模式。2017年秋季学期，清华大学组织36位党建辅导员、研究生党建助理和党支部书记赴延安开办红色实践示范班。在凤凰山、杨家岭、枣园、抗大纪念馆等革命旧址，学员们身临其境地感受到党在延安时期艰苦奋斗的革命历史和优良传统，重温了毛泽东、周恩来等老一辈革命家在延安时期的革命事迹，回顾了党带领人民取得胜利的历史进程，对延安精神的思想内涵和历史意义有了更加深入的认识。实践过程有机融入理论学习、读书交流等环节，帮助学员在浸润式学习环境中提升理论水平和思想认识，巩固实践成果。二是广泛建立红色实践基地，着力打造规范化的精品培训。2018年以来，学校先后与陕西延安、河北石家庄、山东荣成、安徽滁州、江西吉安等地签订了红色实践基地共建协议，并各自匹配多种学习方案供学员依据具体情况自主选择。山东荣成基地为学员提供了"甲午海战纪念馆—郭永怀纪念馆—谷牧旧居—石岛湾高温气冷堆核电站"的学习路线，让学员亲身体悟中华民族在共产党的领导下站起来、富起来、强起来的光辉历程。三是开展"十四个坚持"主题实践，实现红色资源的全覆盖。革命老区的红色资源是加强党性宗旨教育和革命传统教育的宝贵财富。根据学校统一安排，全校各院系党支部书记按学科大类划分为14个领雁小组，分赴不同的红色基地围绕"十四个坚持"开展实践。航院一学生直属总支领雁小组赴河北西柏坡学习"两个务必"精神，赴正定县回顾习近平总书记提出的"发展半城郊型经济、旅游兴县、人才强县"发展战略。"生命—医学—药学"领雁小组赴浙江嘉兴南湖学习"红船精神"，深刻理解"开天辟地、敢为人先的首创精神，坚定理想、百折不挠的奋斗精神，立党为公、忠诚为民的奉献精神"的内涵，并回顾中国共产党诞生历程和波澜壮阔的发展历史，重温入党誓词，做到不忘初心、牢记使命。

第三，在发展的可持续性方面。清华大学建立健全全覆盖培养体系，制定党支部书记全过程发展支持方案，包括重点支持新生党支部书记、培养选拔后备党支部书记、评选表彰优秀党支部书记、持续关注离岗党支部书记等举措。通过该培养体系，多位优秀党支部书记得到良好的成长和发展，并在卸任党支部书记后担任了本科生辅导员和研究生德育工作助理，为学校育人工作队伍输送新鲜血液。

"领雁工程"特别设立清华大学新生党支部书记专项培养计划（新雁班），每年在研究生新生党支部书记中选拔一批德才兼备的基层党建骨干进行培训，培养担当民族复兴大任的时代新人。"新雁一期"从学校各院系选拔学员30人。自建立以来，学员始终坚持自主开展常规性理论学习，围绕《毛泽东选集》《邓小平文选》《1949—1976年的中国》《爱与资本》等理论书籍开展研讨。暑假期间，"新雁一期"赴德国开展"追寻马克思的思想足迹"主题实践，并与柏林工业大学师生开展座谈交流。经过半年的学习，"新雁一期"30名学员中有21名成长为本科生辅导员和研究生德育助理，其余9人继续担任党支部书记工作。

依托领雁工程，充分发挥党支部的战斗堡垒作用，经过一学年的探索，清华大学已经依托领雁工程初步明确了学生党支部书记队伍建设的路径，并厘清了借助红色资源服务于高职立德树人工作的新模式。形成了带动效应，许多学院充分利用这一成果开展育人工作。比如，化学系、生命学院、物理系、工业工程系、交叉信息学院等多个院系，组织学生党员重走"一二·九"之路；公共管理学院组织学院的全体研究生党员赴山东荣成基地开展红色实践；化学系组织全体研究生入党积极分子赴河北石家庄基地开展实践；清华师生以"两弹元勋"邓稼先扎根马兰基地为祖国国防事业呕心沥血的壮丽人生为原型，创作话剧《马兰花开》；经济管理学院党支部与塞罕坝机械林场第三乡林场党支部开展红色"1+1"支部共建活动。相关支部组织拍摄微电影，以一名党员的视角，记录塞罕坝瞭望塔上刘军、齐淑艳夫妇两位瞭望员一天的故事，并被人民网发布，名为《清华大学党建日记：探访塞罕坝林海守护者》。清华大学将红色文化资源融入德智体美劳育人之中，培养了一批批合格的社会主义建设者和接班人。

2. 实施课程体系拓展行动

"红色文化"渗透着中国共产党人的崇高理想，是中华民族精神的生动体现。依托社会实践的红色教育微党课，是学生党支部深入推进"两学一做"学习教育制度化常态化的重要载体。为了传承红色革命精神，增强党史国史的吸引力，坚定新时代学生的理想信念，养成学生勇于传承、敢于担当的精神。2017 年，合肥工业大学宣城校区信息工程系学生电气类党支部成员，深入将军故里金寨县，探寻红色精神、发扬优良传统，创新了学生党支部微党课教育的活动形式。学生红色教育微党课视频，通过点点滴滴活动记录，展现党支部成员良好的精神风貌，既是对红色文化的学习宣扬，也是对党的革命精神的研习和传承。

合肥工业大学宣城校区组织学生学习红色教育微党课视频，以"时代桥梁"为设计主线进行总体构思。通过红色精神的学习、领悟、传承、弘扬，力求环环相扣，浑然一体。第一，通过到金寨革命博物馆，聆听"安徽省大别山革命历史研究会"执行会长曹能求先生的专题报告，以学习革命历史为开篇；第二，通过拜访红军遗孀，聆听她们讲述当年红军为建立中华人民共和国前赴后继英勇奋战的坎坷历程，增强对中国革命历史的认知；第三，通过拜访百岁抗战女兵，感悟老一辈共产党人的坚定信仰和赤胆忠心；第四，在刘伯承元帅亲笔题写的"燎原星火"纪念碑下重温入党誓词，表达对革命信仰的崇高敬意和不懈追求；第五，将与金寨红军遗孀和百岁女兵访谈内容进行实况摄录，并将摄录编辑完成的红军爷爷奶奶的祝福视频，向宣城市第四小学的学生们反复播放，记下红军遗孀和百岁女兵对孩子们的殷殷期望和美好祝愿，将红色精神及时传递给第四小学的孩子们，实现"红色基因代代相传"。

合肥工业大学宣城校区红色教育微党课视频由三个阶段组成：第一阶段，赴金寨县红色教育实践团赴宣城市第四小学开展红色精神宣扬活动，在宣城市第四小学举办"给红军爷爷的一封信"征文大赛，并录下孩子们对红军爷爷想说的话，将这一视频带入金寨，寻找老兵，并将孩子们的视频播放给老兵观看。第二阶段，赴金寨县红色教育实践团来到有"红军摇篮，将军故里"之称的金寨县。通过参观革命博物馆、参与座谈会、走访老兵、赴金寨党史办查阅文献资料，通过在群众中展开网络问卷调查等方法进行实地考察调研，得到第一手资料，挖掘金寨县成为"中国革命的重要策源地、人民军队的重要发源地"的形成原因，凝练大别山精神，为金寨红色文化的保护和大别山精神的弘扬做出应有贡献，相继拜访了洪学智上将的长子洪虎先生、红军李道宣的遗孀杨克秀和 102 岁的抗战女兵张蔚。第三阶段，实践队员们再次来到宣城市第四小学，将红军爷爷、奶奶对小学生的希冀传达给孩子们，架起时代桥梁，该活动分为"实践剪影""金寨风采""红色故事""互动游戏"和"红歌学唱"五个部分，"人的生命是有限的，可是为人民服务是无限的，我要把有限的生命，投入到无限为人民服务之中去。"学生党支部负责人在"红色知识大比拼"的互动游戏中，说出了雷锋同志曾经说过的这句话，将活动推向了高潮，也使活动的意义彰显得淋漓尽致。团队与孩子们以嘹亮的《歌唱祖国》结束了红色教育活动，助推红色基因代代相传、生生不息。

　　学生红色教育微党课视频对学生党员具有重要的教育价值。首先，依托社会实践的生动微党课，是学生党支部深入推进"两学一做"学习教育制度化常态化的重要载体，使学生党支部成员在思想上、精神上接受了再教育、再学习，极大提升了支部成员的党性修养和思想觉悟。其次，党支部成员切身学习了老一辈共产党人的革命传统和光荣事迹，坚定了支部成员的理想信仰，增强了对党史国史的兴趣，培育了爱国爱党情感。再次，学生党员通过撰写实践日记、调研报告，向小学生传扬"红色精神"，继承和发扬了红色精神，唤起使命感责任感，强化了担当意识，为做合格党员打下了坚实基础。最后，支部成员将微党课视频在校内相关院系广泛宣扬，并作为各团支部学习的重要材料，既传承了红色革命精神，又坚定了新时代学生的理想信念。

3. 实施红色文化特色实践育人

为深入挖掘和利用北京革命史迹的历史文化价值，推进人文北京建设进程，北京科技大学充分利用红色文化资源，深化实践教学改革，开展了"北京红色革命史迹寻访传承"特色实践教学活动。该活动选取中国近代革命历程中，在北京斗争、建设、改革和发展的代表性的历史史迹，探寻共产党人在北京开展革命活动的历史事件、著名人物和故事等，以编年体为大的历史框架，一个点一个点地去寻找、追忆和讲述，呈现出一幅活生生的北京红色史迹地图。同时，在课堂中以情景剧的形式融入红色史迹的故事，深化活动成果，传承红色基因，弘扬革命精神。

一是寻访红色史迹，丰富实践教学资源。在实践教学活动中，师生认真参观和访问红色史迹，积极采集图片文字相关资料。开展口述史采集，采访与史迹相关的见证人、传承人，以文献史料和口述史采访相结合的方式，再现革命事迹，并对其相关史料进行深度解读。例如，学生实践团在对西城区的红色革命史迹进行参访的过程中，就采访了西城区党史办的研究人员和西城区旅游局的相关负责人，充分了解相关革命史迹的历史背景和保护现状。同时，配合问卷调查，调研红色史迹的保护和开发利用情况、不同社会群体对革命精神的传承和发扬情况、革命精神的当代价值、实现当代价值过程中出现的问题以及改进的措施。

参与实践教学的学生认真整理现有材料，分析红色教育的现状，对革命历史史迹资源的保护利用提出针对性建议，有计划地联系媒体以及各院校共同开展"北京红色革命史迹寻访传承行动"宣讲活动。除此之外，红色史迹的参访和社会实践还形成了"北京红色革命史迹寻访传承"调研报告、"寻访红色史迹，培育革命精神"论文集、"我心中的北京革命史"宣传册、典型人物访谈录、红色史迹画册以及原创微电影若干。

北京红色革命史迹寻访实践团走访了 100 个历史史迹，对百余位历史事件的见证者、传承者进行了采访，发放了近千份调查问卷，形成了近万张原创摄影摄像作品。

二是运用红色文化资源深化课堂实践教学改革。北京科技大学思想政治理论课充分利用红色历史史迹参访成果，把丰富的红色文化资源融入课堂教学，在课堂上鼓励学生进行革命情景剧展示，开展特色鲜明的宣传教育，传承民族精神血脉，弘扬社会主义核心价值观。学生们通过走访革命历史史迹，采访历史经历者、历史史迹传承人，可以有效还原历史真相，从小事件入手探究大历史，在课堂教学的大历史进程中表演自己所采访到的历史史实，作为历史课程的有效延伸。

五四运动、七七事变等一幕幕历史，不再只是课本上的文字，而是变成了心中深层次的感悟。对于演员主体来说，历史情景剧的演出可以让他们进一步了解革命事迹，将革命烈士的英雄事迹和爱国情感内化于心、外化于行；对于观众来说，观看课程外的历史情景剧，了解课本外的历史故事，可以提高观众的参与度，进一步深化课程的内容。还有部分学生在参访历史史迹后，直接将情景剧的拍摄地选择在历史史迹中，增加了演员和观众的沉浸感，进一步增强了历史情景剧的趣味性。根据北京红色革命遗迹寻访改编的历史情景剧本已经有百余份，微视频 30 部，10 余万字。

历史情景剧在历史课堂教学中既充分发挥了学生的主体性，又增加了课堂的趣味性，历史情景剧蕴涵丰富的素材资源，学生通过演绎历史情景剧，可进一步了解和认识思政理论课的性质。

三是运用现代科技，提升红色资源的育人实效。红色革命史迹集中反映了中国共产党领导下的中国革命精神，是实践变革的成果，成为推动红色文化精神形态诞生的推动力，也成为学校开展思想政治教育的重要资源。为深入整合教学资源，北京科技大学利用"数字影院"平台，投入数百万购置了VR 系统，通过虚拟现实系统，将采集回来的红色革命历史遗迹的影像进行了处理，形成了可在课堂中使用的教学资源。通过 VR 系统的"眼镜"，教师在智慧教室中，可以通过小班授课、研讨的方式，给大家讲解北京的红色革命历史遗迹。新媒体设备的应用，有效解决了"中国现代史纲要"课程实践教学的全覆盖问题。

四是推动红色资源的创造性转化。将红色革命史迹融入高职院校思政教学工作过程，要求高职院校思政教育工作者深刻领会、感悟红色革命史迹精神，将其创新转化为思想政治课程教育资源，以新的渠道或方式传承红色革命史迹精神。此次教改试点，与北京出版集团合作，拟出版《传承"红色基因"：北京革命史迹解读》，共 3 册，45 万字。思想政治理论课教师对实地寻访拿到的一手资料进行了二次创作。在系列图书中，将北京的红色革命历史遗迹进行了全面梳理，按城区划分，系统介绍了这些革命历史遗迹的历史、发展现状及文物保护等相关情况。这也是实践教学成果转化利用的优秀案例。图书出版后，将对北京市红色革命历史遗迹的使用、宣传及保护产生积极的影响，也会让更多的人投入红色资源的教育工作中去。

活动的开展可以帮助学生们科学认识中国革命精神的内涵、形成与发展，加深对中国革命精神现实意义和时代价值的理解，使中国革命精神内化于心、外化于行，不断巩固青年学子团结奋斗的共同思想基础。同时，通过微电影、宣讲汇报会、图文成果展、征文、论坛、撰写调研总结、汇编传说故事等方式，扩大中国革命精神在学生中的影响，努力使培育和践行社会主义核心价值观形象化、生动化。

4. 红色文化特色教学

西安电子科技大学自 2006 年 9 月以来，在科学研判和积极适应学生思想政治教育新常态和思想政治理论课教学改革新趋势基础上，以现实问题为导向，结合党和国家的要求、学生的愿望和学校既有教育资源，确立了以红色校史文化传承为特色的思想政治理论课教学模式。

首先，搭建平台，挖掘红色文化资源。西安电子科技大学成立了西电红色教育研究中心，深入挖掘西电 80 余年办学历程中所承载的红色符号、红色文化和红色精神，分析党史、校史、学科发展史多维视角下西电红色文化的时代价值和意义，探寻西电红色文化涵育社会主义核心价值观发挥价值引领、价值塑造功能的学理性基础和长效机制，为红色文化融入思想政治理论课教学提供理论指导和学理遵循；学校将红色文化"进教材、进课堂、进头脑"为主旨的思想政治理论课教学质量提升工程列为全校首个校长基金项目予以重点支持，资助经费50万元，校长郑晓静院士亲自担任课题总指导。

西安电子科技大学还建立了红色文化资源数据库。整理老一辈革命家、科学家的口述资料及实物资料，建成覆盖音频资料、照片资料、文字资料和研究资料四大板块的资料库。建立西电红色文化传承主题教育网站"西电往事——永不消逝的电波"，通过"网络化""故事化""时代化"的方式全方位展示红色文化蕴含的精神气质、道义力量，在全校师生中弘扬红色教育传统。学校专门召开了纪念毛主席为学校题词"全心全意为人民服务"65周年座谈会暨弘扬西电红色教育传统、践行社会主义核心价值观专题研讨会，探讨在新时期如何传承红色文化、办好人民满意大学。

其次，将西安电子科技大学红色文化资源创造性转化为思想政治理论课的教学资源。对教学资源库的资料按照课程性质、教学要求和学生期望等进行再加工，有选择地有机融入课程教学，创建思想政治理论课"344"教学新模式。

"3"是指"三个着眼于"。西安电子科技大学以"三个着眼于"为主题开展红色文化融入思想政治理论课的教学改革，服务学生成长成才。一是着眼于思想政治理论课教材体系向教学体系、知识体系向信仰体系转化；二是着眼于增强学生的道路自信、理论自信、制度自信、文化自信，引导学生坚定理想信念，自觉践行社会主义核心价值观；三是着眼于增进学生对伟大祖国的认同、对中华民族的认同、对中华民族文化的认同和对中国特色社会主义道路的认同。

第一个"4"是指"四位一体"。红色文化资源转化为思想政治理论课教学资源坚持课堂教学、社会实践教学、学生自主学习和朋辈互助学习"四位一体"，做到"认知—内化—践行"的完美统一。

其一，课堂教学环节。首先确立红色文化资源梳理、编辑的三个原则：典型性原则，就是要选择有代表性的"人、物、事、魂"进行编辑；契合性原则，就是要让红色文化资源合目的性，抓好其与思想政治理论课教学的结合点；感染性原则，就是要通过史料的再加工、再创造突出其所蕴含的正能量。其次，通过集体备课和专题讨论的形式，将红色校史为主的红色文化资源有机嵌入各门思想政治理论课，并按照教学重点、难点和热点要求撰写教学大纲、教学方案，力争做到不交叉、不重复、不牵强。最后，通过多种教学形式将教学目标和要求贯彻到课堂教学过程中。通过不断探索，编写红色校史融入本科生四门思想政治理论课的教学大纲、教学方案。最终，将红色文化承载的"人、物、事、魂"通过教师的有机转化，逐步推动学生深刻领会爱国主义内涵，传承和发扬艰苦奋斗精神，坚定理念信念的道路。

其二，社会实践教学环节。形成由学校、政府、企业、社会和家庭共同合作的育人机制，为学生创建优良和长效的社会实践环境。以"目标共同、机制共建、资源共享、责任共担"为育人目标，着力推动实践育人共同体的持续性开展，明确实践育人主题，构建形式多样且价值深刻的红色文化主题调研、考察和学习活动，引导高职院校学生深入学习红色文化史迹，体会红色文化精神发源和传播的过程，在艰苦奋斗中实现个人价值和创造社会价值，以正确的价值观、人生观自觉推动红色文化的传承。

其三，学生自主学习环节。选定红色经典文献供学生自主学习和阅读，并根据践行社会主义核心价值观的要求，结合当前学生思想领域容易混淆和模糊的热点问题开展师生对话、专家问答等活动，让学生在经典传承中感受思想的力量、经典的价值。

其四，朋辈互助学习环节。发挥学生在教学活动中的主动性和自觉性，构建以问题为导向的讨论小组，通过成果展示、质疑答辩、教师总结等多个环节，引导学生围绕具体问题互助学习，提高学生的阅读能力、分析能力、合作能力和表达能力；成立由思想政治理论课教师作为指导教师的马克思主义理论研究社团——瑞金之星，通过定期组织经典读书会、学术沙龙、专家讲座等形式，提高学生集体学习的积极性，增进学生的理论分析能力和政治判断能力。

第二个"4"是指"四个保障"。西安电子科技大学构建了学术、经费、制度、队伍四大保障体系。一是通过成立研究中心并设立校内研究课题的方式，鼓励教师围绕红色文化传承与思想政治理论课改革、红色文化传承与社会主义核心价值观教育开展学术研究，并定期举办学术沙龙；二是通过学校教学质量提升工程、教育部基本业务费和校长基金等多种方式，为高校深入推进思想政治理论课程教育教学改革提供保障，做好传承红色文化教育教学工作；三是着力构建思想政治理论课教育教学制度改革体系，完善行政教学管理部门，贯彻落实思政课程教师及学生的责任，顺利推进思想政治理论课教学改革方案的实施；四是优化思想政治理论课教育教学工作队伍，加强对思想政治理论课教师的培训工作，强化业务骨干支撑，实现传帮带教学改革。

最后，创建学院，探索经验。西安电子科技大学于2010年组建了终南文化书院，聘请50余位国内外知名专家学者与杰出校友担任文化导师，面向全校创办人文研修班，开设红色经典课程，举办专题讲座，培养红色传人。先后开设了"红色文学经典导读"课程；创建"名人名家报告会""华山学者论坛""博雅讲坛"等报告体系；举办"读书沙龙"，师生共同研读红色经典，激发学生自主探索的精神；开展"艺术传唱"传播经典，以学生喜闻乐见的方式将红色经典以诵唱、器乐、舞蹈、书法等形式展现出来，打造了《红旗颂》《长征组歌》《瑞金之星》《黄河大合唱》等一批具有西电特色的高雅文化品牌。举办了"信仰对话"活动，通过邀请老战士、老教授以亲历者的身份与学生展开互动式交流，或者邀请党史、校史研究者就现实生活中与网络媒体上高职学生普遍关注的热点难点问题展开明辨式对话，使学生在互动交流中增进对红色精神的理解、认同。

通过终南文化学院为载体的红色传人实验班的创建，探索和总结以红色文化传承为特色的思想政治理论课改革的成功经验和典型做法，然后以点带面、以点及面，在全校大范围推广和普及。

　　教学模式应用于全校本科生思想政治理论课，取得了显著成效。《挖掘红色教育资源加强社会主义核心价值观教育》入选教育部思想政治工作司社会主义核心价值观教育典型案例；《以红色校史文化传承为特色创新思政课教学模式》获得陕西省教学成果一等奖。相关事迹被新华社、《中国社科报》《中国青年报》、教育部网站、人民网等媒体报道。

第四章　红色文化教育的实践探索

本书第四章为红色文化教育的实践探索，依次介绍了湖湘红色文化与教育价值的实现、贵州遵义红色文化与教育价值的实现、红船精神与教育价值的实现三个方面的内容

第一节　湖湘红色文化与教育价值的实现

一、湖湘红色文化形成的背景条件

（一）地理环境条件

俗话说："一方水土养一方人。"地理环境是人才成长的土壤，地理环境对文化的产生、发展同样具有重要的作用。特定的地理环境，为湖湘红色文化的兴起创造了客观条件。

结合地域分布条件分析，湖南地处我国东南腹地，东面与江西省份接壤，西邻贵州及重庆省份，南依广东和广西两地，北面则与湖北毗邻。湖南省份因地处洞庭湖以南而得名，又因长江支系河流——湘江在此贯穿流经，故湖南省份简称为"湘"。湖南省内地域历史上以种植木芙蓉和水芙蓉而富有"芙蓉国"的雅称，山地、丘陵地形为主要地貌特征，山地面积占全省总面积的

51.2%，丘陵及岗地面积占全省总面积的 29.3%，而平原面积则仅占全省总面积的 13.1%，水面面积更是仅占全省总面积的 6.4%。整体来看，湖南湘江以北地带是洞庭湖平原，而中部地带则是交织分布着丘陵和河谷，全省拥有密集交错的河系网，可以说水系河流较为发达，这也使湖南省拥有约 1.35 万平方公里的淡水资源。洞庭湖是我国第二大淡水型湖泊，洞庭湖水以湘江、资水、沅水和澧水 4 大水系为支撑，它们分别从西南向东北流入，最终经城陵矶注入长江。独特的地域分布条件，使湖南省历史上诞生过各类规模的社会革命活动，无论是在湖南长沙，还是在湘潭、衡阳等地，都曾涌现出投身革命的人才。

湖南拥有重要的区位价值，其东面与江、浙省份接壤，西面与云贵省份相邻，南依广东和广西两地，北面则与湖北毗邻，是我国南方"十字路口"的枢纽。湖南省内拥有较为发达的水系，这为发展水陆交通创造了得天独厚的条件，是长江流域水陆运输必经的地带。其中，湖南省岳阳市已发展成为长江中游重要的通商口岸，而湖南省会长沙市则是我国著名的"米市"。由此可见，湖南省独特的交通区位条件，是形成向心式辐合形态的重要原因，为充分吸引各类优秀人才聚集创造了优势环境。

（二）经济发展条件

湖南省内淡水资源富足，特别是靠近洞庭湖一带水系交错密布，利于发展水稻等农业经济作物。清朝以来，围绕洞庭湖实施的大面积垦殖耕种活动，一度让湖南省发展成为全国重要的粮仓省份。根据有关文献资料记载，在明朝存在的 276 年间，湖南省北部的华容、安乡和南部的常德、汉寿、益阳、湘阴等地，修筑堤坝和建垸数量尤其之多。随着水乡变为沃土，湖广地区开始在全国的米粮市场中建立起不可忽视的地位，正是在明代出现了"湖广熟，天下足"的谚语，取代了宋代的"苏常熟，天下足"。

伴随着湖南农业经济的发展，湖南省内部分区域手工业和商业逐渐繁荣。至清朝中期，位于湖南境内的湘潭、岳阳等地，已发展成为全国性的商业重镇。经济是文化教育发展的重要推动力，在湖南经济获得向好趋势发展的背景下，湖南的文化教育事业同样焕发新的生机活力，这为湖南涌现各类优秀人才提供了必要的条件支持。湖南省份经济和文化活动交流渐趋频繁，各种新思想、新观念、新知识充分涌动，与传统思想文化观念在彼此影响中获得新的发展，推动着湖南省的改革进程。

（三）传统文化条件

湖南省拥有较为悠久的历史文化传承，各种思想基础和精神养料成为湖湘红色文化发源的重要依托。战国时期形成的楚文化，在历史长河的流转变迁中，逐渐发展成为湖湘文化，其经世致用的救民报国思想依然催人奋进、鼓舞人心，成为湖湘人民以积极乐观的态度面对人生的根基。宋代时期涌现的湖湘学派，提倡学以致用、经世致用的学风，正如胡宏所说的那样："务圣人之道者，必先致知，及超然有所见，方力行以终之。"① 明朝初期，王夫之广泛搜集经世致用学说，隐居 40 年间一心研究实学，并著作书籍谈论经世致用学说，最终将经世致用之学推向极致。经新化学者邓显鹤的先后汇刻后，王夫之的思想学说被收录在《船山遗书》中，共分为 157 卷。至近代太平天国时期，曾国藩、曾国荃兄弟广泛收集有关王夫之的思想学说，并在原有思想学说的基础上扩充汇刻，形成共计 298 卷的《船山遗书》，这也逐渐使王夫之的思想学说获得较大的影响力。清朝后期，贺长龄、魏源编辑刊行的《皇朝经世文编》同样具有启迪人心的作用，后人称之为"三湘学人，诵习成风，士皆有用世之志"。清朝后期，以左宗棠和曾国藩为代表的知识分子，胸怀匡扶救国的雄伟志向，体现文人士大夫"心忧天下"的性格特点，他们都是深受王夫之经世致用思想学说的影响。同样，在清末年间，谭嗣同秉承王夫之"道随器变"的唯物论，形成"天地之化日新"的发展观，尤其是在王夫之"不以一人疑天下，不以一人私天下"思想的影响下，对传统封建伦理纲常进行

---

① 胡宏. 胡宏集［M］. 北京：中华书局，1987.

猛烈批判和抨击。辛亥时期，杨毓麟重新对王夫之的思想学说进行了评论，这在《新湖南》期刊有过详细记载，即"王船山氏平生所著书，自经义史论以至稗官小说，于种族之戚，家国之痛，呻吟呜咽，举笔不忘，如盲者之思视也，如痿者之思起也，如喑者之思言也，如饮食男女之欲一日不能离于其侧，朝愁暮思，梦寐以求之。"由此可见，湖南历史上涌现出的各种思想学说，成为近代湖湘红色文化发源与传播的重要养料。

（四）社会政治条件

独特的历史文化孕育光荣的革命传统。明清时期，湖南涌现一批文人知识分子，他们提出的思想学说成为近代革命爆发的重要推动力。尤其是在近代社会，特殊的历史条件和动荡的社会局势，加剧了湖南省革命因子的爆发与传播，这也成为近代湖湘文化诞生的社会政治条件。自近代太平天国运动率先在广西兴起后，湖南就成为太平天国义军第一批驻扎地，其流传的革命思想深刻影响了当地人民。另外，由曾国藩率领的湘军在与太平天国义军抵抗过程中，同样成为湘军及其文化崛起的因素。历史上，湘军享有独特的声誉，这为中国增添了一大批湘籍官吏，深刻改变了湖南人民的职业观念。但由于湖南自古就是农业大省，在湘军崛起以前，当地人民认为入伍当兵有违传统观念，当时社会上也在流传着"好铁不打钉，好儿不当兵"的谚语。而在湘军官吏卓越的政治才干领导之下，湘军一度成为近代优秀的地方军队，成为湖南人民追随的榜样，湖南人民的职业观念逐渐发生变化，"士乃嚣然喜言兵事，家颇牧而人孙吴"的特殊社会风气由此在湖南地区形成。清末年间，维新变法运动兴起，以谭嗣同为代表的维新派纷纷立志救亡图存，兴办各类学校组织和社会报业。此后，维新派提倡的思想学说在一定程度上影响了湖南人的思想观念，这也间接或直接促进湖湘红色文化的形成。维新变法运动失败后，国内许多青年学子选择出国留学，这其中就包括湖南青年学子，根据现存的史学文献资料记载，湖南青年学子出国留学数量位居全国之最。在湖南青年学子留日生涯过程中，他们逐渐学习并开始接受新的思想学说，这为后来的辛亥革命推翻清朝帝制乃至封建专制奠定了基础。1904 年，由黄兴、陈天华、宋教仁等人在湖南长沙组织成立的华兴会，成为国内反清策源发起组织之一。1918 年 4 月 14 日，毛泽东、蔡和森等 13 人创建了中国五四运动时期具有相当社会影响的进步团体——新民学会，该团体组织在湖南省乃至全国各地积极宣传反帝反封建斗争思想，为废除封建帝制、创立中国共产党奠定了深厚的思想理论基础。正如毛泽东曾经谈到的，新民学会"后来成为对中国的国事和命运产生广泛影响的一个学会"①。

历史上，最早从秦汉魏晋至后来的宋元明清，湖南因地处中南区域自古便成为兵家必争之地。1912 年 1 月中华民国临时政府建立，清王朝虽然被推翻，但社会局势依旧动荡不安，"二次革命"衍生出护国运动、护法运动、五四运动、大革命运动，再到后来经历的抗日战争、国共第二次内战，湖南成为南北交锋的战场之一。虽然湖南人民长期饱经战乱之苦，但是这却为湖湘红色文化的发源和传播创造了条件。纵观中国近现代历史进程，湖南经历了各种性质的革命斗争活动，尤其是和农民相关联的革命斗争活动，使湖南成为全国省份的楷模。无论是湘东的秋收起义、平江暴动，还是后来的湘赣革命根据地的建立、湘西北农民革命及红二方面军队的创立，这些革命斗争活动成为湖南涌现军政人才的重要依据，也为后来形成的湖湘红色文化奠定坚实的基础，由此深刻影响着更多的人民群众。

二、湖湘文化的精神内涵

（一）胸怀天下、敢于牺牲的爱国精神

1. 忧国忧民的爱国情怀

"先天下之忧而忧，后天下之乐而乐""民为邦本"，忧国忧民是湖湘文化

---

① 埃德加·斯诺埃. 红星照耀中国［M］. 北京：人民文学出版社，2016.

的重要内涵。近代以来，湖南人民以若道中华国果亡，除非湖南人尽死的坚强决心，坚定"吾湘变，则中国变；吾湘存，则中国存"的信念，积极投身于救亡图存的爱国洪流之中。湖湘红色文化的爱国精神继承和发展了忧国忧民的爱国情怀，并赋予了其新的内容。

（1）在忧国的精神中体现爱党和爱国的高度统一

刘少奇曾说，中国革命的敌人是强大的，只有"我们这样性质的党，才能也才敢于率领全国人民战胜这样的敌人，获得解放"①。这就表明，实现国家复兴伟业，必须坚持中国共产党的领导。开展革命斗争活动，离不开无产阶级革命家群体的信念指导，正是他们保持对党忠诚、服务人民、心怀祖国的精神，推动中国不断迈向强大。

（2）在忧民的精神中体现祖国和人民的利益高于一切

忧民精神在各个时期有其独特的内涵，封建时期形成的忧民精神带有为封建统治阶级服务的性质。湖湘红色文化中的忧民精神实现了价值主体从封建统治阶级到人民群众的根本性转变，湘籍仁人志士受这种思想影响，以救国救民于水火为己任，纷纷投身革命，为广大人民争取权利。1944年，毛泽东同志高喊"为人民服务"的口号，中国共产党成为服务人民群众利益的组织群体。从此之后，"为人民服务"不仅成为体现湖湘红色文化无产阶级性质的重要标识，而且还被写进党章，成为全党的宗旨。

2. 信仰坚定的崇高品格

回望中国革命的历史，中国共产党之所以能够战胜各种艰难险阻，在历史进程中书写新的卓越篇章，最根本的原因在于心怀坚定的共产主义理想信念。

湖湘共产党人对理念信念的追求和为之献身的精神显得尤为突出。党的早期领导人蔡和森、党员楷模罗方农、"飞将军"黄公略等，在生死考验面前

---

① 刘少奇. 关于修改党章的报告（一九四五年五月在中国共产党第七次全国代表大会上报告）[EB/OL]. 1945-04-23）[2022-3-24]. http://cpc. people. com. cn/GB/64162/64168/64559/4526957. html.

为献身理想而写下感天动地、荡气回肠的人生篇章。

信仰的力量坚不可摧，远胜过利益驱动所产生的影响，有了对党忠诚坚定的信仰，就有了崇高的精神力量，在任何考验和挑战面前，就可以做到"千磨万击还坚劲，任尔东西南北风"。

3. 不怕牺牲的献身精神

湖湘文化具有不怕牺牲、勇于献身的传统。屈原"虽九死犹未悔"，因改革理想未能实现而自沉汨罗江。王船山拒绝清朝高官厚禄的引诱，誓死不降，专心从事学术研究，成为明末清初最著名的思想家。近代以来，曾国藩、左宗棠编练湘军时以"不要钱，不怕死"为要求。谭嗣同、唐常才等维新志士面对保守势力，毫不畏惧，百折不挠，戊戌变法失败后，谭嗣同在就义前曾大声说："有心杀贼，无力回天，死得其所，快哉快哉！"他们不怕牺牲的献身精神，成为湖湘英杰为国家为民族而奋斗与牺牲的深厚土壤和源泉。

五四运动以后，以毛泽东为代表的湖南共产党人，在反对军阀混战、反对外国侵略、反对蒋介石独裁、建立中华人民共和国的新民主主义革命中，更是彰显了湖湘红色文化中不怕牺牲的献身精神。早在 1920 年毛泽东就说过："呜呼湖南，鬶熊开国，稍启其封。曾、左，吾之先民；蔡、黄，邦之模范。"[①] 而"把骨头烧成灰，我还是共产党员！"这是邓中夏就义时说的话。"为党的事业而死，就是死得其所！"这是罗学瓒牺牲时的心灵表白。"决不脱离党！"这是毛泽民临刑时的铮铮誓言。不怕死不是男子的专利，在战火纷飞的年代、白色恐怖的岁月，许多湖南女性如向警予、毛泽建、杨开慧、伍若兰等，她们投身革命的洪流，甚至不惜牺牲自己的生命，诠释了女性的人生价值。

湖湘无产阶级革命群体塑造了不怕牺牲、视死如归的英雄形象，他们为推动国家独立、民族解放、人民幸福做出了卓越的不朽贡献。纵观中国近现代历史，湖南不乏一批舍小家、为大家的慷慨志士，他们胸怀远大革命理念，

---

① 王生铁. 大力发掘优秀楚文化遗产 [EB/OL]. (2001-11-13) [2022-3-27]. https://www.gmw.cn/01gmrb/2001-11/13/12-4F047744A490388D48256B0300022C03.htm.

坚定谋求国家走向独立复兴的理念信念，在敌人威逼利诱态势之下仍不为所动，为亲朋好友、为人民群体、为国家大义时刻贡献属于个人的力量，这是他们做出的最真实的选择，也是对湖湘红色文化精神最好的诠释，延续着湖湘红色文化精神的血脉。

（二）经世致用、实事求是的务实精神

1. 经世致用的价值取向

经世致用指关注社会现实，直面社会矛盾，并用所学解决社会问题，以求达到国治民安的实效。经世观念本是儒家传统，其核心是着重"入世哲学"，倡导"君子务实"，主张经邦治国、建立功业。经过历代知识分子的培育，经世致用的务实精神，成为湖湘文化的突出传统，它既是一种学风，更是一种人生价值取向。

毛泽东在求学阶段就特别重视"实用之学"，他历来反对死读书，读死书，强调重视书本知识的同时，也要看重实际知识。1913 年他在《讲堂录》中记有"闭门求学，其学无用。欲从天下国家万事万物而学之，则汗漫九垓，遍游四宇尚已"的一段笔记。

1938 年 3 月，毛泽东同志在抗大三大队毕业典礼上发表重要讲话，他指出"社会是学校，一切在工作中学习。学习的书也有两种有字的讲义是书，社会上的一切也是书——无字天书。"由此可见，向社会学习、向实际学习、向群众学习，成为最宝贵的知识来源。

经世致用，意味着要担当一个时代的责任与使命，追求革新，改良社会，为百姓福祉着想。近代中国风云激荡，以毛泽东、蔡和森、刘少奇等为代表的一大批湖南革命志士正是遵循经世致用的思想，开始探索救国救民的道路。马克思主义一经传入中国便迅速成为主流思想，而如何推动马克思主义与中国实际相结合，探索符合中国国情的新民主主义革命道路，成为当时湖南革命志士思考的关键。毛泽东同志独具卓识远见，他根据中国发展实际，创造

性地将马克思主义中国化，这为后来毛泽东思想的形成奠定了坚实基础。在毛泽东同志发表的《民众的大联合》《中国社会各阶级分析》《湖南农民运动考察报告》等文章著作中，深刻体现了马克思主义立场、观点和方法对中国革命的影响。

2. 实事求是的工作方法

根据《汉书·河间献王刘德传》最先记载，"实事求是"是对治学态度和治学风格的解释。明代时期，在心学思想家王阳明提出的"知行合一"的思想学说中，就包含对"实事求是"学风的阐述。清朝光绪年间，湖南巡抚卞宝弟为《湖南通志》撰写序言，其中就提出"实事求是之心不敢不勉"的思想观点。1916 年，在湖南公立工业专门学校校长宾步程的倡议下，将"实事求是"刻成大匾并悬挂在岳麓书院。

在《改造我们的学习》一文中，毛泽东同志认为"实事"，即客观世界真实存在的事物，而"是"即为客观世界内部事物存在的联系，也就是规律性，"求"旨在强调做实际调研工作。根据这一解释，"实事求是"就是要在坚持客观规律的前提下，从客观实际出发，正确发挥个体的主观能动意识，寻求主观活动与客观规律的相统一，即把握认识与实践的辩证关系。

正是基于毛泽东同志对"实事求是"做出的深刻认识，"实事求是"思想成为马列主义、毛泽东思想和中国特色社会主义理论的精髓，成为中国共产党领导革命、建设和改革事业的科学指导思想，是中国人民攻克一切艰难险阻的重要法宝。因此，"实事求是"成为中国共产党带领中国人民走向民族复兴道路的基本思想方法、工作方法和领导方法。

3. 求真务实的实干作风

所谓"求真"，是指坚定追求真理的信念不动摇，深刻把握通过现象观察、获得本质的奥秘，即保持认真负责的精神、实事求是的态度和科学严谨的方法，探寻客观现象蕴涵的本质规律。所谓"务实"，是指坚持说实话、办实事和求实效的工作态度和作风，在学会辩证看待认识和实践的关系基础上，以实际行动追求实际效果。"求真""务实"相统一，就是马克思主义认识论的重要内容，也是指导中国共产党开展一切工作的思想指导。

新民主主义革命时期，在毛泽东同志的坚强领导下，中国共产党探索出一条马克思主义基本原理同中国革命建设实际相结合的道路，新民主主义革命理论、路线、战略和策略逐渐得到完善，成为指导中国人民坚定夺取新民主主义革命伟大胜利、发扬艰苦奋斗精神的关键，为实现由新民主主义社会向社会主义社会过渡奠定了坚实基础。在社会主义改造时期，完善生产资料制度改革，成为确立社会主义制度的一项内容。同时，开展社会主义建设，也成为构筑中国特色社会主义事业的必要性前提。而要想实现社会主义制度和中国特色社会主义事业，就必须坚持求真务实的实干作风。党的十一届三中全会以来，在以邓小平同志为核心的中国共产党坚强领导下，"求真务实"的工作作风进一步得到坚持和发扬，邓小平同志结合中国发展实际，深刻提出并阐明了有关社会主义初级阶段的基本国情概念，由此确立"一个中心、两个基本点"的基本路线，为推进中国特色社会主义事业建设提供理论指导。

求真务实，是党的思想路线的核心内容，也是习近平系列重要讲话的一个鲜明特点。党的十八大以来，党和国家各项事业之所以取得历史性的伟大成就，与习近平求真务实、狠抓落实密切相关。

（三）自强不息、百折不挠的斗争精神

湖南素有"革命摇篮，领袖故里""将帅之乡"的美誉。湖湘大地众多的革命历史记忆，是湖南乃至中国人民宝贵的精神财富。

1. 敢于担当的斗争觉悟

斗争精神首先是一种为人民和历史负责的担当精神。在马克思和恩格斯看来，人民群众在历史进程中扮演着"创造者"的角色，他们才是国家真正意义上的主人。而人民群众同样需要深刻认识自身的角色地位，这样才能推

动民主意识和革命精神的形成。

1919 年，毛泽东同志连续发表三篇《民众的大联合》文章，他在文章中写道："天下者我们的天下。国家者我们的国家。社会者我们的社会。"呼吁人民群众联合起来反抗社会阶级压迫，他所提出的"我们不说，谁说？我们不干，谁干？"深刻鼓舞了人民群众的内心，由此推动人民群众形成"主人翁"意识，有效促进了马克思主义与人民群众的结合。在以毛泽东同志为代表的湖南无产阶级革命家的推动下，工人阶级是"资产阶级的掘墓人"的思想成功得到宣传普及。1920 年 8 月，蔡和森向毛泽东回信并写道：现世界显然有两个对抗的阶级存在，打倒有产阶级的迪克推多（英语 dictator 的音译，意为"独裁官"），非以无产阶级的迪克推多压不住反动，俄国就是一个明证。由此进一步推动了湖南无产阶级革命活动的发展。

湖南共产党人凭着一股子天不怕、地不怕的斗争精神，不断诠释"担当精神"的真谛，书写"敢于并善于担当"的辉煌，在长期的奋斗历程中，他们坚持向人民群众普及无产阶级历史地位和历史使命的知识，引导广大人民群众树立民主革命意识，坚决同帝国主义、封建主义和官僚资本主义开展革命斗争，为实现新民主主义革命伟大胜利提供了坚实的思想基础和群众基础。

2. 自强不息的斗争姿态

斗争精神表现在积极进取，奋斗不止，直面问题与挑战的姿态和风貌。在马克思和恩格斯看来，工人阶级政党"是全世界最统一、最团结、最强有力的党，由于它在斗争中有冷静的头脑、严格的纪律和蓬勃的朝气，它从胜利走向胜利。"

五四运动后，以毛泽东为首的湖湘无产阶级革命家带领湖南民众，反对军阀专制独裁，发起湖南自治运动。1921 年中国共产党成立，在党的领导下，共产党人先后在湖南发动了工人运动、农民运动、土地革命运动等，从而顺利推动湖南革命活动的开展。秋收起义后，在毛泽东同志的领导下，中国工农红军继续围绕井冈山开展革命斗争，在此期间将革命斗争重心向农村转移，形成"农村包围城市，武装夺取政权"的革命主义实施路线，成为引领中国革命走向胜利的指导理论。而在革命斗争实际中，湖湘文化同样也完成了质的转变，即发展带有无产阶级性质的新文化，将革命斗争精神作为重点内容。

天行健，君子以自强不息；精神实，志士以斗争不止。历史证明：革命的胜利是靠斗争打出来的。中国共产党依靠自知自律、自胜自强、从小到大、从弱到强，战胜一切艰难险阻，特别是在面临险境绝境时，他们凭借逢山开路、遇水架桥的斗争本领，带领人民群众创造出了一个又一个神话，成就了一篇又一篇传奇。

（四）敢为人先、兼收并蓄的创新精神

世界发展史告诉我们：人类一切文明成果，都是创新创造的胜利果实，都是智慧的结晶。创新是湖湘文化中最磅礴的力量，"吾道南来，原是濂溪一脉；大江东去，无非湘水余波。"此为岳麓山联，出自清代湖南学者杨凯运，就是这种力量迸发的结果。五千多年来，无论是敢为人先的创新精神，还是坚韧不拔的创新意志，抑或是博采众长的创新方法，都激励着一代又一代的湖南人书写创新的辉煌篇章。从蔡伦的造纸术，到周敦颐的理学，再到毛泽东思想体系，湖湘文化的创新成果总能铸就历史的丰碑。这种厚植于湖湘文化沃土的创新，既有"当今天下，舍我其谁"的豪迈气概，又有"不打无把握、无准备之仗"的精心准备，更有"集中优势兵力，各个歼灭敌人"的稳操胜券。这种不但能够勇于创新，而且能够善于创新的精神，在湖湘红色文化中展现得淋漓尽致。

1. 敢为人先的首创精神

敢为人先，表现的是"不怕鬼、不信邪、霸得蛮"的大无畏精神和积极进取的拼搏精神。在湖南先民文化传统中，就蕴含着一种惯于发扬主观能动性，敢为天下先的性格特征，这些性格和精神，传承至今，成为湖湘文化的价值取向和思维方式的基础。

近代中国的每一个重要历史时期，湖南人都起到了"开风气之先"或"中流砥柱"的作用。中共一大，首次提出反帝反封建的民主革命纲领；南昌起义，古田奠基，首次创建新型的人民军队；井冈崛起星火燎原，首次开创农村革命根据地；积极防御以弱胜强，首次实施人民战争的战略战术；首次建立抗日民族统一战线；首次在延安开展全党的整风运动；首次确立毛泽东思想在全党的指导地位；首次制定中华人民共和国的建国纲领；首次提出"走自己的路"等等，这些首创性的工作都是湖南人敢为天下先、勇于奋斗、不怕牺牲的"特别独立之根性"的湖湘红色精神的体现。

2. 兼收并蓄的开放品格

兼收并蓄，语出唐·韩愈《进学解》："玉札丹砂，赤箭青芝，牛溲马勃，败鼓之皮，俱收并蓄，待用无遗者，医师之良也。"意思是把不同内容、不同性质的东西收下来，保存起来。"海纳百川，有容乃大。"湖南三面环山，北为洞庭，古为"四塞之地"，但就在这块土地上，湖南本土文化以开放的精神加强与其他各种文化的相互交融，包括与外国文化、不同地域文化、不同民族文化、不同学派之间的交融。通过充分汲取外来文化的养分，不断丰富发展，最终形成了顽强坚毅和灵性飘逸相结合的湖湘文化。

湖湘文化之所以能够成为一种独具特色的区域文化，就在于它具有博采众长、兼收并蓄的开放精神，这是湖湘文化的活力源泉。这种文化精神在近现代湖南知识分子身上表现得更加强烈，以毛泽东为首的湖南共产党人，在将马克思主义中国化的革命实践中，汲取历史的经验教训，消化吸收中华优秀传统文化，推陈出新，找到历史和现实的结合点，把深刻的道理用中国人喜闻乐见的形式加以表述，创造性地继承和发展了马克思主义。他们披沙沥金，承旧革新，引领湖湘红色文化之发展，塑造湖湘红色精神之特质，于中国文化与历史之进程中功不可没，不负"惟楚有材，于斯为盛。"

三、湖湘红色文化精神的延续传承

（一）传承红色文化的重要意义

1. 传承红色文化对国家的重要意义

（1）传承红色文化是中国特色社会主义教育的重要内容

中国特色社会主义教育坚持强调将立德树人作为根本任务，积极培养符合中国特色社会主义建设要求的优秀建设者和合格接班人。红色文化是在长期的历史积淀中形成的，其涵盖的革命事迹、人物活动等内容，成为学校开展爱国主义教育的重要资源。高职院校必须将传承红色文化作为实施思想政治教育的重点任务，引导学生深刻认识和把握红色文化思想内涵及精髓，树立对中国特色社会主义道路、理论、制度、文化建设的自信，形成以实现中华民族伟大复兴为核心的中国梦。

（2）传承红色文化是推动中华文化继承和创新的重要途径

红色文化蕴涵鼓舞人心、催人奋进的精神力量。伴随着时代潮流的发展，文化越来越成为一个国家或民族是否拥有软实力的象征，成为综合国力竞争的重要组成部分。文化具有凝聚人心的作用，是民族发挥团结、实现创造的推动力，正是由于红色文化蕴涵的精神力量，才使中华文化进一步在世界文化潮流中获得发展。综合而言，中国红色文化是由中国共产党创造的，它以马克思主义为指导，以中国社会发展实际为基础，集中汲取中外优秀文化养分，最终形成了具有中国特色的红色文化内涵。可以说，中国红色文化能够反映中国共产党及其领导下的人民优良的品格，是中国人民构建思想价值观念体系的关键。高职院校承担着为国家输送优秀职业技术人才的职责，引导高职学生确立正确的价值观、人生观，是实现高职院校发展目标的关键所在。为此，高职院校必须深入推进红色文化宣传普及教育，以落实传承红色文化为思想政治教育教学目标，不断推动中华文化在继承中发展、创新，让红色文化精神在新时代建设中发挥力量。

（3）传承红色文化是培育和践行社会主义核心价值观的重要基础

积极培育和践行社会主义核心价值观，必须坚持对红色文化的传承与创新，为培养可堪大任的民族复兴人才提供坚实保障。因此，高职院校需要强化思想政治教育意识，引导学生形成正确的思想价值观念，在思想政治教育实践活动中推动红色文化的传承。深入开展国民教育、精神文明创建和精神文化产品创作传播，是当前我国培育和践行社会主义核心价值观的重要内容，面对世界经济全球化和文化多元化的发展潮流，高职院校必须强化思想政治教育引导，通过多种途径或渠道宣传红色文化，积极发扬红色文化精神，要求学生认识和把握中国红色文化独有的价值内涵，树立社会主义核心价值观体系。

2. 传承红色文化对高职院校的重要意义

高职院校以落实职业技能人才培养为目标，广泛开展科学研究和社会服务工作，通过国际交流合作等途径实现文化传承与创新。当前，高等院校是否具备传承创新文化的能力，对高等院校开展文化软实力竞争工作具有重要意义。可以说，传承红色文化，关系着高职院校的生产与发展。

（1）传承红色文化，有利于提高办学质量

文化凝聚着学校的办学理念和教育特色，是学校赖以生存的根基，引领学校的价值追求和行为导向。坚持以文化人、以文育人，是办好中国特色社会主义高职院校的内在要求。受历史和现实、主观和客观多方面因素的影响，目前很多高职院校在办学理念、生源结构、发展潜力、品牌效应、办学特色上存在诸多问题和挑战，运用红色文化，融入高职的办学理念和教育教学中，有利于学校提升内涵发展，形成自己的办学特色，打造学校品牌，提高办学质量，从而提升学校影响力。

（2）传承红色文化，有利于创新人才培养模式

现代社会，日益激烈的竞争格局和人才培养的新特点，使高职院校形成

新的发展引擎，高职院校作为优秀文化的引领者，必须充分认识到文化的重要育人价值，充分挖掘红色文化的育人资源，以红色文化育人为抓手，立足学校人才培养特点，不断创新人才培养模式，培育出适合国家社会发展需要的德才兼备、全面发展的人才。此外，针对当今高职学生成长成才过程中出现的自觉性、主动性、创造性不高，职业精神、工匠精神缺失，发展动力不足等问题，通过传承红色文化，为高职学生成长成才提供内在驱动力，使广大青年学生能够从红色文化中得到滋养，增强底气，更好地成为社会主义事业的合格建设者与可靠接班人。

（3）传承红色文化，有利于优化课程体系建设

将红色文化融入学校人才培养方案和课程设置中，有效推进课程思政，有利于充实课程体系建设内容，为专业学科建设、课程教学研究和改革、新课程开发带来新的生机和活力，有利于为专业课程体系增强丰厚的人文底蕴，从而提升学生的人文素养，丰富学生的能力储备，开拓新的就业方向和就业机会，更有针对性地解决就业问题。

3. 传承红色文化对高职学生的重要意义

传承红色文化，最直接最深刻的影响就是当代高职学生了，高职学生是红色文化的最终受益者。

（1）传承红色文化，为新时代高职学生提供思想武器

习近平总书记指出："马克思主义揭示了事物的本质、内在联系及发展规律，是'伟大的认识工具'，是人们观察世界、分析问题的有力思想武器。"[①] 红色文化作为一种社会意识形态，从诞生开始就始终坚持着马克思主义的根本方向。传承红色文化，就是要用马克思主义思想武装高职学生头脑，就是要坚持用马克思主义的基本观点、立场、方法来认识问题、分析问题和解决问题。红色文化元素熔铸于这些理论成果中，新时代的我们更需要用这些理论

---

① 习近平. 关于《中共中央关于党的百年奋斗重大成就和历史经验的决议》的说明［EB/OL］.（2021-11-16）［2022-4-10］. http://www.gov.cn/xinwen/2021-11/16/content_5651271.htm.

成果来指导和引领全体人民，为中国特色社会主义建设奠定坚实的思想基础，尤其是为新时代高职学生提供强大的思想武器，帮助其成长成才。

（2）传承红色文化，为新时代高职学生提供精神支撑

红色文化作为一种精神力量，能够在人们认识世界和改造世界的过程中，对社会发展产生深刻影响，这种影响不仅表现在国家和民族的历史中，还表现在个人的成长历程中。如今的高职学生都是"00后"，他们一出生就是在一个物质非常丰富的时代。中国已跃居成为全球第二大经济体，改革开放40多年取得了巨大的历史性成就。在这种社会条件下成长起来的高职学生们，虽然很大程度上不为物质的匮乏犯愁，但是在精神需求方面却面临更多的困惑，红色文化为新时代的高职学生提供丰富的精神食粮，帮助他们成长进步。

红色文化，无论是五四精神，井冈山精神，长征精神，延安精神，西柏坡精神，还是"两弹一星"精神，雷锋精神，抗震救灾精神等，本质上都是一种为了人民解放和人民幸福斗争的精神，这是红色文化的核心内容和价值所在。中国共产党人没有任何私利，他们所奋斗的一切，都是为了广大人民的根本利益，将实现广大人民的根本利益作为自身的价值观，把国家利益、民族利益、人民利益放在最重要的位置，甚至不惜牺牲自己的生命。共产党人彰显的这种红色文化为当代高职学生起了很好的教育示范作用，从而使他们的精神受到感染、思想得到启迪、灵魂得到净化。

（3）传承红色文化，为新时代高职学生提供道德力量

在学校接受教育的时期是高职学生个体道德意识形成和发展的一个重要阶段，道德品质成为高职学生成长成才的关键性因素，红色文化的代表人物都具有崇高的理想、高尚的道德，他们能够超越生活的平庸、狭隘的私利，甚至能够超越生死而为理念信仰献身。在这里，牺牲不是毁灭，而是通往永恒的崇高方式，是英雄的自由意志，有强烈的主体目的性，更充满了实现自由意志的胜利和欢愉，使人生价值得以彰显。红色文化肯定和张扬了人的独立精神和自由意志，体现了人的尊严感、道德感、使命感。尤其是湖湘红色人物呈现出的红色革命精神、道德情操和伟大人格魅力，能够极大地丰富高

职学生的精神世界，在红色文化的浸润、熏陶中，高职学生会不知不觉接受红色文化传递的正确价值观的洗礼，潜移默化中向着正确积极的方向前行，甚至会慢慢改掉那些不良的行为习惯，假以时日，内化于心，外化于行，在砥砺道德品行和构建社会主义核心价值观上发挥重要作用，进而培养身心健全的人格。

（二）湖湘红色文化的传承途径

1. 提升认识，营造红色文化传承氛围

思想是行动的先导，认识是行动的动力。热血和生命铸就的红色文化，是在中国共产党领导下的革命、建设和改革实践中形成的宝贵精神财富，是攻坚克难、凝聚民心群力的思想源泉。对新时代高职学生要进一步深化红色文化历史意义和时代价值认知，营造崇尚红色文化的浓厚氛围，在耳濡目染中增进红色文化认同。

（1）挖掘红色文化的时代内涵

红色文化蕴涵了胸怀天下、敢于牺牲、经世致用、实事求是、敢为人先、兼收并蓄、自强不息、百折不挠等崇高精神品质，是中国共产党政治本色和精神特质的集中体现，彰显了中国共产党的初心和使命。新时代下，结合时代背景和国际国内形势，结合中国特色社会主义事业发展特点，结合新时代高职学生成长成才的需要，充分利用好红色文化中蕴含的丰富思想资源，挖掘和阐发红色文化的时代内涵，使其呈现新的面貌，焕发出新的生机和活力，从而为丰富高职学生思想认知提供坚实的理论基石。

（2）认清红色文化的时代价值

每一种思想、每一种理论既具有不同的时代特色，又肩负着不同的时代使命；既是不同时代的产物，又是不同时代前进的灯塔；既深深地打着时代的烙印，又相互联系、承前启后、一脉相承。每个国家、每个民族在不同的历史时期、不同的时代都面临着不同的实际情况，都有属于这个时代所要解

决的特殊问题。在中国革命、建设和改革过程中，诞生了红色文化，同时红色文化又为我们解决了当时社会发展的一系列重大问题。今天在新时代背景下，我们正面临百年未有之大变局，红色文化既包含了解决当代中国面临的实际问题，又蕴藏了解决当今世界性难题的深邃思想，成为解决社会问题的助推器。在政治上，红色文化有利于整合社会意识，实现中华民族伟大复兴。在经济上，红色文化为社会主义市场经济提供精神动力和智力支持。在文化上，红色文化有利于提升文化软实力，增强文化自信。在社会上，红色文化有利于凝聚社会力量，促进社会主义和谐社会的构建。通过对红色文化时代价值的分析，能够有效增进新时代高职学生对红色文化的了解和认同。

（3）营造红色文化的浓厚氛围

红色文化以其鲜明的政治立场、崇高的价值取向、强烈的民族意识、深厚的群众基础，成为推动国家和社会发展进步的力量。对新时代高职学生要进一步从各个方面各个领域进行红色文化的渗透，营造崇尚红色文化的浓厚氛围。在内容上，应从红色文化的内涵、缘起、意义等入手，增强红色文化的吸引力；在方式上，应通过对多个红色文化的比较、分析和归纳，多视角、多层次提高对红色文化的理解力；在实践活动上，运用纪念活动、志愿活动、模拟体验等，强化红色文化的渗透力；在手段上，推进媒体融合，拓展红色文化传承平台，通过微博、微信、QQ、直播平台、网络电视等增强传播力、扩大影响力、提升引导力。最终，打造课内课外、网上网下等全方位崇尚红色文化的氛围。

2. 注重实践，联通红色文化传承路径

实践的观点是马克思主义理论的基本观点，社会实践是实现人的全面发展的根本途径，是个人成长进步和发展的阶梯。习近平总书记在2013年5月4日同各界优秀青年代表座谈时强调，实践是提高本领的途径，要坚持学以致用，深入基层、深入群众，在改革开放和社会主义现代化建设的大熔炉中，在社会的大学校里，掌握真才实学。这些重要论断无不彰显着实践的重大意

义。就红色文化传承而言，要加大实践力度，使红色文化与现实生活紧密联系，让实践贯穿于红色文化传承全过程。

（1）利用课堂教学，开展课内红色主题实践

利用课堂教学，开展湖湘红色文化主题实践活动。在思想政治理论课程中融入红色文化教学，或者开设湖湘红色文化选修课，可以在课堂教学中，以某一个确定的红色文化为主题，开展形式多样的实践活动，比如可以设计这样一些实践形式：讲好中国故事——湖湘红色文化名人故事演讲；用优秀的作品鼓舞人——湖湘红色文化读书报告、影片赏析；传承湖湘红色文化精神，弘扬时代主旋律——湖湘红色文化宣讲，等等。这些实践活动主要是让高职学生亲自动手，查找湖湘红色文化相关资料，挖掘湖湘红色文化内涵，制作或完成湖湘红色文化相关作品。通过一系列的课堂主题实践活动最终让学生在湖湘红色文化熏陶中塑造自我。

（2）发挥资源优势，进行课外红色拓展实践

第一，依托红色基地，开展课外实践活动。

红色基地包括：著名革命发源地、重大历史活动纪念地、革命人物故居等，比如长沙橘子洲头、新民学会旧址、怀化芷江抗日受降纪念地、浏阳秋收起义纪念馆、韶山毛泽东故居、宁乡花明楼刘少奇故居、湘潭乌石彭德怀故居等。要充分发挥这些红色基地的资源优势，联合策划推出一些富有特色、生动活泼的红色文化体验活动。比如在韶山的参观和演出，让高职学生深刻感受到革命先辈的奋斗足迹，体验到湖湘红色文化中蕴含的革命精神、伟大魅力，提高了高职学生的参与性和主动性，激发了高职学生在情感上的共鸣，培养了高职学生爱国主义情怀和共产主义理想信念，从而坚定高职学生的政治方向、政治立场。

第二，积极参加红色文化暑期社会实践活动。

学校可以联合学工处、马院以及各二级学院专门开展以红色文化为主题的"三下乡"暑期社会实践活动，如到贫困偏远的革命老区进行支教活动、开展农村社会调查研究、为革命老区宣传党的知识和政策等。这些实践活动

的开展，一方面，让高职学生可以深入了解当地的红色革命活动的历史，了解中国国情，开阔视野，增长见识，进一步体验红色文化的力量。另一方面，也可以为革命老区的人民解决一些实际问题，如为老区人民提供知识和技术，推销当地滞销的农产品，帮助他们更好地生活，真正践行红色文化。

第三，有效利用社会组织的红色文化实践活动。

政府部门、社会组织和民间团体也可以参与关于湖湘红色文化的实践活动，可以与这些组织机构建立合作机制，鼓励高职学生自愿参加相关实践，比如：湖湘红色文化论坛、讲座、宣讲、演讲、公益演出等，丰富高职学生的精神生活，使之在一次又一次的实践中深受感染，从而树立正确的世界观、人生观、价值观。

通过参加蕴含红色文化的一系列社会实践活动，在高职学生自我和社会之间搭起了一座桥梁，畅通红色文化的传承渠道，可以增强对红色文化的理解力和领悟力，加深对红色文化的认识和体会，激发高职学生的社会责任意识，迸发出为全面建成小康社会、实现中华民族伟大复兴中国梦而贡献青春力量的热情，同时也为实现自我梦想开辟了一条广阔的道路。

3. 加强协同，形成红色文化传承合力

传承红色文化，是长期性的、系统性的历史工程，要形成红色文化传承合力，就必须以健全的制度体系作为保障，形成齐抓共管、各司其职和协同配合的工作格局。具体来说，就是着力推进学校、家庭和社会的教育功能，在此基础上积极构建"三位一体"红色文化传承教育体系，完善学校、家庭和社会的合作联动机制。

（1）发挥学校教育的主阵地作用

充分发挥学校红色文化传承的主阵地作用，把红色文化传承纳入学校教育内容当中。首先，将红色文化引进课堂教学，构建规范化的课程教学体系，开展红色文化显性教育。其次，组织学生开展丰富多彩的红色文化实践活动，有效开展红色文化隐性教育。最后，将红色文化融入校园文化建设，营造良

好的红色文化传承氛围。

（2） 发挥家庭教育的基础作用

家庭是个体生活的第一个场所，也是人生的第一个课堂，而父母则是孩子的第一任教师。优化家庭关于红色文化的认知环境，提高政治思想觉悟，提升家庭对红色文化的认同度，能够从心理、思想认识上为红色文化传承奠定重要基石。比如父母向孩子讲解红色故事、讲授红色传统、传承红色家风、学习红色人物等，都能够对学生起到潜移默化的熏陶作用，为学生树立正确的世界观、人生观、价值观奠定坚实基础，有利于培养爱国爱党爱人民的思想观念。

（3） 发挥社会教育的延伸作用

在全社会开展以学习和弘扬红色文化为主旨的教育活动，扩大红色文化的宣传和传播，增强红色文化的影响力和辐射力，在全社会形成崇尚红色文化的氛围，有助于渗透到学校教育中，激励高职学生把红色文化内化为自己的主流价值观，并形成自觉行动。

习近平总书记指出："我们要沿着革命前辈的足迹继续前行，把红色江山世世代代传下去。"[①] 昨天，红色文化是激励我们革命和建设的动力，今天，红色文化依然是我们干事创业的鲜活教科书，砥砺人生航向的最好营养剂。新时代高职学生，应当做红色文化的传承者，这样才能凝聚起实现中国梦的磅礴力量，中华巨轮也必能风雨无阻、高歌行进！

四、湖湘红色文化的价值功能

每一个国家、每一个民族在发展、进步的过程中，总会遇到与当时的实际相契合的特殊问题。湖湘红色文化作为中华优秀文化的一个重要组成部分，具有经世致用的价值，它以其鲜明的政治立场、崇高的价值取向、强烈的民族意识、深厚的群众基础，成为推动国家和社会发展进步的强大力量。

---

① 习近平. 用好红色资源，传承好红色基因 把红色江山世世代代传下去 [EB/OL].（2021-05-15）[2022-4-10]. https://www.ccps.gov.cn/xxsxk/zyls/202106/t20210604_149118.shtml.

（一）政治价值

自 20 世纪以来，西方敌对势力和分裂分子企图对我国主权和领土进行瓦解，对我国社会主义制度和中国共产党的领导进行颠覆，不断宣扬资本主义思想内容，一直没有停止对我国人民进行社会意识形态的渗透。尤其是在经济全球化与文化多元化的当今时代，这种企图不仅没有减弱，反而日益强烈，致使形势更加复杂，我国人民面临的环境更加险恶。我们不仅要坚决抵制西方敌对势力的渗透，还要在全国范围内营造共同的价值信念和理想追求，用马克思主义的思想理论武装全党全国人民，用中国特色社会主义文化统一凝聚人心，而湖湘红色文化中的爱国主义、集体主义、对党忠诚、不怕牺牲、无私奉献等精神原则，无疑起到了积极宣传和鼓舞人心的作用，有助于全体人民树立共产主义信仰，拥护社会主义制度，拥护中国共产党的领导，坚定中国特色社会主义道路自信。只要我们内在信念不倒，任尔东西南北风，外来的力量就始终不能够摧垮我们。

民族复兴，归根结底，体现为文化的复兴。当中国特色社会主义文化走向世界，引领国际潮流，我国因为对全人类做出巨大贡献而得到国际社会普遍认同，全世界人民为马克思主义普遍倾心的时候，中华民族伟大复兴的中国梦就已经实现了。今天，文化的复兴，意味着我们要继承和弘扬中华优秀传统文化，湖湘红色文化是经过历史检验具有中华民族特色的文化，在历史长河的洗礼中，已经内化为传统的民族精神，建构成为传统文化的深邃内涵，已成为每一个湖南人乃至中国人思想和行为的精神资源，运用湖湘红色文化教育民众，会产生无比强劲的精神动力。大力推动湖湘红色文化的发展，以湖湘红色文化作为地方特色文化，可指导实践，推动地方以及全国的发展，有助于中华民族伟大复兴中国梦的实现。

（二）经济价值

根据马克思主义历史唯物主义的观点，文化是属于社会意识和上层建筑的内容，对社会存在和经济基础产生能动的反作用。从另一角度来说，文化与政治、经济是中国社会三大重要组成部分，这三个方面相互作用、相互影响，共同推动中国社会向前发展，文化既能为经济发展提供智力支持与精神动力的作用，又是经济与政治在思想领域的反映。如毛泽东同志所说，文化既是政治与经济的反映，又能作用于政治与经济。当前，经济虽是中国一切工作的中心，但是文化建设的成败，却关系到经济建设是否变质的问题，中国特色社会主义的经济，不单纯是量的增长，经济本身还有质的方面的标准，这就是保证经济建设沿着社会主义方向健康发展。湖湘红色文化代表了社会主义先进文化，具有解放生产力、发展生产力的精神力量；体现了爱国为民、忠诚担当、艰苦奋斗、团结拼搏和无私奉献的精神追求；也体现了经世致用、实事求是、一切从实际出发的科学态度，这些都有利于社会主义市场经济健康有序稳定运行，推动市场经济良性发展。一方面我们要遵循文化发展的内在规律，另一方面又要发挥市场机制的积极作用，使湖湘红色文化在社会主义市场经济条件下发挥出社会效益和经济效益的最佳结合。

（三）文化价值

湖湘红色文化作为湖南这块土地上发展起来的一种区域文化，除了具有红色文化共同的普适的文化基础外，还有着自己特殊的文化基础——湖湘文化。但湖湘红色文化并非红色文化与湖湘文化的简单相加，它既传承了湖湘文化的思想精髓，是对湖湘文化的继承和升华，同时又融入了马克思主义先进思想理论，在新时代丰富了新的内涵。湖湘红色文化是对中华民族精神与时代精神的继承，也是对马克思主义文化的发扬。湖湘红色文化具有鲜明的时代特性，其随着时代的发展不断更新，不断被赋予新的内涵。新民主主义革命时期的湖湘文化是反帝反封建文化的典范，蕴含了新民主主义文化的内核；社会主义革命时期的湖湘红色文化是引导湖南人民自力更生、艰苦奋斗的重要精神支柱；在改革开放时期，湖湘红色文化引领湖南人民敢想敢干、改革创新；在中国特色社会主义进入新时代的今天，湖湘红色文化又引领湖南人民向全面建成小康社会、迈向中国特色社会主义现代化强国的新征程、实现中华民族伟大复兴中国梦的目标奋勇前行。湖湘红色文化在历史的发展和时代的变迁中，不断进行创造性转化和创新性发展，从而展示出文化传承和创新的强大功能。

（四）教育价值

湖湘红色文化蕴藏着丰富的教育资源，可以为当下的高等院校解决专业设置、课程体系构建、教育质量、人才培养模式、校园文化建设、思想道德建设等诸多问题提供重要启示。

我国德育建设的目标是要培养具有共产主义品德的人，是为中国特色社会主义事业培养合格的建设者和可靠的接班人，湖湘红色文化契合了德育建设目标的需要，其本身蕴含了丰富的道德教育资源，主要包括传统道德、理想信念、革命精神等方面内容，新时代背景下，湖湘红色文化为推动德育建设提供了以下有效途径。

第一，通过运用湖湘红色文化蕴含的这些教育资源，充实和深化高职德育内涵，拓展德育建设的内容，为完成德育整体设计提供启示。第二，通过运用湖湘红色文化中的历史故事、人物事迹、革命遗址、红色纪念馆等，为高职的德育建设提供形式多样的德育实践活动，丰富学生的德育体验，从而提升德育的效果。第三，通过弘扬和传播湖湘红色文化，将对区域文化的热爱和认同上升到对整个中华文化的热爱和认同，将湖湘红色文化中的道德要求："明大德""守公德""严私德"三者融会贯通，达到"共性塑造"和"个性发展"间的动态平衡，最终使学生对这些道德要求内化于心，外化于行。

自"十三五"规划中提出加强供给侧结构性改革以来，各行各业开始强调转型发展，高职院校作为培养高素质人才的摇篮，愈加重视人才供给侧结构性改革，并且承担供给侧结构性改革的主导力量。当前，我国教育领域普遍存在着择校热、名校热等现象，这反映出我国高等教育存在着一个突出问题，就是我国高等教育的发展现状已不能满足广大人民群众对优质教育资源的渴求，这恰恰是我国社会主要矛盾转化在教育领域的一个具体表现。许多高职院校在市场经济条件下、教育理念上，只热衷于教学设施这类看得见的物质建设，却忽视大师、名师这类看不见的精神建设；教学内容上，虽然不断更新新型教学手段，却难以主动跟上经济建设和社会发展需要的教学内容变化；人才培养上，只注重人才数量，并不注重教育质量等等这些问题，都可以通过供给侧结构性改革来解决。供给侧结构性改革要求高职院校必须优化人才培养模式，在提高教育质量上狠下功夫，不断供给优质教育资源，满足经济发展对人才的需求。通过运用湖湘红色文化，引入到高职院校的校园文化建设、课程教学改革、实践教学改革、专业体系建设等方面，对于提升高职院校的文化内涵、人才培养质量、教育教学效果等均起到巨大的推动作用。尤其是在当前高职教育大力推行课程思政建设的背景下，湖湘红色文化蕴含的红色基因为统合知识传授与立德树人同向同行提供了基本路线。

五、依托湖湘红色文化的教育实践探索

高职院校作为优秀文化传承的重要载体，将优秀文化融入育人实践，既是培育和践行社会主义核心价值观的职责与使命，也是提升立德树人成效的必然要求和选择。

湖湘红色文化作为一种具有鲜明地域特征的红色文化，是湘籍共产党人用热血和生命所铸就并且渗透在其一切行为系统里，体现出共产党人理想、信念的价值体系。作为优秀的文化资源，湖湘红色文化在高职学生成长成才教育过程中具有重要的价值引导和正面激励作用，具有其他教育素材难以替代的功效。

（一）营造红色文化氛围以深化文化育人

学校在日常的教学活动中应该以习近平新时代中国特色社会主义思想为指导，全面贯彻党的十九大精神，坚持和加强党对高职的全面领导，以立德

树人为根本，以弘扬红色文化、传承革命精神为主题，以培养又红又专、德才兼备、全面发展的人才为目标，注重课堂育人、文化育人、网络育人、实践育人，切实加强学校红色文化教育工作，全面提升学生红色文化素养，坚定道路自信、理论自信、制度自信、文化自信，自觉用习近平新时代中国特色社会主义思想武装头脑、指导实践，为培养中国特色社会主义合格建设者和可靠接班人提供有力保障。

（二）传承红色文化基因以强化课堂育人

课堂教学是高职学生思想政治教育的主渠道和主阵地。如何用好、用强、用活这个主阵地，充分发挥课堂育人的强大功效，传承好红色文化基因呢？湖南商务职业技术学院在实践探索过程中以课堂为载体，依托思政课程和课程思政，多路径推进，将湖湘红色文化融入课堂中，厚植高职学生爱党爱国情怀，提升高职学生思想政治理论和红色文化素养。

1. 特色课程，激活红色基因

历史是最生动的教科书，也是学生成长成才最好的营养剂。近代以来，在湖湘大地上孕育了众多革命伟人，涌现了无数先贤英烈，诞生了大量英雄事迹……依托湖湘大地得天独厚的红色文化资源，结合高职立德树人根本任务，应不断开发"红色潇湘"特色课程，为学生呈上湖湘红色文化精品大餐，从红色岁月中了解红色故事，感悟革命精神，传承红色基因。

（1）编写红色教材，走近革命故事

三湘四水激荡英雄壮歌，锦绣潇湘深植红色基因。红色文化中蕴含的人生观和价值观，是开展高职学生成长成才教育的重要载体。依托湖南丰富的红色文化资源，介绍中共湖南党组织在早期建党、探索新民主主义革命道路和创建农村革命根据地、领导湖南抗日统一战线、推动湖南实现和平解放过程中的重大历史事件，讲述了湖南革命时期不同阶段典型人物的英雄事迹，展现了在革命斗争中所形成的红色歌谣、红军标语等革命瑰宝蕴含的文化魅力，阐述了湘湘红色精神的内在含义、时代体现和赓续传承。让学生通过教材走近身边熠熠生辉的红色历史，了解三湘大地上红色革命故事的前世今生。

（2）创设课堂环境，感悟红色精神

课堂教学环境是教学效果的重要影响因素。为了让学生更好地感悟红色精神，提高教学效果，应通过校内红色展馆、校外红色基地、精品在线开放课程平台开展湘湘红色文化主题教学。一是依托校内思政实践中心的红色文化展馆，让学生近距离感知湘湘大地上的红色峥嵘岁月，走近湘籍革命群体，回顾中国革命在湖南这片热土上的伟大征程，缅怀老一辈革命家的光辉业绩，知史爱党、知史爱国。二是依托校外红色教育基地，开展现场教学。湖南人杰地灵、英才辈出，红色资源数不胜数。带领学生走进无产阶级革命家故居、党史陈列展览馆和革命烈士纪念馆，面对一帧帧历史图片、一件件红色文物，让学生穿越时空，在特殊的情境中对话革命先驱，了解他们立志"改造中国与世界"的初衷与动机，感受他们崇高远大的马克思主义信仰，坚定不移的社会主义信念和革命事业必胜的信心。三是依托网络信息技术，打破时空局限。在精品在线课程平台上，学习红色文化微课，完成红色实践作业。进一步通过虚拟仿真技术开展沉浸式教学，将学生带到中国革命战争年代中去，更加真切地感受革命的艰辛、成功的不易，以及千千万万披荆斩棘的革命先辈义无反顾为国奉献的无私情怀。

2. 全面渗透，加强深度融合

思想政治理论课是落实立德树人根本任务的关键课程，课堂是落实立德树人根本任务的关键场所。要强化思想政治理论课的课堂教学效果，必须运用多种途径和形式将湘湘红色文化全面渗透到各门思想政治理论课程中，实现深度融合。我们应从理论课堂、实践课堂、网络课堂三个方面入手，让红色文化全方位融入各门思想政治理论课各环节，使同学们学有所思、学有所悟、学有所践。

3. 课程思政，形成持久合力

红色文化作为中国特色社会主义先进文化，对于广大高职学生成长成才的精神滋养，有着极为重要的作用。若想充分发挥好红色文化立德树人的重要功能，必须要用好课堂教学的主渠道，针对不同专业的学生特点，各门专业课程都要满足学生成长需要和期待，守好课堂教学主阵地，种好责任田，使各类课程都与思想政治理论课同向同行，在课程思政中形成红色文化育人育才合力，培养担当民族复兴大任的时代新人。

第二节　贵州遵义红色文化与教育价值的实现

一、遵义红色文化资源

（一）遵义红色文化资源概述

众所周知，中国革命的重要转折点是遵义会议，同时遵义也是我国第一批历史文明名城之一，在全世界闻名的主要原因是遵义拥有非常丰富的珍贵红色文化。在遵义这座文化名城召开了著名的遵义会议，土城战役、四渡赤水等记录着红军的光辉历史，充斥着非常浓厚的独特红色文化气息，从某种程度而言为遵义留下了珍贵的精神财富，并且铸造了"历史转折和出奇制胜"的伟大不朽丰碑。

文化名城遵义作为我国著名的革命圣地，是我党在历史上"生死存亡"的重要转折点。遵义会议是在众多战役十分危急的关头召开的，会议不仅对诸多的经验教训进行了一系列认真的有效总结与吸收，还对李德、博古等在军事指挥的过程当中，实行非常单纯的防御，以及在战略转移的时候采取逃跑的一系列错误思想，进行了尖锐且严厉的批评，完美解决了军事上存在的诸多问题。除此之外，将错误路线进行了及时的纠正，从而使得革命的航向得到及时纠正，走上了正确航向的同时，也全面走出了和我国革命实践完美结合的正确、科学道路，既让党摆脱了危机，也让红军真正地转危为安，最终持续地从胜利走向胜利。

不管历史条件如何变迁，我们都要学习和借鉴遵义会议给我们留下极为重要的精神财富和宝贵的历史经验：坚持从国情出发，绝不照抄照搬，走出自己的特色之路，始终坚定重要的信念，并且努力将坚韧不拔、勇往直前的伟大革命精神发扬光大。

面对洒满了英雄鲜血的红军烈士陵园，这里除了安葬着 70 多具红军烈士遗骸外，其中有当年被敌人冷枪打中不幸牺牲的红军第三军团参谋长邓萍烈士。这里一座高 4.5 米的铜像格外引人注目：一位红军卫生员一手搂着一名骨瘦如柴的孩子，一手拿着一个磨损变形的军用水壶给孩子喂药。卫生员的铜像上挂满了红领巾和红布带，而他那双穿着布鞋的双脚，已被老百姓摸得锃亮。老百姓一直传颂着"红军菩萨"的故事。每天，前来这里悼念的人总是络绎不绝。

青杠坡是中央红军长征执行遵义会议精神的具体转折点。青杠坡战斗是遵义会议后的第一场恶战，造成了很大的伤亡与损失。这次战斗红军伤亡了3 000 多人，战斗结束后，天下了三天三夜的大雨，溪流里的水却始终是红的。这是一场体现红军英勇战斗作风的激战，更是对选择正确的中国革命方向具有决定意义的战斗。不仅是因为那是土城会战的主战场和四渡赤水的发轫地。而且毛泽东、周恩来、刘少奇等数百名将军都曾亲临指挥或亲身参加过此次战斗。青杠坡战斗红军的失利，是导致四渡赤水战役的根本原因。红军的危机经过战略转移，在这之后，红军逐渐走向胜利。

四渡赤水将伟大领袖毛泽东高超的兵法充分地展现了出来，即在战略上面实行了范围非常大的机动作战，灵活的用兵方式，在战术上面灵活运用了避实就虚、敌变我变、声东击西以及纵横穿插的行动应变制敌。四渡赤水一方面不仅充分展现了我国红军的理想信念，还将"红军不怕远征难"的百折不挠，全部的红军将士共同团结勇往直前，经过艰苦的长途跋涉，与敌人进行了一系列的激烈作战。与此同时，也将毛泽东对众多军事情报进行充分有效的利用，以及依靠广大人民群众的支持，高超的军事指挥才能进一步展现出来。

抚今追昔，在"苍山如海"的娄山关，毛主席利用天时在"西风烈，长空雁叫霜晨月"中，实现出奇制胜。取得了长征以来第一次重大胜利，这是在战略转移中具有决定意义的胜利。这次胜利，是毛主席"在运动中消灭敌人"军事思想的成功实践，更加确立了毛主席在军事指挥上的权威。

在贵州遵义这一座充满红色文明的名城当中，可以体会和感受到"革命理想高于天"的重要理想信念，以及百折不挠和艰苦奋斗的珍贵红军精神。遵义一方面为我国革命做出了非常巨大的贡献，另一方面除了形成了丰富的红色文化资源，还形成了珍贵的重要精神财富。

（二）遵义红色文化的丰富内涵

红色文化作为非常具有中国特色的先进文化，是在革命战争年代由广大人民群众、先进的分子，以及中国共产党人共同创造的，因此不仅蕴含着厚重的历史文化内涵，还有着十分丰富的宝贵革命精神。红色文化是指在革命时期所发生的事、物、人。而"红色资源"是指中国共产党领导中国各族人民在革命斗争和建设实践中所形成的伟大革命精神及其载体。具体来说，遵义红色文化资源是指革命战争年代在遵义形成的革命文物、文献、革命文艺作品、纪念地、战争遗址、领袖人物的故居、革命传统、革命精神以及中国共产党组织在革命战争年代中的政治、经济、文化、思想形态、规章制度和红色风情等。

仅把长征作为标签而不注重对其精神挖掘和继承是不够的。只有对遵义珍贵的红色文化内涵进行深入的挖掘，才可以将红色文化所具有的重要社会价值充分地体现出来，同时也将红色文化的重要的带动作用、引领作用发挥出来。《遵义日报》曾经阐释与解读过遵义红色文化的重要内涵，并且在经过对遵义红色文化长时间的研究和积累之后，红色文化所蕴含的重要精神内涵愈加明晰和清楚，即遵义会议精神与长征精神。其中，遵义会议精神的主要内涵是实事求是，同时也包括了务求必胜、民主团结等；长征精神的主要内涵是坚定的信念、创新的胆略以及高尚的情怀等。实际上，遵义会议精神是遵义红色文化的关键精髓，同时这也是遵义会议在党的历史方面起到的非常关键和重要的作用所决定的。

二、遵义红色文化的当代价值

（一）政治价值

上层建筑的重要组成部分是政治，同时政治从某种程度来说也是社会经济基础的集中反映，将客观的社会存在充分地展现出来。遵义红色文化是一种独属于我国的独特政治文化，将在革命战争年代人们的政治诉求集中反映出来，是党正确指引和引动新民主主义革命持续走向胜利的重要和关键因素。

因此，遵义红色文化的第一个重要价值就是政治价值。遵义红色文化的政治价值表现在始终坚定马克思主义的重要信仰、通过各种方式努力提升党的重要执政基础等。

1. 坚定马克思主义信仰

马克思主义是遵义红色文化的重要指导，党与广大人民群众是马克思主义的信仰者。我国广大人民群众在经历十分重大考验的过程当中，将国家与党的利益放在首位，以集体利益为重，这是因为无论广大人民群众还是党均对马克思主义有着坚定的信仰。所以，我国人民在前进的过程当中，不管是遇到困难还是抉择的时候，均可以化险为夷并积极地开拓创新，将红色文化的宝贵力量持续地体现出来，不断地取得胜利。

我国目前处于百年以来，从未有过巨大变局的关键形势当中，我国广大人民群众的政治信仰在此时表现得非常重要，不可忽视，科学、正确的价值观念，在有效指引和引导广大人民群众和社会、国家发展相一致的过程当中，发挥着十分重要的凝心聚力的关键作用。

所以，我国在对遵义红色文化发展与弘扬的时候，应该始终坚持马克思主义，通过全面且深入的认识和了解，以及真实的切身体会和感受遵义红色文化，正确指引和引导广大人民群众深入感受和体会马克思主义优越性的同时，也全面感受其先进性，从而最终在价值方面产生认同，更加坚定马克思主义的信仰，除此之外，在具体的实践过程中，不断把遵义红色文化逐渐内化成非常重要的发展动力和源泉。

2. 巩固中国共产党的执政基础

执政党全面推行和实施的方针政策倡导的是和社会主流相同的重要价值观，将统治阶级的相关意志充分地展现出来。遵义红色文化主要是在党正确领导广大人民群众勇敢拼搏、奋斗的过程当中逐渐形成的，因此遵义红色文化的重要精神内核，已经被完全内化在广大人民群众的心灵之中，并且外化在广大人民群众实际的行动当中。中国共产党通过一系列的具体实践，逐渐得到了广大人民群众对党的积极拥护与爱戴，广大人民群众认同和认可珍贵的遵义红色文化，从实际意义上来说是党非常珍贵历史积淀。

遵义红色文化开辟了中国共产党执政意识形态合法性之源，同时为党积累了重要的执政文化基础，也是进一步夯实中国共产党马克思主义执政意识形态的强有力基础。中国共产党一直以来对自身的纯洁性建设以及先进性非常重视，并且对党员干部的教育尤为重视和关注，不断地努力巩固政治能力，积极提升执政水平的有效建设。红色文化实际上是党执政的特殊社会资源之一。

在革命战争年代的深刻洗礼之下，遵义红色文化在群众基础上也非常深厚，并且此种优秀的红色文化在经过历史的发展之后，反而更加具有价值和活力，既是党开展主流意识形态教育的宝贵资源，又是广泛宣传爱国主义情感的珍贵资源，将党以广大人民群众为中心的重要发展思想非常鲜明地表达

出来，是全面培养广大人民群众政治认同的重要和关键载体，不可忽视。

3. 提升国家认同

国家认同表现在国家的群体组织或者公民个体，对自己国家文化、主权以及政治体制的强烈归属感与认同感。另外，国家认同作为国家凝聚力的重要来源，既维持着国家的全面发展，又促使国家能够更好地生存。

随着我国和世界各个国家的政治、经济、文化进行深入交流，我国的经济社会实现了持续快速地全方位发展，这些在一定程度上导致社会之间的贫富差距不断扩大，以及不相同收入群体之间的严重矛盾。我国在此种严峻的形势下，只有对历史进行不断的有效回顾，对导致产生贫富差距的现实因素、历史原因进行更深入的研究、分析和探索，在经过全面的综合考虑之后提出与其相对应的解决措施，才可以进一步有效缓解各个不同社会阶层之间存在的巨大矛盾。

历史认同在各个不相同的发展阶段具体的表现形式也是各不相同的。全面实现中国特色社会主义国家认同的重要和关键途径是将遵义红色文化作为重要的枢纽，从而促使广大人民群众对国家认同得到较大幅度的有效提升。遵义红色文化和民族、国家命运有着不可分割的紧密联系，因此全面了解和深入学习遵义红色文化，从某种意义上来说是充分参考和借鉴历史，进一步把握当下，以及正确指引和引导未来的重要、关键途径，也是对历史充分地进行回顾，并且全方位提升国家认同的有效方法。

（二）文化价值

遵义红色文化作为独属于我国的独特文化资源之一，有着非常强大的生命力，即便时间的脚步不会停下，历史远离，但在这些历史事件当中萌生和蕴含的重要宝贵精神财富，却超越了时间、空间的限制和束缚，随着时间的推移，变得更好、更加具有价值观，历久弥新，在前进的道路上为我们持续给予一系列正确的思想指引和引导。

1. 是中国特色社会主义文化的有益组成部分

中国共产党想要正确带领广大人民群众，在全面建设社会主义现代化的实际征程过程当中，实现文化的持续发展与创新，应该始终坚持遵义红色文化的引导和指引。在革命战争年代，遵义红色文化给予中华民族重要的思想指引，并且给我国革命的最终胜利带来了曙光和希望的同时，也开创了一个全新的历史阶段，即面对自身的问题中国共产党能够独立自主地完美解决。

在中国特色社会主义文化建设的过程当中，需要将遵义红色文化作为重要的指导，同时，实践又在一定程度上正确引导了遵义红色文化的不断创新和发展，为中国特色社会主义文化间持续注入全新的内在，为其刻上独属于这一时代的印记，积极促进和推动遵义红色文化紧随时代潮流发展的步伐，通过各种方式努力实现全方位创新发展，逐渐成为中国特色社会主义文化的重要组成部分。

2. 增强中国人民的文化自信心

全球化在经济和文化领域快速发展，如火如荼，尤其是我国在全面实行改革开放政策以后，各种不相同的价值观源源不断地传入国内，持续挑战着我国独特的传统文化价值观念，很多人在这些不相同价值观的强烈冲击下，在精神层面出现了无所适从和迷茫的状况，导致广大人民群众在西方资本主义文化的伪装下，逐渐疏离了我国众多优秀的传统文化，严重丧失了对我国优秀文化的认可和认同。

中华人民共和国永久屹立在世界文化舞台的重要条件是有效传承，以及全面发展红色文化。通过对遵义红色文化形成发展的具体历史过程的全方位回顾，可以发现党在以遵义红色文化为精神武器的正确指引和引导下，在困难的局面或者情况下绝处逢生，全面挽救广大人民群众、中国共产党以及国家于危急存亡的时候，不仅在革命和建设上取得了成就，也在改革上面取得了非常伟大的成就。

中共中央总书记习近平曾指出"我们有本事做好中国的事情，还没有本事讲好中国的故事？我们应该有这个信心！"① 遵义红色文化将马克思主义作为重要的指导，其本身具有一定的科学性，遵义红色文化在党的正确领导下，其发展和历史发展的潮流相合，涵盖了国内、国外共同认可和接受的相关价值共识。因此，在讲好中国故事的同时，更应该向全世界讲好独属于中国的伟大革命文化故事，积极、主动地向全世界广泛宣传我国的众多优秀文化，将红色文化资源重要的教育指引和引导意义、作用充分地发挥出来，从而使中国人的文化自豪感得到大幅度提升，全面增强中国人的文化自信心。

3. 提升中国文化软实力

始终坚定文化自信，并且有底气和信心将独属于我国的众多故事讲好的主要原因是文化本身具有一定的科学性，同时文化的发展也和历史的规律相符合。虽然在民族存亡的关键之际诞生了遵义红色文化，但是遵义红色文化却没有将侵略和压迫等思想展现出来，而是对和平与自立自强努力拼搏奋斗的相关精神进行积极的寻求，这也使得遵义红色文化更加具有底气与自信。

国家的文化软实力包括多个方面，如制度、知识文化内容等。党对国家文化软实力的重视和强调，已全部凝结在我国全方位建设中国特色社会主义文化强国的进程当中，熔铸在积极建设中国特色社会主义核心价值观的具体实践中，在全新的历史条件下有效传承与发扬独属于我国的宝贵遵义红色文化，可以在一定程度上更加坚定中国的国家文化软实力，同时也可以使文化自信得到较大幅度的提升。

（三）对高职学生的教育价值

遵义红色文化包含了丰富的物质文化资源主要是由革命遗址、革命纪念

---

① 谢应君. 树立讲好中国故事的话语自信［EB/OL］.（2019-05-16）［2022-4-12］. https://baijiahao. baidu. com/s?id=1633652999014839617&wfr=spider&for=pc.

碑、革命纪念馆、名人故居等要素构成。物质文化资源能增强人们对遵义红色文化的理解，是传承遵义红色文化不可或缺的物质载体，通过对遵义丰富的红色文化资源的充分利用，在高职组织和开展一系列的红色教育，除了将相关的历史传输给高职学生以外，还可以给高职学生传输重要的革命精神与传统，从而进一步加强对高职学生在思想政治方面的教育。

1. 理想信念方面

众所周知，青年时期是理想形成和立志的重要时期和阶段。在红色文化当中蕴含着非常丰富的理想信念教育资源，理想信念是红色文化的重要内容和组成部分，同时也是民族与国家勇敢拼搏、奋勇向前的重要精神动力和源泉。遵义红色文化有着十分丰富的资源内容，革命故事、革命意志等均是鲜活的教材，将"革命理想高于天"的重要理想信念充分地展现出来。在革命战争年代，不管革命形势发生什么样的变化，中国共产党人自始至终保持着坚持真理的理念，面对任何困难敢于勇敢斗争，不怕牺牲，在经历了各种不相同的考验之后，能够始终保持坚定的立场以及正确的政治方向，原因在于中国共产党人不仅有坚定的信念、崇高的理想，还有着不怕艰难险阻，努力向前的豪情壮志。

我国在全面实施改革开放的政策以后，无论是政治、经济还是文化和世界各个国家之间的联系日益紧密，各种不相同的思想文化源源不断地传到国内，这些思想文化和我国的思想文化产生了非常激烈的撞击，同时社会价值观虽然在西方文化思潮，以及不同价值观的强烈冲击下，逐渐呈现出多元化的全新形势，但物质丰富的背后是理想的严重缺失和坚守。也正是因为如此，应该不断加强对广大人民群众在主流价值观念的教育，正确指引和引导，对独属于我国的红色文化进行大力地弘扬和发展。通过红色文化的教育、洗礼以及感染，使得我国众多的高职学生在面对各种不相同思潮的强烈冲击的时候，有效帮助其逐渐形成崇高理想信念的同时，也有着远大抱负，以及为广大人民群众服务的高尚情操。

2. 爱国主义和集体主义方面

众所周知，中华民族的光荣传统是爱国主义，同时爱国主义作为我国各民族人民共同的重要精神支柱，是我国全面培养更多优秀社会主义建设接班人以及建设者最基本的要求。在有着浓厚红色文化气息的遵义，在革命过程中先后涌现出一批批可歌可泣的英雄人物、先进事迹，为我们留下了宝贵的精神财富和文化遗产。利用红色教育资源的真实性、直观性深入进行爱国主义教育，把本地的红色资源"引进"课堂，或者让课堂"走进"红色资源丰富的地方，最终达到让红色文化走进高职德育教育中。对培养学生的爱国主义精神和良好的生活作风，树立远大的理想，更好的投身于社会主义建设中。在红军山革命烈士陵园，我们深深地怀念于此长眠的邓萍和其他革命烈士，这里不断传颂着"红军菩萨"的故事；在遵义这片红色土地上经历过青杠坡、梅溪河等一系列战斗的惨烈，也造就了四渡赤水"神来之笔"、娄山关大捷等一个个伟大的奇迹，在这幅以红军战士血肉铸成的历史画卷中，一个个鲜活的英雄形象出现在我们的脑海中，一幅幅撼人心魄的战斗场景展现在我们的眼前，把我党的光辉历史、革命先辈的崇高精神和英雄事迹淋漓尽致地展现在学生面前，感悟那段烽火连天斗争岁月的艰辛和今天幸福生活的不易，让多数身为独生子女的高职学生接受红色文化的洗礼和爱国主义的教育，可以帮助他们克服以自我为中心的个人主义思想，有利于让他们正确的了解党和国家的历史，激发他们的爱国热情，自觉继承先辈的革命精神，培养学生的爱国主义情怀，培养集体主义精神、奉献精神，使他们树立民族自尊心、自信心和自豪感。

3. 人生观、价值观方面

众所周知，贵州省遵义市是因为遵义会议和丰富的红色文化资源闻名的。从总体层面来看，我国目前高职学生的人生观主流虽然是好的，但是在各种不良社会思潮的强烈冲击，以及市场经济自身负面效应的一系列不良影响之下，社会当中依旧存在很多不良思想，如腐朽堕落、伤风败俗等，在思想上给高职学生很多误导，从而使得高职学校的部分学生在人生价值观方面出现了非常严重的扭曲，同时也在一定程度上污染了校园良好的人文环境，其中缺少吃苦、奉献的精神，对享乐过分追求等都是主要的表现。

遵义红色文化蕴含丰富的长征精神，可以快速帮助和促进学生树立正确的价值观、人生观以及世界观，通过对正确价值观、人生观以及世界观的灵活运用的同时再加以一系列科学、有效的指引和引导，可以使高校职业学生的众多不良倾向得到进一步的扭转和改善，并且校园人文环境得到全面的净化。中国共产党"生死攸关"的重要转折点是遵义会议，并且该会议既蕴含着浓厚的历史文化内涵，又蕴含着丰富的革命精神。在遵义会议期间我党首次独立运用马克思列宁主义的基本原理，全面解决自身方针政策和路线的重要会议。

遵义会议在十分危险的关键时刻的不仅挽救了红军，也挽救了中国共产党，从实际意义上来说是党历史上首个生死攸关的重要转折点，也代表和标志着党从幼年逐渐成熟。实事求是、坚定信念等都是遵义会议中体现的长征精神，将革命群众与党的奋斗精神充分地体现了出来，同时作为中华民族复兴的精神支柱，除了是中华优秀传统文化的重要杰出代表，也将中华优秀传统文化集中地展现出来。一方面，对全面培养在校高职学生树立中华民族优秀的文化传统美德是非常有利的，如吃苦耐劳、自强不息等。另一方面，无论是对激发我国高中学生树立正确的、科学、合理的人生价值观，还是对进一步唤醒我国众多高职学生重要的社会主义道德准则，既具有非常重要的强烈现实意义和作用，又具有十分深远的历史意义，不可忽视。

4. 艰苦奋斗方面

在社会主义现代化建设以及革命战争年代，均不应该将艰苦奋斗的作风丢弃。随着时代的发展和科技的进步，现如今我们已经完全处于信息化时代，经济快速发展的同时，人们的生活水平和条件得到了较大改善，这些导致了

我国高职院校的学生出现了很多相互攀比、奢侈浪费，以及贪图享受的众多不良现象，和我国现实的国情严重相悖，同时从某种程度而言也背弃了我国吃苦耐劳和勤俭节约的优秀传统美德。

通过红色教育让我国高职院校的学生可以十分明确地认识和了解中华民族的优秀传统美德是艰苦奋斗，同时，艰苦奋斗不仅是众多先烈留给我们的珍贵精神财富，对此有效继承与全面发扬也是我国高职院校学生进一步磨炼坚强意志的重要必由之路，最终既培养出勇于创业的精神，又培养出不怕吃苦和艰苦奋斗的宝贵精神。通过对中国共产党历史的回顾，我们可以发展党的每一次胜利均和艰苦奋斗有着不可分割的紧密联系。

中国共产党获得革命胜利、建设以及改革成就的重要保证和前提是艰苦奋斗的良好作风，同时艰苦奋斗作风也是红色文化蕴含的一个非常重要的内容。也正是因为如此，应该将遵义会议当中展现出的艰苦奋斗与百折不挠的珍贵革命精神进行有效继承与全面发扬光大，不管是在日常生活、工作还是在学习当中，均应该勤俭节约、尽职尽责和勤奋刻苦。为自己、他人、国家、社会以及现实提供更好的服务，才可以将遵义红色文化当中重要的当代社会价值充分地展现出来。

三、依托遵义红色文化的教育实践探索

（一）高职教育过程中应遵循的原则

第一，坚持理论与实践相结合的原则。作为思想政治教育工作的主导者和实践者——理论课教师，必须加强自己的理论学习，增加自己的实践经验，创新教育教学方式。认真总结经验，结合学校的实际情况，将自己获得的经验和认识，运用到理论指导自己的教育教学实践之中，把实践中的经验上升为理论，循环反复，不断推进研究的进行，为人才的培养与课题顺利完成奠定扎实的基础。

第二，坚持知行统一的原则。在新形势下，思想政治教育工作必须解放

学生外在的行为规范与内在的道德认识的矛盾，让学生知道什么样的生活态度、生活方式、人际关系、行为作风才是应当追求和向往的。思想政治教育理论课教师要不断地创新教育教学方法，在重视课堂教育这个前提下，更加注重实践教育、体验教育、养成教育，注重自觉实践、自主参与，引导学生在学习道德知识的同时，自觉遵循道德规范。减少说教成分，造就知行统一以及个性全面发展的人。

第三，坚持整体渗透性的原则。遵义学校依托遵义红色资源进行思想政治教育工作，应该把家庭、社会都调动起来，全方位渗透，多渠道配合；家庭、学校形成整体；学科间互相渗透，互为补充，共同为提高学生的思想道德素质努力。

（二）高职教育中应掌握的方式方法

1. 需要学校和理论课教师的努力

首先，高职院校理论课教师教学观念转变的重要前提条件是充分依托丰富的遵义红色文化资源，开展和组织一系列的思政教育。目前，我国大部分教师在传统教学观念的深入影响下，其教学观念还非常的根深蒂固，对以前传统的教育教学方式已经习惯了。高职院校的理论课教师只有将以前传统的教学观念进行一定的转变，才可以在具体的实践过程当中让本课题研究结果得到全面的有效实施。

其次，高职院校应该从多个不相同的方面给予相应的支持，如经费等。高职院校应该在这一方面设立专项经费，从而支持制作红色影片、聘请导游和讲解员等需要的有关费用。

最后，高职院校应该通过各种方式努力开发多种不同的教育形式。建设红色基地、红色节日庆祝等均属于红色资源的范畴，形式多种多样，同时我国高职院校当前红色资源形式的开发方式非常有限，仅有几种，如领略红色经典、组织参观等，严重缺乏全面性。因此，我国高职院校的应该从该方面着手，做出更多、更大的努力。

2. 需要政府和社会的支持

首先，部门和部门之间应该相互配合与协调。我国红色资源各个管理部门与管理部门之间，应该相互配合、协调工作，从而使得最终形成的红色资源开发整理体系更加系统和全面。

其次，在广泛宣传红色文化资源的过程当中，政府应该在注重和强调社会、经济效益的同时，进一步加强有效创新丰富的红色资源德育优势的重要意识。政府部门应该以一种巧妙的方式，将高职院校与红色资源紧密地联系在一起，做好两者的重要"中介"作用，以便于为我国高职院校充分依托丰富的红色资源，积极组织和开展一系列思政教育提供更多、更好的方便。

最后，整体社会应该形成良好的红色氛围。全社会通过各种不相同的方式，共同努力使红色城市充满浓郁的红色气息，给高职院校积极营造一个良好的氛围或者气氛。

（三）高职依托红色文化的育人目标

1. 加强社会主义核心价值体系教育

马克思列宁主义指导思想是社会主义核心价值体系的重要灵魂。社会主义核心价值体系将中国特色社会主义共同理想作为重要的主题，将改革创新和爱国主义为核心的时代和民族精神作为重要的精髓，与此同时将"践行社会主义荣辱观"作为道德基础的重要理论体系。社会主义意识形态的重要和关键组成部分是社会主义核心价值体系，并且社会主义核心价值体系是由中国共产党正确领导广大人民群众，在长时间的具体革命建设实践的过程中，最终形成的理论成果当中概括与提炼出来的，同时社会主义核心价值体系也是开展和组织思政教育的重要内容。

当前，我国高职思政教育的重要内容与非常迫切的任务，是在当代高职学生当中，积极组织和开展一系列的社会主义核心价值体系的全面有效教育。因为社会核心价值体系的基本内容和近代中广大人民群众以及中国共产党人英勇奋斗的历史有着非常紧密的关系，所以和我国高职院校学生的思想特征结合在一起，开发和提炼红色资源当中重要的精神特质，并且以一种非常巧妙的方式将其有机地融合到社会主义核心价值体系教育当中，从而让高职院校的学生知道和了解其具体的由来，从实际意义上来说对全面切实地快速推动，以及促进社会主义核心价值教育观有着十分重要的促进作用和意义。

树立坚定的社会主义理想信念主要指的是正确树立具有共产主义远大理想，以及全面建设中国特色社会主义的坚定信念，将对我国高职院校学生的理想信念分成两个完全不相同的方面，即共产主义非常远大的理想信念和中国特色社会主义共同理想信念。现如今，我国高职院校开展和组织社会理想信念教育，实际上是教育我国当代高职院校的学生，自觉树立中国特色社会主义共同理想和共产主义远大理想的重要坚定信念，将个人的价值观、世界观、人生观，以一种巧妙的方式和共产主义、社会主义的理想信念有机结合与统一，同时把个人的所有和祖国、广大人民群众以及人类的命运紧密结合在一起，合理指引和引导我国当代高职院校众多学生，更加坚定地走中国特色社会主义道路，为进一步全面实现共产主义远大的目标，不怕艰难，努力积极的奋斗。

在中国共产党正确指引和引导广大人民群众进行革命建设的具体实践过程当中，红色资源逐渐形成，并且这些丰富的红色资源把中国共产党以及中华人民的伟大精神充分地彰显出来，不仅是其形成的重要精神核心，也是中国特色社会主义共同理念信念，以及共产主义远大理想的进一步升华与凝结，在丰富的红色资源当中蕴含着理想信念教育的重要导向功能。所以，我国高职院校在开展和组织思政教育的时候，充分依托丰富的红色资源，对树立社会主义理想信念是非常有利的。

2. 使教育形式多样化、灵活化

长时间以来，我国理论课教师运用的教学方式基本上是满堂灌和一言堂，通常学生在课堂只能被动接受教师传授的知识，教学形式非常单一的同时，教学的内容也十分枯燥，无法将学生学习的主动性和积极性充分地激发和调动起来。教师在教学的过程当中采用此种教学方式，对广泛传播思政教育是非常不利的。高校思政教育工作方式也应该随着社会的快速进步，以及伴随着知识传播方式的多样化，做出与其相对应的多样化，及时做出改变。在进行思政教育工作的过程当中充分依托丰富的红色资源，可以开展多种不相同的教育形式，如观看红色影视、参观红色革命圣地等，从而对学生进行一系列的思政教育，促进学生的全方位发展。

高职院校通过此种独特的教育方式，和学生的生活更加地贴近，使高职院校的学生在潜移默化当中逐渐接受理想信念和爱国主义的有关教育，将以前在课堂上面教师采取单一的灌输式思政教育的传统模式进行一定的改变，让高职院校的思政教育方式和以前相比变得更加丰富和多样化。学生在众多不同形式的思政教育方式当中，如传唱红色歌、歌谣、观看红色影视等，产生身临其境的独特感受。学生在讲解员、教师或者导游详细讲解的过程当中，可以听到、看到和体会到革命战争年代一心为国和广大人民群众的重要精神氛围……让教育的内容更加直观、生动和具体，在全面增强感染力的同时，也进一步在学生的心灵上引起共鸣，最终使学生在潜移默化当中受到非常直接的有益影响。

3. 传承革命精神

随着全球化趋势的不断加深，我国和世界各个国家的政治、经济、文化等多个方面的联系日益紧密，在这些因素的影响下我国的经济和科技得到了快速的发展，同时社会也产生了一系列的深刻变革。在全球化不断加深的影响下，众多外来文化源源不断地传入国内，对广大人民群众的思想产生了非常强烈的冲击。全球化虽然促进我国经济、政治等多个方面的快速发展，但是在全球化发展的过程当中不仅有很多外来价值观的强行兜售，也有很多"和平演变"的险恶用心。

思政教育在此种国内外环境的影响下，对其内容提出了全新的更高要求。思政教育的内容体系不是始终保持不变的，而是动态的，具有非常明显的时代性。因此，思政教育的内容应该紧随时代潮流的步伐和脚步，针对出现的众多新问题和情况，进行及时的有效总结，同时做出相应的调整与完善，提出全新的思政教育具体要求，对思政教育的内容进行及时、全面的更新，使思政教育在各个不相同的历史时期，以及社会发展阶段有着各自不相同的要求与内涵，让思政教育可以一直焕发出十分强大的生命力。只有对思政教育的内容进行持续的调整、充实、深化以及更新，才可以和现代社会与人快速发展的各种不同的要求相适应。无论多好的教育内容，只要和实际相脱离，只能是"纸上谈兵"，无法将实际的重要作用充分发挥出来。革命精神是与时俱进的，在全面开展思政教育工作的过程当中应该充分依托丰富的红色资源，这样能够有效促进和推动革命精神与时俱进，从而进一步满足自身理论体系发展的实际需要，以及时代全面发展和进步的需要。

第三节　红船精神与教育价值的实现

一、红船精神的形成依据

（一）红船精神的传统文化根基

中华优秀传统文化是红船精神形成的深厚文化根基。在中华民族苦难辉煌的历史进程中，中华优秀传统文化不仅是中华民族五千年文明历史的基本元素和珍贵结晶，更为中华民族延续、发展和壮大提供了丰厚滋养和深厚底

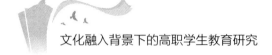

蕴，为中国革命精神的养成和塑造提供了人文关怀和道德尺度，与中国红色文化息息相关。

春秋后期，孔子开创了私人办学之风后，教育开始在平民阶层实施。在仁学与礼治的道德哲学基础上，孔子也是一位富于社会批判精神的思想家，在《论语·八佾》："孔子谓季氏，八佾舞于庭，是可忍也，孰不可忍也。"反映了孔子想通过一定方式来改变社会现实，其经世致用的思想方式对后来中国的思想界产生了巨大影响。孟子提出"仁政"学说，其出发点和理论依据是性善论，就其基本思想内容而言具有一定的人民性，体现了民本的思想和意识。两晋时期的鲍敬言否定"尊卑有序"，主张天然平等；否定君权神授说，揭露了封建社会君主制度虚伪的阶级本质，在一定程度上认识到了暴力的作用，提出从根本上铲除社会动乱的根源只有消灭君主制度，回到无君无臣的理想时代，这是中国传统社会中朴素的要求实现无阶级压迫的社会声音。及至明末清初，反专制思想成为重要的思想流派。王夫之在目睹了明王朝对民众的重压政策后，提出了"以民为基""不以天下私一人"的民本思想，具有很大的历史进步性。在中华民族的历史发展中，同时形成了以爱国主义为核心的伟大民族精神。《易传》中的"天行健，君子以自强不息。地势坤，君子以厚德载物"成为中华儿女奋进开拓、刚毅不屈、以德立世的人文信条。《孟子》中"富贵不能淫，贫贱不能移，威武不能屈，此之谓大丈夫"激励仁人志士坚持正义、不畏强暴、慷慨赴义的斗争决心和个人守则。顾炎武的《日知录·正始》中写道："保国者，其君其臣肉食者谋之；保天下者，匹夫之贱与有责焉耳矣"，后被梁启超以八字"天下兴亡，匹夫有责"高度概括了出来，体现了仁人志士胸怀天下、参与社会的责任意识和担当精神。

进入近代以来，中华优秀传统文化不仅弦歌不绝，而且浴火重生，进一步发扬光大，成为中国共产党革命精神的重要思想资源和人文精神源头。自1840年鸦片战争后，在中国近百年的反帝反封建的革命斗争中，马克思主义与中华优秀传统文化逐步融合，不断发展，使中国近代的新文化在激烈的革命斗争中经受洗礼，继续成长、积累、壮大、升华，成为红船精神形成的思想文化基础。

（二）红船精神的理论来源

红船精神的理论缘起与马克思主义思想在中国的传播和发展紧密相连。1917 年俄国的十月社会主义革命是人类历史上最伟大的革命，改变了整个世界历史的方向，划分了整个世界历史的时代，具有重大而深远的历史意义。十月革命不仅让处在彷徨中的近代中国先进分子看到了新的希望，更带动了中国革命的转型，开启了中国革命的新航向。此后，"向东看"成为中国传统知识分子和新知识分子的重要区分标志，这是推动中国思想和文化进步的重要契机和重大转折，对中国国民性的改造成为改造旧中国、促进社会发展的着力点和先行领域，推动了文化和社会意义上中国现代社会的来临。百年中国现代民族意识、现代国家意识、现代法制意识萌芽，爱国主义精神、新社会革命理念和强烈的家国情怀进一步放大，新的时代发展潮流在中国大地已蔚然成风，西学和东学的强烈碰撞引发广大国人前所未有的思想解放。俄国十月社会主义革命后，马克思主义在中国思想界的意识形态主导地位确立，是红船精神的主要理论来源。

马克思主义和非马克思主义在经过三次论战之后，为"红船精神"理论的最终形成提供了非常重要的契机。

首先，"主义"和"问题"的争论。胡适在 1919 年发表的《多研究些问题，少谈些"主义"》将马克思和非马克思主义的第一次论战挑了起来。1919年，李大钊发表的《再论问题与主义》专门批判了胡适在《多研究些问题，少谈些"主义"》表现出来的改良主义、实用主义以及自由主义思想。这一场争论具有非常深刻的历史意义和作用，更加坚定了我国的工人阶级充分运用马克思主义指导革命具体实践的相关信念。

其次，社会主义与资本主义的论战。在当时，李达、李大钊等马克思主义者，通过深入分析和研究中国社会贫穷落后的根本原因，以及资本主义的本质，最终认为资本主义制度自身存在很多矛盾，并且无法有效消除。因此，应该将其消灭，同时将资本主义的世界通过革命推翻在其影响下开始逐渐兴起，中国也应该积极顺应世界发展的历史潮流和趋势。张东荪在 1920 年发表了《由内地旅行而得之又一教训》，提出了对中国而言，社会主义还十分遥远，中国应该走资本主义道路，该文章一经发表在国内思想界引起了很大的轰动，并且逐渐发展成为参与人数最多，以及时间最长的辩论。

最后，无政府主义与马克思主义的论战。黄凌霜在 1919 年 5 月发表《马克思学说的批评》，全面将马克思主义和无政府主义两者之间的论战正式引发起来。马克思主义者提出了在夺取政权的时候应该用革命的手段来进行，只有全面建立无产阶级专政，才可以充分保护广大劳动者的相关利益，从而将阶级之间存在的差别消除，让国家真正消亡。绝对的个人自由对资产阶级进一步工人运动是非常有利的，形成强大的革命阶级力量的难度是较大的。在生产力快速和高度发达之前，想要使劳动分配形式实现各取所需和各尽所能，社会的经济支出会受到非常严重的不良影响。这次论战虽然在许多的层面上，没有将无政府主义与科学社会主义两者之间的关系理清，但是在理论层面上，强化了马克思主义的重要精髓内容，充分突出了无产阶级专政学说的同时，也突出了阶级斗争学说，使得很多马克思主义的优秀先进分子脱颖而出，并真正走向了革命的道路。

二、红船精神的深刻内涵

（一）开天辟地、敢为人先的首创精神

独属于我国宝贵"红船精神"的重要灵魂是开天辟地和敢为人先的首创精神，同时首创精神也是党取得伟大成就的非常关键的"密码"。开天辟地和敢为人先的首创精神一方面是革命精神开天辟地的重要起点，另一方面在社会主义革命、改革与建设的整体过程当中首创精神始终贯穿其中。中国共产党以敢为天下先的胆识与谋略，大胆冲破陈规的同时，也摆脱了各种教条的束缚和制约，以一种非常巧妙的方式把中国实际的国情，与马克思主义的基

本原理有机地结合在一起，全面领导广大人民群众建立了社会主义中华人民共和国，不仅开辟了一条独属于我国的中国特色社会主义道路，最终还形成了中国特色社会主义理论体系，同时还进一步有效确立和发展了中国特色社会主义的制度与文化，并且还积极研究、探索与创造了现代化全方位建设，以及快速发展的全新"中国模式"，最终走出了一条救国、富国以及强国的独特道路。

一个民族进步的重要灵魂是创新，同时创新不仅是国家兴旺发达重要源泉和不竭动力，也是中华民族最为深沉的重要民族禀赋。正所谓"苟日新，日新，又日新"[①]。这句话将中华民族持续更新自己，主动适应快速发展的时代，以及积极推动和促进发展的重要创新精神充分地折射出来，并且也是中华民族创新精神的关键精髓，不可忽视。科技落后是我国近代落后挨打的一个根本原因。中国共产党人为了改变这一落后状况和局面，有效继承了中华民族伟大的创新精神，创立了中国共产党。我党的具体创建过程，将开天辟地和敢为人先的首创精神充分地展现了出来，同时这除了是对中华民族创新精神的进一步发展以外，也是对其很好的全面继承。中国共产党的创建有着非常科学的理论指导，从某种程度上来说是开天辟地的头一回，同时在创建的时候注重和强调深入群众，其他政党在创建的时候从来没有做过。

党在带领人民进行革命实践的过程中开辟了一条农村包围城市，武装夺取政权的独具中国特色的革命道路，充分体现了开天辟地、敢为人先的革命首创精神。1956 年初，随着社会主义改造的完成，中国进入了社会主义社会。以毛泽东为代表的中国共产党人开始把主要精力投入到如何建设社会主义的道路上。十一届三中全会以来，在中国如何发展问题上，中国共产党人继承和发扬了开天辟地、敢为人先的首创精神，把马克思主义的基本原理与中国建设的实际相结合，走出了一条有中国特色的社会主义道路。尤其在经济体制方面，探索出了一套适合中国国情的基本经济制度，使中国焕发出勃勃

---

① 习近平. 在同各界优秀青年代表座谈时的讲话［N］. 人民日报，2013-05-05.

生机。

（二）坚定理想、百折不挠的奋斗精神

"红船精神"的重要支柱是坚定理想和百折不挠的奋斗精神，同时坚定理想和百折不挠的奋斗精神也是全面支撑与正确引领社会主义事业持续获得胜利的关键和重要理想信念。党在建立初期阶段的党员数量并不多，仅有 50 多名共产党员，现如今已经有九千多万名共产党员，是世界第一大执政党，中国共产党在百年的成长历史进程当中经历了无数的艰难险阻。中国共产党人虽然在全新的时代开启了全新的征程，并且走在全新的长征路上，但是中国共产党人依旧会面临各种不相同的全新挑战与任务。想要战胜困难与迎接全新的挑战，应该对独属于我国宝贵的"红船精神"进行大力的弘扬和宣传，并且坚定必胜的勇气与决心，持续地克服层层困难，从而开创一个在新时代全方位快速发展的全新局面。

我国众多优秀的先进知识分子在十月革命以后，通过长时间的研究和探索找到了马克思主义，最终树立了共产主义的坚定理想。1919 年五四运动以后，随着马克思主义在我国的广泛传播，伟大的领袖毛泽东同志接受了马克思主义。通过对中国近代历史的回顾、聚焦与总结，我们可以发现推动和促进历史持续发展前进的重要密钥是奋斗精神。近代以来实现中华民族伟大复兴的三大重要里程碑是建立中国共产党、成立中华人民共和国，以及推动、促进改革开放与中国特色社会主义事业，同时这三大里程碑也是我国广大人民群众砥砺奋斗的三座重要的历史丰碑。

从全新的历史方位层面来看，全面实现中华民族伟大复兴的必需动力和源泉是奋斗精神。无论是新时代还是社会主义都是干出来的，我国目前虽然获得了不小的成就，但是依旧面临着很多非常严峻的挑战和困难，想要实现中华民族的伟大复兴必须准备付出更多的努力。中国特色社会主义新时代作为一个努力奋进的全新时代，必须对伟大的奋斗精神进行有效传承，并且将其努力地发扬光大。

（三）立党为公、忠诚为民的奉献精神

"红船精神"的本质是立党为公和忠诚为民的奉献精神，同时这些奉献精神集中体现了党的宗旨与性质。立党为公和忠诚为民的奉献精神是中国共产党区别于和其他政党的一个非常明显的重要标志，时刻提醒着众多优秀的共产党人砥砺前行和不忘初心，并且这也是党一直保持纯洁性与先进性的重要精神源泉和动力。我党在诞生之后把全面实现共产主义，确立为中国共产党的革命纲领，不仅自觉承担起为广大人民群众谋取幸福的使命，还承担着为中华民族谋复兴的伟大历史使命，为全方式快速实现我国人民的根本利益做出各种努力，孜孜奉献。

我党从诞生当天开始便将根本宗旨定为全心全意为广大人民群众提供更多、更好的服务，将以解放全人类，努力实现共产主义作为重要的责任。为了民族的独立以及人民的解放，近代以来我国社会的各种政治力量，先后大胆采用了多种不相同的救国救民的方案，虽然付出了很多的艰辛和汗水以及非常的努力，但是都以失败告终。也正是因为如此，中国在此时急需新生力量，期待着出现先进政党与阶级，充当中国伟大革命的重要领导者，正确带领和领导广大人民群众努力完成救国救民的历史重任。

三、红船精神的历史地位

（一）红船精神集中体现了我党的建党精神

"红船精神"和红船初心实际上是党初心使命的滋养，同时它也在一定程度上面奠定了中国共产党初心使命的关键精神底色。在具体实践的过程当中初心与使命是奋斗的最终目标和努力追求的方向，初心与使命正确指引中国共产党的道路探索、理论创新，同时也引导中国共产党正确的制度创新和奋斗进程。中国共产党领导人在"红船精神"的正确指引和引领下，开创了一条独属于中国的革命道路，即始终坚持中国共产党的全面领导、农村包围城

市以及武装夺取政权，于 1949 年正式建立中华人民共和国，让中国人民真正地站立起来。

中国共产党在"红船精神"的引领下，正确领导广大人民群众开创了一条中国特色社会主义道路，从而实现了让广大人民群众富起来的历史使命。中国共产党第十八次全国代表大会以来，中国共产党在"红船精神"的引领下，领导广大人民群众以奋斗精神、首创精神以及奉献精神攻坚拔寨，进行全方位的深化改革，始终坚持党要管党和全面从严治党，从而推动和促进中国共产党与国家事业快速发生历史性的有效变革，获得一定的历史性成就，最终将中国特色社会主义全面推向一个全新的时代，让中国人民群众真正的强起来。通过对历史的回眸和相关规律的总结，在党百年奋斗的历史进程当中奋斗、奉献以及首创的"红船精神"始终贯穿其中，并且还始终贯穿于革命、建设以及深化改革的整体过程。

（二）红船精神是中国革命精神之源

习近平总书记指出，伟大的革命实践产生伟大的革命精神①。"红船精神"正是中国革命精神之源：中国共产党历史上形成的优良传统和革命精神，无不与之有着直接的渊源关系。中国共产党从这条红船扬帆起航，就始终代表中国先进生产力的发展要求、代表中国先进文化的前进方向、代表中国最广大人民的根本利益，始终走在时代前列，勇当舵手，引领航向，带领人民从这里走向井冈山、走向长征、走向延安、走向西柏坡，由一个领导人民夺取政权而奋斗的党，成为一个领导人民掌握政权并长期执政的党。

中国革命精神充满活力，并且非常富有的重要文化基因是独属于我国的宝贵"红船精神"。所有事物的发展不仅是历史的积累，也是一个具体的过程，精神活动也是同样如此。正是在这些优秀文化基因的深入涵养、滋润以及哺育下，在历史唯物主义世界观和方法论、马克思辩证唯物主义的影响下，以

---

① 习近平. 弘扬"红船精神"走在时代前列［N］. 光明日报，2005-06-21.

及在中国孕育和发展的中国革命在各个不相同的历史阶段呈现出的长征精神、西柏坡精神等，众多值得人们学习的革命精神，并且始终伴随着我国革命的光辉历程。它们共同构成我们党在前进道路上战胜各种困难和风险，不断夺取新胜利的强大精神力量和宝贵精神财富，成为中国精神的基石。

（三）红船精神是党的先进性之源

独属于我国宝贵的"红船精神"将党的先锋队性质充分地体现与反映出来，同时也将党的先进性进一步彰显出来。马克思主义政党最为鲜明的特点是先进性。我国从 1840 的鸦片战争以后跌入了历史的深渊，因此站起来、超越世界以及强壮筋骨，全面实现中华民族的伟大复兴成为了广大人民群众的共同利益。中国共产党肩负这一重要的使命，使其必定具备持续的先进性。外在和内在的双重因素使得党持续保持先进性，成为中国共产党最显著的特征。

以红船开天辟地、敢为人先的首创精神践行中国共产党的先进性。首先，中国共产党的先进性表现为强大的学习能力和纠错能力。在革命、建设和改革开放时期，始终以中国国情为基本判断依据，创新理论和实践，在曲折中确立正确的道路。其次，中国共产党的先进性表现为不断提升本党的知识水平和工作本领。通过强化各方面的知识储备把本党建设成为掌握科学知识和过硬工作本领的政党，从而真正做到与时俱进，紧随时代潮流的步伐，全方位快速发展。最后，党的先进性主要表现为始终坚持执行正确的工作路线，简单来说就是群众路线，对共同利益进行随时的有效把握，让群体和群体之间可以协商共存的同时，和谐相处，最终合理地全面发展。

四、依托红船精神的教育实践探索

（一）组建"红船德育+创新创业"育人格局

当前，随着科技的进步和教育事业的发展，"立德树人"成为教育的根本任务，同时"创新创业"成为教育改革发展的必然趋势。"创新创业教育"和"立德树人"之间的相互交融、快速促进和推动教育综合改革，全面实现立德树人的重要根本任务，需要全方位构建创新型的国家，需要把深化高职创新创业教育改革作为重要和关键的路径。

例如，黄冈职业技术学院将"红船德育"作为学院立德树人的重要抓手，对目前创业教育存在的诸多问题进行有效的持续性梳理，如不完备的课程体系、师资体系严重失衡等，开展和组织与"红匠"主题相关的一系列教育活动，对"立四德（职业道德、政治品德、生活美德、社会公德）、三树人（社会责任感、实践能力、创新精神）"红船的重要德育品牌进行重点打造。与此同时，学院将"红船精神"作为重要指针，和专业特色充分结合在一起，积极建设一批"红匠"特色团支部的同时，建设"红船德育"的关键基地，不断加强对学生在爱岗敬业方面的精神培育，促进和推动学生在创新方面综合素质的有效提升，通过对新媒体的灵活运用专门开辟美德教育专栏，注重和强调学校和企业的文化融合，促进和推动学生敢于拼搏、努力奋斗以及勇立潮头，在全新的时代积极抢抓新的机遇，不断成就新作为。

（二）发展"红船文化+社会实践"育人途径

珍贵的"红船精神"将中国共产党人的使命与初心有机地凝聚在一起。"红船精神"一方面继承了爱国和进步、民主和科学的精神传统，另一方面也继承了五四精神与辛亥革命精神，在一定程度程度上为"红船精神"提供了肥沃的文化土壤。在我国改革开放的历史进程当中将奋斗精神、首创精神，以及奉献精神充分地展现出来，在为改革开放提供和注入了精神动力的同时，也在改革开放的具体实践当中逐渐形成了改革开放的伟大精神。

例如，黄冈职业技术学校的党委对发扬与坚持"红船精神"非常注重和强调，全校的教师和学生自觉克服不思进取，以及安于现状的思想观念，把全面建设红船文化作为首要突破口，在学校积极建设"忠义广场""红色文化展览馆"，并且将众多的红色元素融入其中，积极推动和促进"红船精神"进入课堂、教材和人心，开展和组织各种品牌社会实践活动以及创新创业活动，如"红色寻访""红色经典歌曲传唱"等，和社会的实际需求以及学生的专业能力紧密联系在一起，在不断的具体实践过程当中持续地创新发展，使宝贵的"红船精神"一代接一代地相继传下去。

（三）组织"红船展馆+红色社团"育人阵地

在全新的时代下，高职院校广泛传播和宣传"红船精神"需要有重要的载体与阵地，社团与展馆是高职院校学生开展第二堂课活动的关键主阵地，因此应该对社团与展馆进行积极的建设与巩固。高职院校能通过建立红船展馆的方式，对非常突出的革命先进事迹以及重大的革命历史事件进行大力的宣传和传播，通过各种不相同的手段和方式，如展出图片、史料等，让学生更加深入地解读"红船精神"重要的核心内涵，通过对"红船精神"起航、凝聚以及升华具体过程的全面、系统地详细阐述，进一步激励更多优秀的青年学生用实际行动去更加具体地实践重要的"红船精神"内涵。

另外，高职院校积极建立"红色旋律"读书会，将"微长征""圆桌会议"等作为重要的载体，全面实施了三位一体（实践感悟、理论研讨、深度对话）的"青马工程"。"红色旋律"读书会将具体的实践活动作为重要的生命线，积极组织和开展一系列相关的实践活动，如红船精神话剧表演、微长征等，持续地努力践行"红色旋律"读书会认同的价值观念与理想原则，不断加深高职院校的学生对社会主义核心价值观的正确认识与深入了解，同时进一步有效增强众多优秀的青年学生对社会主义核心价值观的情感认同和理解，用更加具体的实际行动去践行"红船精神"重要的精神内涵。

（四）形成"红船课堂+红色寝室"育人平台

学习贯彻习近平新时代中国特色社会主义思想主题教育的重要和关键载体是努力打造"红船课堂+红色寝室"相关的学习平台。高职院校应该高瞻远瞩，将宝贵的"红船精神"进入校园全面落到实处，从而促进和推动学校教育教学的快速发展。高职院校应该对"红船课堂"进行合理的统筹安排，将时事热点、党史故事以及业务知识点作为关键切入点，在开展思想政治教学的时候将"红船精神"重要的育人价值潜移默化地灌入其中，努力打造红色精品课程，全面铺开"课前五分钟"红船文化演讲，同时对"深度中国"相关的选修课程进行深入挖掘，正确指引和引领高职院校的教师和学生，从而真正成为红船的文化宣传员以及"红船精神"的重要研究院。

除此之外，寝室作为高职院校学生的第二大重要活动场所，高职院校也应该对其进行重点的关注和强调，原因在于它是青年学生重要的是生活场所，同时也是自我管理与思想相互交流、沟通的关键平台。高职院校能通过举办宿舍文化节的方式，将主题定为"红船精神"，以各种不相同的方式努力打造"红色寝室"，并且将积极分子与共产党员作为突出的表率，起到重要的带头作用，积极打造向上的良好寝室氛围和气氛，促进和帮助学生树立正确的使命感与责任感，最终锻造出赶、帮、超的良好学习氛围和气氛。

（五）畅通"红船论坛+红色广播"育人渠道

独属于我国的"红船精神"不仅是当代的，也是历史的，因此在广泛弘扬"红船精神"的过程当中不可以仅停留在理论层面，应该全面落到具体的实践。广泛宣传和弘扬"红船精神"最直接的手段与途径，是举办"红船论坛"，一方面要将"红船精神"写到书本、田野以及具体的实践当中，在高职院校积极筹备召开"红船论坛"的同时，将"红船精神"研究专家的积极性和主动性充分激发和调动起来，另一方面积极发扬融合发展和优势互补的重要原则，既将丰富的红船资源进行有效整合，又将科研、宣传以及教学的教育优势充分发挥出来，在"红船精神"资源共建、公共和共享的重要基础上面，对丰富的区域红色资源进行更加充分的挖掘，从而使我国重要的文化软实力与文化自信得到进一步加强。在高职院校当中，除了通过电台广泛传播和宣传"红船精神"重要的精神内涵之外，也应该充分利用电台传播和宣传红船论坛最新的成果，通过不相同的形式，如红色影视、红色经典等在校园内大面积播送，从而让我国宝贵的"红船精神"绽放出非常璀璨的光芒。

（六）发展"红船网站+网红党课"育人网络

随着时代的发展和科学技术的进步，现如今我们已经完全处于信息化时代，网络化与信息化也已成为时代的潮流，"红船精神"想要全面占领我国高职思想教育的重要主阵地，一方面应该通过各种不相同的方式全力打造"红船网站+网红党课"的育人网络，以及"红色精神家园"的相关网站，另一方面应该对宝贵的"红船精神"进行大力宣扬，同时对其进行线上和线下的延展，话语场域的有效互动，从而最终使"红船精神"的网络传播渠道得到不断拓宽。

众所周知，微型党课具有"短平快"的独特特点，因此可以对微型党课的特点进行充分利用，通过小事例或者具体的实践对"红船精神"进行详细阐述和宣讲，使"红船精神"的重要精神内涵逐渐成为"新时代堂前燕"，使独属于我国的"红船精神"的影响力得到持续性扩大。

第五章　红色文化教育的路径探索

本书第五章为红色文化教育的路径探索，主要介绍了四个方面的内容，分别是合理开发利用保护红色文化资源、以红色传统、红色精神绘就校园文化底色、明确红色文化教育价值实现的基本原则、加强高职教育与地方红色资源的常态化联系。

第一节　合理开发利用保护红色文化资源

一、红色文化资源保护的现状

红色文化自诞生之日起，就在中国人民的心中打上了深刻的烙印。然而，随着时代的不断变迁，红色文化资源的保护与更新逐渐被忽视。作为中国人，弘扬和传承红色文化是我们必须要做的事情之一。现阶段，我们必须正视红色文化遗产保护现状，勇于迎接挑战，继续发展中国红色文化资源。

（一）对于红色文化的认知度有待提升

公众意识薄弱是红色文化资产保存不好的主要原因之一。获得红色文化并不容易，虽然中国人深知这一点，但很少有人付诸实践来保护自己的红色文化财富。从研究中可以看出，虽然我国的红色文化基地很多，包括物质文化和非物质文化，但真正认真保护的人却寥寥无几。例如，在雷锋同志的故乡长沙，每年雷锋日，都有上千人到雷锋同志的故乡拜访。来到这里的游客，当然大部分只是拍照留念，但是也不乏一些游客胡乱刻字和涂鸦。他们认为这是他们去过的痕迹，但这是对红色文化资产的破坏。

红色文化不仅是一种文化，更是一种精神，舍身抗敌的精神，这种精神值得我们传承和发扬。然而，年轻一代乃至老一辈的很多人对红色文化的了解还不够。一些老一辈人将红色文化视为痛苦的过去而避而不谈，也不愿看到红色文化在现代向前发展，而年轻一代则沉迷电子世界，对红色文化了解甚少，更可悲的是，他们不愿学习红色文化，不愿继承和发扬红色文化。另外，学校方面，学校或教育部门对红色文化的培训很少，红色文化教育比较单一。

（二）对于红色文化资源保护力度还有待加强

我国是一个文化大国，文化种类繁多，这不可避免地对民族文化资产的保护造成了一定的障碍。而且到目前为止，国家用于对红色文化资源保护的资金投入很少，比如一些红色文化遗址。那是中国革命军队战斗的地方，也是我们现在的中国的开端。在我国，虽然文化遗址很多，但是留在人们心目中的却少之又少。据不完全统计，中国的许多红色文化遗址正逐渐消失或被当地游客和居民破坏，面对这样的情况，国家并没有引起对这些红色文化遗址进行保护的意识。此外，一些关于红色文化的书籍和电影也在逐渐消失。当我们走进各个红色文化博物馆或基地时，不难发现里面的红色书籍或红色电影越来越少，甚至许多博物馆或红色基地放映的都是同一部影像。

（三）对于红色文化资源的保护和创新发展不当

红色文化资源的充分保护和创新开发是影响红色文化传承和发展的重要因素。过去，红色文化的传承和发展，人们大多是通过阅读、观看老一辈关于红色文化的电影或故事来了解的。但是随着时间和科技的不断进步和发展，能够听老一辈的故事或者看书、看红色电影的人已经很少了。大多数人在购买手机、电脑等电子产品时，并没有真正将庞大的红色文化资源充分利用起来，而是去关注一些明星八卦、偶像剧、娱乐节目等。因此，在现阶段，为了保护我国红色文化资源，以及对其进行创新发展，需要政府和有关部门的努力，比如运用现代科技手段，对红色文化资产进行保护和创新等。

二、保护与开发利用红色文化资源的重要意义

红色文化资源本身具有鲜明的时代特性，是中国共产党及其领导的革命、建设、改革等成功经验的历史积淀，它是一种独特的历史文化资源。在当今，全球经济文化不断发生融合与冲突，中国共产党加强红色文化资源的保护和开发利用，对于坚定文化自信、彰显中国特色具有极其重要的现实意义。

（一）有利于坚定文化自信

一个国家或者民族，要想不断发展，就需要树立坚定的文化自信，这是因为，是否具有坚定的文化自信，关系到一个国家命运的兴衰、文化的安危和民族精神的独立自主。习近平总书记高度重视文化自信问题，在谈到增强"四个自信"时，特别强调要树立坚定的文化自信，指出文化自信是一个更基本的、更广泛的和更深层次的自信。红色文化资源根植于中华文化的沃土，是以马克思主义为指导的中国革命、建设和改革伟大历史经验的沉淀，是中华民族优秀文化的重要组成部分，也是世界文化中一道独特的风景线。正如毛泽东同志在《唯心历史观的破产》一书中所说："自从中国人学会了马克思列宁主义以后，中国人在精神上就由被动转入主动。从这时起，近代世界历史上那种看不起中国人，看不起中国文化的时代应当完结了……中国人民的文化，就其精神方面来说，已经超过了整个资本主义的世界。"中国共产党对红色文化资源的保护和开发，能够激发中国人民的中华文化精神，彰显中国制度的优势，让中华文化绽放出新的活力和光彩，展现中华民族的软实力，让世界人民深刻感受到中华文化的魅力和中国精神的力量，这将成为中国文

化自信的坚实基础。

（二）能够极大彰显中国特色

红色文化资源是中国共产党及其领导的革命、建设、改革等成功经验的历史积淀，因此本身就具有深厚的文化内涵，在不同的历史时期以独特的中国精神风貌蓬勃发展。例如，土地革命时期，革命信念坚定不移，服从党的绝对领导，密切联系群众、艰苦奋斗的井冈山精神；抗日战争时期，拼搏、自强、团结、奉献的抗战精神；解放战争时期，全心全意为人民服务、实事求是、理论联系实际、自强不息、艰苦奋斗的延安精神；中华人民共和国建设时期，亲民、艰苦奋斗、科学求实、攻坚克难、无私奉献的焦裕禄精神。这些精神都是红色文化资源，虽然是产生于不同的历史时期，但都展现了中国人的精神风貌，以及人民追求民族独立和国家富强的决心，体现了中国共产党从新民主主义革命到社会主义时代的伟大使命和精神内核。马克思主义同中国实际相结合，开辟了中国特色社会主义道路，开创了具有中国特色、具有时代特色的社会主义经济制度、政治制度和文化制度。红色文化资源的保护和开发利用，可以充分展示近代以来中国共产党领导下中国人民取得的伟大成就和中国的历史发展进步。这种历史发展在近代世界史上是中国独有的，开创了中国特色社会主义制度和中国特色社会主义道路，也成功地在人类的历史文化记忆中谱写了独一无二的篇章，可以说，在人类历史文化宝库中，中国的这一历史轨迹是一朵美丽的奇葩。

（三）有利于增强价值认同

红色文化资源记录了近代中国人民的历史转折和奋斗历程，展现了 1921年以来中国共产党人不忘初心、坚持以马克思主义信仰带领全国各族人民为争取民族独立和人民自由，为实现中华民族伟大复兴，进行了不屈、浴血的斗争；见证了中国共产党的革命、建设和改革，从党领导人民夺取国家政权，到长期掌握国家政权、长期执政的光辉历史；展示了中华人民共和国在中国共产党的领导下从崛起到富强再到强大的光辉历程。特别是在特殊的 2020 年，面对复杂的新冠疫情和世界百年未有之大变局，在中国共产党的英明领导下，我们不仅实现了经济积极增长，还在科技创新方面取得了进一步发展。红色文化资源的保护和开发利用，是对中华人民共和国历史、中国人民奋斗史、中国共产党历史所蕴含的历史经验的继承和发展。立足当下，保护和开发利用红色文化资源，就是要弘扬中国共产党的革命精神和优良传统，而对中国共产党价值理念的认同是其中的核心内容。

三、保护与开发利用红色文化资源的措施

红色文化资源是我们党领导人民群众在革命时期创造并在改革开放新时期不断发展，可为我们今天所利用，具有当代价值的红色精神及其物质载体的总和。红色文化基地既是整合优化文化资源的大熔炉，也是繁荣发展文化内容的孵化器，更是传承发扬红色文化精神的策源地。红色文化教育作用的发挥必须依托于红色文化基地，要加强对红色文化资源的保护，形成全社会保护红色文化的氛围，为红色文化育人提供良好的物质载体支撑；创新旅游景区展示手段和体验开发模式，打造红色旅游品牌，提高红色旅游吸引力。

（一）政府层面

1. 加强保护红色文化资源

文化遗产作为国家的一种文化积淀、文化基因、文化密码，是解释一个国家文化身份、揭示一个国家文化个性的重要依据，是一个国家走向现代化的文化根基，更是一个国家自尊、自信、自立、自强的精神源泉。文物遗址的毁灭，好比是人类社会一段历史的残缺和一段文明的逝去。真正释放红色文化的育人价值，必须加强对其保护，引导全民树立保护红色文化的意识，形成政府主导与公众参与的保护格局。

（1）引导全民树立保护红色文化的意识

革命遗址遗迹、纪念馆、陈列馆、展览馆、烈士陵园、红色文学、标语等红色文化，是不可再生的珍稀文化资源。红色文化是对中国历史的肯定，更是对中国特色社会主义发展道路的认同和坚持。只有保护红色文化，才能更好地守护中华民族赖以生存发展并且引领中华民族走向未来的文化根脉，才能发挥文化教育人民的作用。保护红色文化不仅要通过亲历采访、见证者、文物征集、实地考察等形式收集、挖掘、整理红色文化典籍和历史文献资料，也要重视对无形的红色精神文化的保护工作，特别是那些潜藏的、暂时未被发现或开发利用却带有红色文化性质的资源，比如散落在民间的红色革命文物、红色标语、红色艺术品、长期尘封在档案馆的红色史料、没有引起重视的小型战斗红色遗迹遗址等等，这些都是红色文化气息浓厚的宝贵资源，需要用透明的眼光、珍惜的态度集中全力进行挖掘，进一步充实完善红色文化。要充分运用报纸杂志、广播电视、网络等媒体，经常举办展示、讲座、论坛等形式多样的主题活动，普及红色文化保护成果和法律法规知识，对宣传得力的单位、表现突出的个人、公民团体给予物质或者精神奖励，以便在社会上形成良好的保护氛围，增强全社会保护红色资源的意识，切实有效地发挥各个层面的红色文化在育人中的作用。

（2）构建政府主导和公众参与双管齐下的保护格局

只有形成政府与公众共同保护红色资源的局面，才能切实保护红色文化的完整性、真实性以及整体环境，做到红色文化资源的保护和开发利用同时同步进行。政府的主导作用主要表现在保护红色文化的过程中对人力、财力、物力等诸要素的投入，以及政策调控和引导等方面。在政府作用发挥不到位或不够的领域，比如红色文物捐赠、红色文物认护、红色文化保护资金募捐等，可以动员和鼓励企业、公益团体、基金会等全社会的民间力量参与红色文化的保护工作。特别是由于红色文化资源分布广泛、数量多、保护难度大，更应该依靠全社会的共同力量，引导全民关注，鼓励社会捐助。2012年4月17日，中国新闻网曾经报道，河北邯郸县"草根"魏少先十多年来举债收藏

4 000 余部红色电影，除了《地道战》《地雷战》《闪闪红星》等革命传统教育影片外，更多的是 20 世纪 50 到 80 年代我们党的历史事件纪录片。其中近 500 部在国内属绝版收藏。他先后到北京、天津、河南等十余个省市义务放电影 2 000 余场，并且投入百万元建了燕赵红色收藏馆，被命名为"邯郸市青少年爱国主义教育基地"。这就说明，群众的力量是无穷无尽的，保护红色文化同样离不开群众的参与。只有形成政府主导、大众参与为辅、政府与大众协同保护的格局，才能更好更有效地促进红色文化的传承发展和红色文化育人作用的发挥。

2. 整合红色文化资源

资源对人类社会发展的价值在于其效用性，资源的有用性、稀缺性等属性在红色文化资源中得以体现出来。红色文化为社会主义先进文化建设、社会主义核心价值观的培育和践行提供了精神高地和价值支撑。实现红色文化教育价值，需要整合红色文化资源，打破行政区划，将以往单一分散式的开发改为集约型、整合式开发，实现"红绿""红古"结合，加强区域合作，避免红色文化成为"闹市中的孤岛"，最大限度地发挥红色文化资源的教育优势。

（1）实现红色文化资源与当地绿色生态有机整合

开发红色文化资源，实现文化育人的价值，既要靠"红色"吸引人，又要靠其他资源，形成优势互补。利用红色文化资源的辐射能力，带动相关景区及沿线的开发，特别是与生态环境保存较好的自然景区相结合，实现从"完全红色"向"以红为主，红绿结合"转变。我国革命老区分布在 27 个省、自治区、直辖市的 1 300 多个县、市、区，多数是山区和丘陵地带，绿色景观、生态环境优美独特、清新自然，有的革命纪念地还是国家级或者省级风景名胜区。开发红色文化应以红色为基调，把爱国、敬业、诚信等社会主义核心价值观融入其中，体现红色人文精神，又要以绿色生态为补充，深入挖掘红色文化资源附近的自然资源，打造红色文化资源与绿色资源结合的知名品牌，在促进当地经济发展、居民生活水平提高的同时发挥先进红色文化温润人、滋养人的作用。

（2）实现红色文化资源与民俗文化相结合

在我国很多红色文化资源丰富的地区，并不是所有的景区都有良好的生态环境。对于经济发展水平相对落后的革命老区来说，民族风情与民俗风情也是红色文化资源产开发的绝佳结合点。民俗文化是指以物质的、口头的、行为的、风俗习惯等非正式的和非正规的形式传播的文化。它是一种文化意识，也是社会生活的一部分。它是上升到更高层次的文化系统的基础。很多民俗事项中存在很多精华，当然也存在糟粕，那些能够为人类社会的发展做出贡献并长期存在的部分，才能上升到更高的文化层次。

在促进文化繁荣发展的环境下，挖掘与红色文化资源相关的民俗文化，将红色文化"和而不同"的精神融入地域文化中，实现"红"与"古"的结合，并形成古今相融、雅俗共赏的新模式，便于增加红色旅游在市场上的吸引力和竞争力，促进红色文化资源的开发和培育。瑞金是中华苏维埃共和国的首都，素有"红色故都"之称。然而，瑞金生态并不优美，绿色生态资源开发缓慢。但是，作为客家县，却是物产丰富。客家文化底蕴和丰富多彩的民俗文化吸引着海内外游客。通过整合红色文化资源和客家文化资源，瑞金改变了传统农村产业结构和发展趋势，努力推进当地红色旅游的发展，满足了游客的精神文化需求。

（3）整合区域红色文化资源

区域联合就是进行跨行业、跨领域、跨地区的红色文化资源整合。加强区域红色文化合作是实现红色文化育人价值和红色旅游可持续发展的必由之路。实现区域联合，第一，要以政府为主导，进行宏观调控，突破行政区划限制，防止条块分割。红色文化资源所在地政府要发挥积极性和主导作用，协调好各种利益关系，形成公平竞争、机会均等、利益兼顾的协调机制，消除地区市场壁垒，共同解决合作中出现的不协调现象，以实现利益共享，避免盲目、过度竞争。第二，要整合规划，树立大旅游、大市场的理念。把全国作为一个系统，各地红色文化作为分支。统筹兼顾不同层级的红色文化，促进红色文化产品在市场上自由流动。比如，2012 年 5 月 30 日，中国（湖南）红色旅游节暨"建政·见证"红色茶陵主题活动在湖南茶陵县工农兵政府旧址开幕，活动以湘赣六县抱团发展为特色，形成了红色旅游区域合作的新格局。既有助于优化资源配置，促使美食旅游、生态旅游、产业旅游相互融合，也能够进一步挖掘红色文化内涵，继承革命优良传统，促进红色文化与湖湘文化的融合并发扬光大。

（4）形成红色文化资源整合开发的合力

要想把红色文化资源和红色文化教育作用结合起来，需要形成合力。对此，首先要建立党委宣传部领导下的行政责任制，成立领导协调发展的专门联合组织，积极建立研究中心、研究所等组成的联合体。以实体为单位，组织好红色文化融合发展的组织保障。其次是建立以国家出资为主，高职院校、企业、社会共同出资的全员保障体系，建立由历史博物馆、科研院所、文献研究室、革命博物馆和政策研究室研究人员等研究人员组成的团队。研发团队作为政研室的中坚力量，要充分发挥社会力量和专业科研人员在红色文化开发利用和研究中的作用，形成联合研发、齐抓共管的良好局面。最后，发挥研发和社会力量作用，打通内外联通通道，形成科研、新闻出版、教育、影视、理论、网络等统一发展路径，促进红色文化的发展，达到全社会教育的作用。总之，只有整合协调不同区域的红色文化，加强纵向和横向的联系，实现不同区域红色文化资源的共享和互补，才能提高红色文化宣传教育的实效。

（二）社会层面

1. 创新红色文化资源开发模式

开发利用红色文化资源，要创新红色文化场馆基地展示手段，运用声、光、电等现代技术，将过去的静态橱柜展示升级为动静结合的展示；进行情景模拟、亲身体验，打造红色旅游景区文艺品牌，从而使人们感受到自然之美和精神之美的双重变奏，在无形中接受红色文化知识的汲取、心灵的震撼、精神的激励和思想的启迪。

（1）红色文化场馆基地要创新展示形式

博物馆、纪念馆、烈士陵园等红色革命文物展示的是历史，要让现实中的人们从历史中找到情感共鸣和结合点，必须缩短历史与现实之间的距离，利用有效的形式把红色文化的精神价值外化出来。因而，要重视采用声、光、电、动漫、场景模拟、影视、电脑写真等现代传媒技术手段和新颖的陈列展示手法，把传统"静态"展示拓展为现代动态展示，将红色革命文物深刻的思想内涵以图文声像并茂的形式活灵活现地展示在人们面前，以主题鲜明、具有思想性与现实针对性的陈列展览震撼和教育人们，增强红色文化的感染力和吸引力，使人们在娱乐中接受教育、磨砺斗志，使红色文化更好地发挥育人的功能。

井冈山革命博物馆首个提出"红色经典、现代表述"的理念，采用三维造型艺术、舞美技术和声、光、电、多媒体等技术，以现代的展陈语言来表述红色历史。《井冈山革命斗争全景画》用艺术形式真实反映了三湾改编、井冈山会师、黄洋界保卫战等重大历史场景，直观形象生动地展示了五百里井冈绿色风光和井冈山革命斗争的伟大实践，使红色陈列物从"平面化"变得富有"立体感"。通江县红四方面军总指挥部旧址纪念馆，是全国爱国主义教育示范基地，其旧址是全国重点文物保护单位。自 2005 年以来，该纪念馆启动陈列改进项目，聘请重庆红岩连线专家编制了改进陈列方案，该馆在原"巴山烽火"陈列主题不变的基础上，不断充实、补充和完善陈列内容，充分利用现代科技手段和科技产品强化展示方式，强化视觉冲击力和精神震撼力。在展示手段和保护设施上，改进陈列艺术设计，展室地面防潮处理、影视厅和接待室设施设备配置、防火防盗电视监控系统、展室装修、场景复原、雕塑油画、多媒体和影视系统、展品制作和处理，以及资料采编、搜集拍摄和陈列布展等，提高了宣传教育的实际效果。

（2）通过情景模拟、亲身体验等形式提高景区吸引力

红色文化入脑、入心，体验先行。只有体验的东西，才能内化于人的生命之中，融化为生命的一部分。从这个意义上说，体验是进入生命的唯一通道。只有亲身体验的事物，印象才深刻，学到的知识才更加扎实，明白的道理才能终身受用。对于当代青年人来说，他们多数没有经历过那个浴血奋战的革命战争年代，对革命历史既缺乏感性认识又只有较少的理性思考。红色旅游体验是红色旅游者对红色旅游目的地的事物、事件的直接观察或者参与及其形成的感受。通过运用体验式教育，重新设置历史情境，能够充分发挥人们的主体作用，让人们身临其境，凭借直觉，将情感和灵性融入红色旅游产品之中，深刻感受、体验和领悟先进文化的熏陶，理解红色文化的精神内涵，震撼内心世界，树立理想信念。

当下，许多红色旅游景区通过再现情景、亲身体验或情景模拟，使旅游景区"活"了起来，提升了红色旅游的吸引力，更好地发挥了红色文化育人的作用。在瑞金叶坪景区，一些游客穿上粗布军装和老区人民手编的草鞋，有"送郎当红军"的生动表演。通过现场感受、亲身体验，人们似乎回到那个军民情深、战火纷飞的岁月，感悟当年革命根据地广大工农红军在党的领导下众志成城、艰苦奋斗、共同御敌的精神，给人以心灵的震撼和精神的鼓励。井冈山推出的"走一小段红军小路、向革命先烈献一束花、听一堂传统教育课、吃一顿红军套餐、学唱一首红军歌谣、看一场红色歌舞"组成的"六个一"参观游览项目；在赣南赏客家舞、品农家乐；在赣东北看《可爱的中国》……这些都使革命传统教育浸染无数游客，真正入脑、入耳、入心。

（3）打造红色旅游景区优质文艺品牌

在多样多元文化背景下，要使红色文化"化人"的功能有效发挥，就要打造文化品牌，实现红色文化产品占领市场，能够成功到达消费者手中并被他们接受。像美国好莱坞的电影大片、意大利的足球联赛、德国贝塔斯曼的图书出版、日本的动漫、英国的流行音乐、韩国的电视剧等产业品牌，无疑增强了其本国文化的影响力。发展红色旅游更是如此。各级革命博物馆、陈

列馆、纪念馆、革命烈士陵园、展览馆等单位要围绕文化育人的中心任务，挖掘自身潜力，创作出富有自身特点的图书、影视剧等精品。重庆红岩连线推出了越剧《红色浪漫》，儿童剧《小萝卜头》，话剧《天下为公》，京剧《江姐》《张露萍》等以红岩革命历史为主题内容、反映红岩精神的红色经典作品，已初步形成以红岩系列展览、红岩报告、红岩系列展演、红岩系列出版物、红岩文化室、红岩网站等为特色的品牌、项目、产品，使人们在直观生动的观赏中接受文化的熏陶、心灵的净化以及人生的启迪。

2. 完善红色旅游区基础服务体系

红色文化要吸引人、感染人就必须完善红色旅游景区服务体系和基础设施。既要提高景区专业人才和从业人员素质，展示革命老区的淳朴风情，增强游客的满意度，又要拓宽资金渠道，加强红色旅游景区基础设施建设，提升旅游区的服务质量。只有这样，才能使红色旅游健康持续发展，真实发挥在革命传统教育和政治教育中的作用，进而促进红色文化育人价值的有效实现。

（1）提高红色旅游景区人才队伍素质

文化的发展和文化育人功能的实现源于人才的培养。恩格斯赞扬并高度评价了文艺复兴运动的思想领潮人的"多才多艺"的素质特点，他说："那是一些在思维能力、激情和性格方面，在多才多艺和学识渊博方面的巨人。……那时，几乎没有一个著名人物不曾做过长途的旅行，不会说四五种语言，不在好几个专业上放射出光芒。"[1] 红色文化人才队伍是社会主义先进文化建设的重要参与力量，担负着传承、传播红色文化的历史重任，其思想素质、专业技术水平、管理服务质量状况直接影响了红色文化传承工作的有效开展和红色文化育人价值的实现。红色文化资源开发要实施人才战略，制定全面系统的红色旅游景区人才培养规划，提高红色旅游景区行政队伍、导游队伍和

---

[1]　恩格斯. 自然辩证法导言［M］. 北京：人民出版社，2018.

服务人员的整体素质，使其与红色文化育人工作相适应。具体而言有以下几点。

第一，建设高素质红色旅游景区管理队伍。针对当下旅游景区高素质高水平管理人才不足的情况，需要对这些地区的旅行社、宾馆饭店及景区负责人开设学习班，学习红色革命历史和红色精神，培养一支政治强、业务精、具有深厚文化底蕴的管理专家和理论专家。可以选派干部到其他开发较好的红色旅游景区参加培训，学习现代化的管理经验，进行挂职锻炼，提高实践能力，使行政部门的决策真正做到理论与实践的有机结合。这样，才能使红色文化资源开发、红色旅游发展朝着健康正确的方向前进，使红色文化育人价值更好地释放。

第二，提高导游讲解员文化素养。一个好的导游就是一道活的风景。导游作为红色旅游景区对外宣传的窗口，他们的言行举止、品德素质直接关系到景区的服务质量和旅游传播的实际效果。所以，导游需要学习和熟知红色革命历史，了解革命人物的先进事迹。要加强导游讲解员的岗前和在岗培训，坚持持证上岗；可以扩大红色旅游景区小语种导游的队伍；要规范导游词，结合当地实际编写《红色旅游景点景区导游词》；举办景区导游大赛，提高导游的综合素质。比如，西柏坡纪念馆由纪念馆讲解员组队成立了"西柏坡精神宣讲演出团"，深入到农村、城市、学校等地进行红色宣讲。井冈山组织了一批红领巾义务讲解员，这些生长在红色摇篮里的"红孩子"们以独特的宣讲方式讲述着烽火岁月中感人肺腑的革命故事，广泛受到社会的好评。2012年，湖南长沙举办了红色旅游和民俗文化人才培训班，通过开班仪式、专题讲座、现场讲解等方式，针对开发红色旅游产业、培养民俗文化人才、传承与创新红色文化等内容进行培训，并进行实地参观。既使学员接受了红色革命精神洗礼，饱尝了湖湘优秀文化大餐，又增强了他们发展红色文化的紧迫感和责任感。

第三，提高服务人员素质，引进专业技术人才。景区从业人员是旅游景区的标志。要加强对从业人员的红色文化资源保护、主要旅游项目、服务礼仪规范性、服务语言多样化、服务技巧灵活性、职业道德等业务技术技能的教育培训，加强对旅游景区经营人员的监督管理。对此，要坚持院校培训与在岗培训、当地培训与区外引进相结合，培养景区人才。可以组织服务从业人员培训班，通过专业培训及对红色文化知识的自觉学习，提高从业人员的思想觉悟、政治素质和服务意识，使其明白自身肩负的职责。同时积极引进具有专业技能、受过正规教育的服务人员，发挥能人效应和示范带动作用，促进从业人员素质的全面提高，从而使他们不仅能够在休闲、娱乐中引导游客，还能满足游客对红色文化知识的精神需求。

（2）加强红色旅游地区基础设施建设

文化环境、社会秩序是旅游目的地能够吸引人的最基本条件。环境脏乱、治安混乱的地方不可能成为人们观光休闲的场所。在红色文化资源丰富地区，基础服务设施落后是影响红色旅游发展和红色文化育人的重要条件。所以，红色旅游地区在当地居民发挥艰苦创业精神的同时，要实施政府主导，加强基础设施建设，实现可持续发展。一是要加强交通建设。交通和交通工具是旅游活动的必要前提，离开交通和交通工具，旅游就几乎不存在了。旅游景区的可出入性说的就是交通和交通工具。多数游客心中理想的旅游路线是旅途时间短、游览时间长、人在景中走、景在游线边的，所以，红色旅游景点要加强主干线的改造、建设工作，加大景区与主干线的连接道路以及景区内部参观游览道路的建设力度，增开班车、火车专列和航线，加强与周边城市、县区的交通联系，完善交通服务体系，满足游客"快进、快出、慢游"的要求。二是加强住宿服务建设。红色旅游景点不能够盲目建设星级酒店，片面追求档次和规模，应该合理布局，建设高、中、低不同档次的宾馆、饭店，还可以建设青年旅舍、家庭宾馆等经济型住宿设施。特别是青少年作为红色旅游的主体，应为青少年提供清洁、安全、廉价、舒适的膳宿服务。此外，还要完善通信、环卫等配套设施，让游客在接受红色文化精神洗礼的同时感受到旅游的方便和舒适。

（3）努力拓展红色旅游区资金渠道

红色旅游景区建设要投入一定的经费用于进行基础设施建设、优化展示手段、加强对资源的保护开发、开展对导游和讲解员的培训工作、聘请专家进行宣讲活动等。只有这样，才能更好地使红色旅游发挥教育人、感染人的作用。所以必须拓宽景区投资融资渠道，使各项工作有效开展。对此，一方面要把红色旅游景区开发利用所需经费纳入国家财政计划，景区所在地政府要加大对景区建设的投资力度。特别是对于一些经济基础比较薄弱的革命边穷地区的重点革命旧址、革命纪念建筑、革命烈士纪念场地的开发，政府应该拨出专款。另一方面，要拓宽民间、企业等投资渠道。在市场经济条件下，要把市场机制引入红色旅游发展之中，把发展文化产业与红色文化开发利用、发展红色旅游结合起来，以资本运作形式，将红色旅游开发项目通过合作、招标、控股等方式出让经营权，吸引资金参与红色旅游景区建设，争取形成多元化、多层次的投入格局。此外，景区所在地政府和管理部门应该发挥积极主动性，将红色旅游优势转为红色产品优势，扩大市场占有比例，实现经济效益与社会效益的统一。

总之，红色文化资源作为一种教育资源和文化资源，只有在合理开发利用之后才能发挥其教育作用。通过保护红色文化资源，整合开发红色文化资源，发展红色旅游，创新红色文化基地和爱国主义教育基地的展示手段，提高相关人员的素质，才能使文化育人的价值得以实现。

（三）高职院校层面

1. 充分认识到红色文化的重要功能

红色文化资源的性质决定了它的政治引领、文化传承和教育教学的功能。其中，红色文化的首要功能是政治引导功能，在革命岁月里，中国共产党人给我们留下了很多宝贵的精神财富，包括崇高的信念、坚强的革命意志、鲜明的政治立场和坚定的革命信念。在新时代，我们的国家和民族也面临着来自不同角度的挑战，这些挑战都在不同程度上影响着学生的政治态度。其次，文化传承任务。中华民族拥有五千年灿烂的文明，悠久的历史给我们留下了宝贵的精神文化遗产，而红色文化也是众多精神文化遗产的重要组成部分和精神的核心内容。将体现继承、超越、创新特点的红色文化内容融入学生教育中，可以帮助学生牢记历史，将红色精神代代相传。因此，在现代社会，红色文化具有传承功能。最后是教育教学功能。将文化资源融入高等学校人才培养当中，可以将思想政治培训具体化，因为红色文化资源是具体的、特殊的、实用的，一直是学校主旋律培养的重要内容。无论是基础教育还是高等教育，红色文化资源都发挥着其他教育资源不可替代的作用。初等教育中小学生正处于思想萌芽阶段，红色文化资源可以在心中点燃红色的火焰。为中华民族伟大复兴奋斗终生的信念。

2. 对红色文化教育进行统筹规划

一方面，思想政治教育要充分利用红色文化的物质形态资源，把红色资源和教育平台结合起来，形成一个共同的发展模式，形成一个整体，思想政治课还可以促进对红色自然资源的研究，两者相互促进，相得益彰。另一方面，使红色文化得到全面发展，从中提炼和创新出新的教育理念和教育思路，使红色文化的效益得到充分发挥。为积极开发红色文化资源，文化部门要积极弘扬红色文化，将学生红色文化教育与高职教育资源相结合，形成合力，既能得到更多群众的认同，也能更好地服务于学生的思想政治教育事业。因此，红色文化资源的开发应联合各类文化机构，如文学研究室、历史博物馆等，统筹规划学生的红色文化教育，鼓励高校和学术团体积极投身红色的行列。

3. 建立完善的红色文化教育模式

一是将红色文化融入校园文化，如在校园开设红色文化专栏，宣传红色文化内容，开展红色经典朗诵比赛，在重大纪念日排演红色经典话剧和情景喜剧等。不断创新红色文化教学方法，在红色文化教育过程中采用讨论法和案例教学法，激发学生的学习热情，加强师生互动、生生互动。增强红色文化的魅力，红色文化的传播要借助多功能技术和信息媒体，以激发学生的学习热情。二是健全红色文化教育长效机制和保障机制。高职院校要加强与红色文化教育基地的资源共享，保持长期合作交流，定期组织学生到红色文化基地参观学习；在日常教学活动中，红色文化实训基地相关人员还可以到校园内进行双向互动。此外，高职院校要建立红色文化教育可持续保障机制，多组织社会培训，定期组织红色文化实训基地走访，充分落实学校各社团利益。

第二节　以红色传统、红色精神绘就校园文化底色

红色是中华人民共和国的底色。红色文化资源中蕴含着中华民族宝贵的精神财富、精神基因，是高职思想政治工作的优质教育资源。从广义上理解，红色文化资源包含红色传统、红色精神等组成部分，覆盖了中国共产党领导中国人民不懈奋斗的全过程。红色文化中的红色传统主要包括"独立自主""艰苦奋斗""谦虚谨慎，戒骄戒躁""敢于牺牲"等在内的优良传统，以及"理论联系实际""密切联系群众""批评与自我批评"在内的"三大作风"。红色文化中的红色精神，从最早的红船精神，到井冈山精神、古田会议精神等，再到中华人民共和国成立以后的大庆精神、抗震救灾精神等，共同构成了我党战胜各种风险挑战的强大精神力量和宝贵精神财富。红色文化资源具有多维功能，包括历史鉴证功能、政治教育功能和文明传承功能等。

将红色文化融入高职校园文化建设，需要从以下方面入手，做好几个"融入"。

一、红色文化融入校园物质文化建设

2004年教育部为高职校园物质文化建设提供了指导，推动了校园文化建设的理论探讨和实践探索。高职校园物质文化有广义和狭义之分。广义的高职校园物质文化是指高职校园中一切看得见、摸得着、可以向学生传递积极向上的思想和价值观的物质存在，是高职校园文化的物化形态，是校园文化

功能得以实现的物质基础，其存在形式多种多样，包括校园环境、教学设施、人文景观、学科结构、师资队伍等。狭义的校园物质文化一般包括两类：自然文化环境和设施文化环境。自然文化环境是以物质的客观存在形式表现出来的学校特有的文化氛围，它包括校园的整体规划和绿化、美化，校园的布局结构等。设施文化环境包括校园的各种建筑设施（如图书馆、博物馆、学校礼堂、文化长廊等）、教学设备、科研设备、文化娱乐设施以及生活设施等。这些物质条件提供了高职育人的环境和氛围，体现着一所高职院校的价值观念和精神风貌。优化校园物质文化环境、有选择地将红色文化资源融入高职院校物质文化建设，是红色校园文化建设的重要途径，也是高职院校坚持社会主义办学方向，培养又红又专、德才兼备、全面发展的中国特色社会主义合格建设者和可靠接班人的迫切需要。校园红色物质文化的构建可以从以下两个方面入手。

其一，在校园自然文化环境中融入。高职院校物质文化主要通过校园环境的创设而实现育人效果。要创造清洁优美、幽静宜人的良好校园环境：从高职校园的规划与布局来看，在进行学校建筑的设计时应尊重历史，注意校园建筑的整体和谐；从校园的绿化和净化来看，校园的绿化应结合当地实际，反映本地区的特点，校园净化主要是指清除垃圾杂物，减轻噪声，做好环境卫生工作。高职在校园自然景观中可以适当融入红色元素，挖掘校园自然环境的育人功能。红色文化融入校园自然文化环境要有选择性、契合性。高职要根据自身的办学传统、立德树人的总体部署有选择性地将红色文化元素融入校园总体规划之中；红色文化元素的融入要与校园已有的布局相协调，不能强行"楔入"，否则会显得突兀、生涩。

其二，在校园设施文化环境中融入。设施文化环境包括校园的各种建筑设施、教研设备、生活设施，如校园雕塑、图书馆等。这些设施可以融入红色元素，成为红色文化的形象载体，便于学生感知。就校园雕塑而言，高职院校可以在图书馆、体育馆、宿舍区树立英雄人物、先进人物的雕像，介绍他们的先进事迹；也可以创作展现重大历史事件的系列雕塑作品，以艺术的形式生动形象地呈现出党领导人民进行革命、建设和改革的奋斗历程，激发学生对党的忠诚感和为国家富强而努力奋斗的激情。就图书馆而言，作为校园文化的重要基础设施，图书馆可以为师生提供丰富的馆藏资源和良好的学习环境，是传播红色文化和对学生进行红色文化熏陶的重要场所；图书馆要优化馆藏结构，有针对性地适时补充红色书籍、红色音像资料及相关的电子馆藏，充分发挥图书馆在红色校园文化建设中的积极作用。此外，高职院校可以在教学楼、宿舍区、食堂等区域设立红色文化墙、红色文化宣传橱窗，悬挂红色名言，营造红色文化氛围，实现浸润式教育的效果，潜移默化地使红色基因浸润于学生心灵。

二、红色文化融入校园精神文化建设

高职院校以红色文化引领校园精神文化建设，可以从以下方面入手。

其一，红色文化融入校训。1995 年版《现代汉语词典》对校训的解释是："学校规定的对学生有指导意义的词语。"它是一所学校办学理念和特色的集中反映，是学校要求师生共同遵守的行为规范和道德规范，对师生具有导向、规范、激励作用。好的校训蕴含了中华文化的基本精神，体现了对科学精神和人文精神的追求，能够激励师生追求真理，服务社会。校训是在长期办学实践的基础上凝练而成的，植根于中华优秀传统文化的土壤，深受红色文化的滋养，又是时代精神的体现。如上海交通大学校训中的"爱国荣校"、国防科技大学校训中的"强军兴国"、中国农业大学校训中的"解民生之多艰"都是从革命时代来的，有红色文化的元素。对于这些深受红色文化滋养的校训，高职应当准确加以阐释，挖掘其中的民族精神和革命精神，加强对学生的爱国主义教育和理想信念教育，提高高职学生的思想道德素养。为此，高职需要加大校训的宣传力度，营造润物无声的良好的校训教育氛围，使广大师生在了解和熟悉校训的基础上，接受、认同校训精神，并主动将其内化于心、外化于行，发挥红色校训的思想政治教育作用。

其二，红色文化融入校风、学风。好的校风和学风，能够为学生学习成长营造好气候，创造好生态，思想政治工作就能润物无声地给学生以人生启迪、智慧光芒、精神力量。要坚持不懈培育优良校风和学风，使高职院校发展做到治理有方、管理到位、风清气正。红色文化资源是高职思想政治教育的优质资源，其中蕴含着"独立自主""艰苦奋斗"等红色优良传统和红船精神、井冈山精神、长征精神等宝贵的红色精神财富。以红色传统、红色精神引领校风、学风建设，是高职院校落实立德树人根本任务的重要途径。比如长征精神渗透于校风、学风建设，用以引领校园风尚，可以培养学生脚踏实地、不怕吃苦、识大体、顾大局、乐观向上的优秀品格。

三、红色文化融入校园行为文化建设

高职校园行为文化是指高职广大师生员工在教育教学、科学研究和学习生活中所表现出的精神状态、行为操守和文化品位，是高职校园文化的具体体现。校园行为文化主要通过丰富多彩的社团活动、学术活动等校园文化活动体现出来，是校园精神文化的重要载体和外在体现。内容丰富、形式新颖、吸引力强的校园文化活动可以使学生在潜移默化中接受正确的价值观，实现"蓬生麻中，不扶自直"的教育效果。高职院校作为传承红色基因、弘扬红色文化的主阵地，要将红色文化资源融入校园行为文化建设，可以从以下几个方面入手。

（一）红色文化融入学术活动

高职院校的学术活动主要是指高职师生在学科前沿领域和新理论方面进行研究和学术交流的活动，具体包括举办学术论坛、学术报告会、专题研讨会、学术讲座等形式。近年来，许多高职院校开始注重将红色文化融入学术活动，推动了红色传统、红色精神的传承与创新。此外，从红色研究专栏的创设和红色专业刊物的创办来看，许多高职院校以学术期刊为载体开展思想政治教育，创办了许多以红色文化为主要内容的学术期刊，引导当代高职学生对红色文化的研究与思考。这些学术活动的开展有利于高职师生深入了解红色文化，激发研究红色文化的兴趣和传承红色基因的动力。同时，学生在参与学术活动的过程中可以潜移默化地接受思想政治教育，思想感情得到熏陶、精神生活得到充实、道德境界得到升华。

（二）红色文化融入社团活动

社团活动是高职学生喜闻乐见的校园文化活动。可见，社团是高职院校开展思想政治教育工作的重要平台，可以作为红色文化教育的载体。近年来，许多高职院校注重将红色文化融入社团建设，将红色文化与社团文化融合，开展了一系列特色活动，如红色经典读书会、红色理论知识竞赛、红色主题征文活动、红色主题社会调研活动、唱红歌、歌咏比赛等。就红色主题征文活动的开展而言，高职院校社团可以充分利用五四青年节、七一建党纪念日、十一国庆节、一二·九运动纪念日等重大节庆日和纪念日，开展主题征文活动等，唱响爱国主义、集体主义、社会主义主旋律。就红色主题社会调研活动而言，高职社团可以开展："重走长征路、感悟长征精神""重走革命路、重温爱国情"等活动，对学生进行理想信念教育，引导学生树立正确的世界观、人生观和价值观，增强学生的社会责任感。丰富多彩的社团活动有利于高职学生深入了解红色文化，认真践行红色文化，广泛宣传红色文化。

此外，其他形式的红色主题系列校园文化活动也在高职院校如火如荼地开展着，如"升旗仪式""微信爱国说"、党支部的"爱国主题组织生活会"、红色摄影展，红色主题的手抄报大赛，经典红色电影放映、"红色飞扬"迎新晚会、校园红色广播等。这些活动有利于弘扬爱国主义，增强学生对红色文化的认识和感悟，推动红色文化的传承和弘扬，把红色基因一代代传下去。

四、红色文化融入校园制度文化建设

为使红色文化精神教育制度化、规范化，高职院校应制定规章制度，改革体制机制，结合短期规划与长期规划，加强各院系、各专业教师之间的协调配合。加强合作，以促进红色文化精神教育的经常性和长期影响。同时，高职院校要根据上级部门新文件精神，结合校内外新环境变化和新形势，适时梳理完善学校现行相关规章制度。

（一）完善教育教学机制

高职院校在弘扬红色文化的过程中，要立足学校的实际情况，从顶层规划入手，依据有关法律法规或者公布的推进学校红色文化精神教育的指导性声明或实施方案进行。国家和教育部统筹实施全员育人，全过程育人。红色文化精神教育工作的深入开展，离不开上级专业领导的重视。高等职业教育要建立党委统一领导下的大学生红色文化精神教育体系。健全的领导和管理体制是加强和改进高职学生红色文化教育的基础和抓手。高职院校红色文化精神教育必须作为思想政治理论课的主渠道和主阵地，将红色文化精神教育融入思政课课堂教学和实践教学中。

1. 制定完善的教育队伍培训机制

高职教师是红色文化精神教育的传授者，自身能力素质的高低直接影响到受教育人员学习红色文化的效果。因此，各高等职业院校要编制科学、系统的培养计划，将红色文化融入师资队伍建设中，加强教师红色文化知识培训，提高教师在思想政治理论课的教学中熟练运用红色文化专业知识的能力。

2. 制定完善的教育信息反馈机制

考试是学校了解学生掌握红色文化的传统方式。但是，它本身有一个天然的缺点，就是反馈慢，不能全面、科学地了解学生的学习情况。一些思想政治理论课采取开卷考试的形式，不能真正反映学生的水平，因此建立有效的教学知识反馈机制就显得尤为重要。在教学过程的最后，教师可以匿名让学生对课堂教学的不足提出意见，或者在教学结束后适时做一个小测试，或者是通过小组合作的形式进行报告研究结果汇报。借助多种方式和渠道，及时掌握学生的红色文化知识，因材施教，采取差异化的教学方法，采取有针

对性的教学方式，对低层次学生进行知识教育，从而提高红色文化教育的实效性。同时，教师也可以及时从学生的反馈信息中总结出教学内容和方法的不足，从而不断积累教学经验。

3. 制定完善的教育评估机制

红色文化精神教育评估机制就是对教学效果做出评价，分析整个教学过程是否按照教学计划实现目标，是否激发了学生学习的兴趣。一些高职评估考核机制不健全，教学质量不高，一些问题长期得不到改正。高职院校应组建经验丰富的教学督导小组，定期走访课堂，对教师教学进行督导，采取听课、记录、课后反馈等形式对教学过程进行评估，重点对教师的教学态度、教学方法、教学成效等进行考察。评估体系的建立使高职对教师、学生以及整个教育过程深入理解，及时监督教学质量，做出科学合理的评估，对教学中存在的不足提出有针对性的意见，对学科的教学方案做出适当调整。

（二）制定教育长效机制

对于高职学生红色文化精神教育来说，并不是一时的活动，而将是一项长期的系统工程，是学校的常态化活动。因此，高职院校要建立红色文化和精神教育长效机制，将校园红色文化建设纳入学校发展规划和文化建设的内容，制定科学、合理、有效的长远发展规划。

高职院校在实施红色文化精神教育过程中，离不开决策协调、实施引导和激励保障机制的建设。一是建立决策协调机制。高职教育首先要搞清楚现代大学生需要什么样的红色文化精神教育形式，如何满足大学生对红色文化精神的需求，为高职教育提供决策依据。社会发展日新月异，学生的学习、工作和生活需求也在不断变化，这就要求高职院校建立长效监测机制，分析学生的真实需求。校园信息平台交流与数据分析，了解专业学生思想动态。高等职业教育要建立党委统一领导、各部门共同领导的人才培养工作机制，明确各部门和高等学校的职责分工，统筹配置教育资源。二是建立执法管控机制。通过制度设计，规范和明确了教师、指导教师、党组织和学生组织在红色文化和红色精神教育中的职责，对红色文化的课堂教学和实践教学进行监督。引导师生广泛参与红色文化实践，鼓励学生积极参与校园红色文化活动，运用现代传媒技术搭建各类红色文化宣传平台，引领校园红色文化蓬勃发展。三是激励保障机制建设。建立健全红色文化和精神教育的激励机制。通过各种活动、竞赛和品格评优，给予高职学生奖金、奖状等物质和精神奖励，激发高职学生学习红色文化的精神动力。表彰红色文化精神培训班先进工作者，增强培训人员的工作意识。高职学生红色文化精神教育的顺利开展，离不开制度、资金、技术三方面的保障。为此，学校应加大资金投入，梳理完善现行规章制度，及时更新教学技术设备和校园基础设施，确保高职学生红色文化教育工作顺利开展。

第三节　明确红色文化教育价值实现的基本原则

实现红色文化教育价值要坚持科学理论指导与生活实践养成相结合、先进文化引领与区分不同层次相结合、社会效益与经济效益相结合的基本原则。

一、坚持科学理论指导与生活实践养成相结合

利用红色文化教育人就是要把人们的思想引导到正确的方向，并且把低层次的心理状态提升到高层次的思想意识，这就既要坚持科学理论的指导，又要从人们的思想实际及社会发展实际出发，开展实践活动，把理论性与实践性结合起来，做到合规律性与合目的性的统一。

第一，实现红色文化教育价值首先要坚持科学理论的指导，坚持主流意识形态的指导；坚持正确的政治方向，与党的基本路线、方针相适应。这是因为任何阶级、任何政党的教育活动都具有强烈的政治目标，服务于自身的政治利益。因此要宣传红色文化，实现红色文化育人价值就必须坚持正确的

政治方向。另外，弘扬红色文化，实现红色文化的育人价值，就必须大力加强红色文化的知识传授和理论教育。既动之以情，又晓之以理，通过摆事实、讲道理，从理论层面让人们明白红色文化的产生发展、来龙去脉、理论渊源等，深化人们对红色文化的认知。通过理论教育，使人们自觉用马克思主义科学理论审视和分析各种错误思潮和不良倾向，进而在多元多样文化生态环境中坚持正确方向。

第二，实现红色文化教育价值要坚持实践性原则。用红色文化的优势资源帮助人们树立正确的世界观、人生观和价值观。克服错误思想的影响，必须进行实践教育。实践教育主要是通过参加社会服务活动、参加学雷锋活动、参加社会志愿活动、组织社会调查和考察等具体方法，提高人们对理论的正确认识，培养全面发展的人才。同时，传播红色文化要立足中国特色社会主义实践和人民群众的生活。在坚持贴近人们生活的基础上深入挖掘红色文化中生活化、平民化、草根化的内容，拉近红色文化与人们之间的距离，注重让人们进行自我感受体验和理解运用，增强对红色文化精神的认知度与认同感。文化工作者要深入人民群众的日常生活之中，真正表现社会大众的喜怒哀乐、酸甜苦辣，积极热情地讴歌人民群众的精神面貌，创造出反映人民群众主体地位和现实生活、为广大群众喜闻乐见的红色精神文化产品。只有以新的视角阐释红色文化的宣传内容，以反映新时期红色文化精神的先进人物和先进事迹来传播红色文化，才能真正实现红色文化的创新发展和时代转型，增强红色文化的感染力、信服力、亲和力与影响力。

二、坚持先进文化引领与区分不同层次相结合

红色文化要实现教育价值必须以先进性为灵魂，以层次性为载体。一方面要坚持先进文化的前进方向，提倡核心价值追求，抵制低俗媚俗；另一方面，又要照顾到不同层次人群的特点，增强教育的针对性。只有把先进性和层次性有机结合起来，红色文化育人价值才能更好地实现。

首先，推动红色文化育人必须坚持先进文化的前进方向，用先进的文化

理念教育广大群众。文化建设不是简单的快快乐乐、蹦蹦跳跳，而是为了提高全民思想素质和思维能力。无论是开展文化活动，还是提供文化产品，都要传播知识和传承文明，用美好的理想和坚定的信念支撑人生、用深厚的文化内涵滋养人生。当然，宣传红色文化可以以大众化、娱乐化的方式更好地让人们接受红色精神理念的洗礼，但不可低俗化。先进性与娱乐性并不冲突，比如革命战争年代抗日军政大学的校风就是"团结、紧张、严肃、活泼"。红色文化的精神内涵是崇高的、伟大的，提及红色文化，人们不由自主地想起我们党为建立中华人民共和国抛头颅、洒热血，为建设中华人民共和国勇往直前、百折不挠，在改革开放的时代浪潮中勇于尝试、敢于创新等等。这种历史的艰辛和历史的厚度，让人们肃然起敬，对红色精神产生敬畏之情。而将红色文化精神以娱乐性的方式融入人们的日常生活、文艺作品之中，实现寓教于乐，有助于红色文化育人价值更好地实现。

其次，在坚持先进价值理念的基础上，要实现红色文化的教育价值必须坚持层次性原则。我们在鼓励帮助每个人勤奋努力的同时，仍然不能不承认各个人在成长过程中所表现出来的才能和品德的差异，并且按照这种差异区别对待，尽可能使每个人按不同的条件向社会主义和共产主义的总目标前进。红色文化宣传教育既要生产"阳春白雪"，还要推出"下里巴人"，才能满足不同群体、不同阶层、不同层次人们的精神文化需求。传播红色文化要把握宣传内容与宣传对象的一致。宣传对象上分为青少年、高职学生、群众、党员干部等，面对不同的对象有不同的宣传内容，比如对青年学生，可以注重讲解我们党如何开辟中华人民共和国并取得伟大的成就，从而增强他们的爱国之情，树立报国之志；对于广大党员干部，可以加强讲解我们党的光荣革命传统以及如何白手起家，从而提高党性修养。同时，宣传红色文化要针对不同阶层、不同群体采用不同的方法。要把握人们的心理过程及其个性心理特征，包括人们的接受性、感知性、意志力、理想信念、情绪情感、需要、动机等，并且根据人们的知识层次、年龄层次，以及稳定群体、流动群体、正式群体、非正式群体等的差异性以及时间节点所产生的不同氛围和情境，选用恰当的方式方法和手段，使红色文化的精神内容与人们的内心情感、心理需要相融合。只有在把握教育对象层次性的基础上，采取有针对性的宣传内容和宣传方式方法，才能使红色文化的教育价值得到充分实现。

三、坚持社会效益与经济效益相结合

党的十七届六中全会中指出：发展文化产业是社会主义市场经济下满足人民多样化精神文化需求的重要途径。文化既表现为事业形态也表现为产业形态；既具有凝聚民族精神、教育人民、维护社会稳定、引领风尚的属性，又兼具通过市场交换获取利益的属性。红色文化也是发展文化事业和文化产业的优势资源。所以，要实现红色文化的育人价值必须坚持社会效益优先，兼顾经济效益，切实满足人们的物质需要和精神需要。

第一，红色文化育人要坚持把社会效益放在首位。人的需要是多方面的，并且人的需要不断从低层次向高层次方向发展。已经得到满足的第一个需要本身、满足需要的活动和已经获得的为满足需要而用的工具又引起新的需要，而这种新的需要的产生是第一个历史活动。物质贫乏和精神空虚都不是社会主义，社会主义社会要培养全面发展的人，丰富人们的精神世界和精神生活。红色文化要在这一过程中发挥重要作用。在市场经济条件下要实现红色文化的育人价值，发挥先进文化引导作用，不管是通过发展红色文化事业还是开发文化产业，都要把社会效益放在首位，保障人们的文化权益，丰富人们的文化生活，凝聚民心，鼓舞志气，塑造良好风尚。这就要求红色文化开发利用、红色文化产业发展遵循自身的基本规律，不能够将市场经济规律扩大到整个社会特别是文化领域，要警惕金钱货币成为衡量传承发展红色文化的唯一尺度，防止商品关系的"越位"而产生"劣红色文化""伪红色文化"，尽可能削弱和避免市场经济世俗性、功利性对红色文化宣传所造成的负面影响。

第二，红色文化育人在坚持社会效益的同时也要兼顾经济效益。实现红色文化育人价值不仅在于如何通过红色文化的宣传让人民大众获得美好愿景，更在于通过文化民生来让老百姓的生活水平和政治权利获得切实改善和加强。利益与人们的思想行为密切相关，利益支配人们的行为，人们奋斗的一切都与他们的利益有关，思想一旦离开利益，就会使自己出丑。但光是思想力求成为现实是不够的，现实本身应当力求趋向思想。理论不仅要反映现实，"实践唯物主义者"还必须通过实践改造现实世界。红色文化作为满足人们多样性、多方面、不同层面的精神消费和精神需要的产品，具有商品的属性，能够产生经济效益。而红色文化经济效益的发挥，让人们享受文化发展成果，有助于红色文化育人价值的释放。购买优秀文化产品的人越多，受教育的面就越大，经济效益越好，社会效益也就越广泛。从这个意义上说，没有经济效益，社会效益也是空的。人们根据自身需要主动购买不同的文化产品，出版红色报刊书籍连环画、观看红色影视剧、红色艺术品收藏等等，便是对自身文化身份的认同。革命老区红色文化资源的开发利用要克服"旅游异化"现象，以人的全面发展作为根本目标，重视把旅游作为人们审美需求和文化需求这种更深层次的意义，并与促进当地居民就业、提高人们生活水平结合起来，使当地居民从红色资源开发中得到更多实惠，促使人们在多样多元文化生态环境中接受、认同红色文化，成为自觉的精神追求。

　　总之，要实现红色文化的教育价值，必须坚持社会效益和经济效益的统一。像电影《郭明义》放映后，受到观众一致好评，电影票房收入超过六千万；《建国大业》获得了七亿元的票房收入；《理论热点面对面》发行多达三百余万册。只有这样，才能更好地发挥红色文化的理论感召力、思想渗透力、精神震撼力和心理抚慰力。

第四节　加强高职教育与地方红色资源的常态化联系

　　实践教学有广义和狭义之分。广义的实践教学包括课内的实践教学、校园实践教学和社会实践教学三种形式。其中，课内的实践教学包括学生自学、讨论、演讲、辩论等形式；校园实践教学包括各种校园文化活动，如知识竞赛、演讲比赛、文体活动等形式。狭义的实践教学专指社会实践教学，包括课程实习、假期社会服务、实地考察等方面。本节实践教学是从狭义上理解的，专指社会实践教学。思政课实践教学是实践育人的主要形式之一，是课堂教学的延伸和有益补充，有利于突破课堂教学偏重理论讲授的局限，增强思政课教学的亲和力和实效性。习近平总书记在学校思想政治理论课教师座谈会上的讲话强调："要坚持理论性和实践性相统一，用科学理论培养人，重视思政课的实践性，把思政小课堂同社会大课堂结合起来，教育引导学生立鸿鹄志、做奋斗者。"① 上述文件和讲话精神都为加强思政课实践教学指明了方向、提供了根本遵循，有利于提升实践教学的地位，落实思政课立德树人的任务要求。中国各地不乏丰富的地方红色文化资源，既包括物质形态的革命遗址、名人故居、烈士陵园、博物馆、纪念馆（文物文献）等，也包括非物质形态（精神形态）的科学理论、革命精神、英雄事迹、人物故事等。高职院校应利用好学校驻地的各种红色资源，建立红色教育基地、改进教学形式，积极将地方红色资源融入思政课实践教学，增强教学的实效性。

一、地方红色资源融入高职教育实践教学的必要性

地方红色资源具有鲜明的地域性和实践性的特征。就地域性而言。中国红色文化与地方红色资源二者是共性与个性的关系，共性存在于个性之中，个性包含和体现着共性。中国红色文化和红色精神在抽象和提炼的过程中，离不开各个地方生动的革命实践的支撑。某一地域的红色文化是在各个地方支持和参与全国革命的过程中形成的，是各个地方以不同的方式发动组织群众支持全国革命的理念和实践的体现。中华大地幅员辽阔，每一地域的人民群众在生产生活实践中都要受到当地地理环境、历史文化传统、民俗民情等因素的影响，由此形成不同的生活方式和思维观念。革命实践也是如此，因而形成了各具地域特色的地方红色文化，涌现出了不同的英雄人物和英雄

---

① 刘亚. 办好理论性和实践性相统一的思政课［EB/OL］.（2020-12-15）［2022-5-10］. https://baijiahao. baidu. com/s?id=1686098311571351238&wfr=spider&for=pc.

事迹，演绎出了带有乡音乡情的红色故事。如中国东部、西部、北方和南方在革命年代发展过程中都有不同的历史积淀，区域民族性差异使得各地红色文化资源在自然风光、文物古迹、风俗民情、文化形态呈现等方面各具特色。

就实践性而言。实践性是中国特色社会主义文化的重要特征。地方红色文化作为中华优秀传统文化的重要组成部分，也具有较强的实践性，渗透到当地人民群众生产、生活的方方面面。实践性是地方红色文化的重要特征，也是其具有强大生命力的源泉。地方红色资源本身来源于中国共产党领导人民群众革命、改革和建设的实践，它从实践中来，在实践中接受检验、得以宣传和弘扬并随实践发展而不断发展和完善，最终服务于革命、改革和建设的实践。比如，革命圣地延安，曾是我们党的指挥中心和战略后方，孕育了伟大的延安精神。延安精神根植于延安时期党领导人民群众经过血雨腥风的洗礼、经受军事包围和经济封锁的考验、争取民族独立和人民解放的实践。习近平总书记强调："延安是中国革命的圣地，老一辈革命家和老一代共产党人在延安时期培育形成的延安精神是我们党的宝贵精神财富。"① 弘扬延安精神，对于推进中国特色社会主义事业、实现中华民族伟大复兴具有重要意义。再如，作为党中央解放全中国的"最后一个农村指挥所"的西柏坡，也孕育了宝贵的西柏坡精神。西柏坡精神来源于党中央在西柏坡时期的革命斗争的辉煌实践和成功经验，其核心内容是"两个务必"。习近平总书记曾强调："西柏坡我来过多次，每次都怀着崇敬之心来，带着许多思考走。对我们共产党人来说，中国革命历史是最好的营养剂。多学习多重温，心中会增添许多正能量。"②

鉴于上述地域性和实践性特征，地方红色文化资源具有许多独特的育人功能，更适合思政课实践教学。思政课实践教学主要是通过组织学生广泛参

---

① 习近平致信祝贺中国延安精神研究会第六次会员大会召开强调：坚持正确政治方向 服务党和国家工作大局 深入研究大力宣传认真践行延安精神［N］. 人民日报. 2020-09-20.

② 徐志栋，薛祥，申志清. 精神的力量［M］. 北京：中国言石出版社，2018.

与社会实践活动，加深学生对马克思主义理论体系的认知和理解，在实践中唤起学生的情感共鸣和价值认同，进而促使学生将理论知识内化于心、外化于行，实现思政课立德树人的目标。地方红色文化资源作为思政课实践教学的优质资源，其育人功能主要体现在对学生知识、情感、意志和行为等方面的影响。从知识的获取和理解来看。课堂教学更侧重于知识的讲授，理论知识比较抽象，历史故事也多以文字表述的方式呈现，而地方红色资源作为中国红色文化的具体体现，其物质形态的呈现方式更加鲜活，往往是以革命遗址、遗迹、革命人物故居、纪念馆等形态存在，因而克服了仅仅通过静态的形式将知识灌输给学生的局限，拉近了历史与现实的距离，拉近了红色资源与青年学生的时空距离。对青年学生来说，红色文化不再是抽象的存在，而是变得可触摸、可感知，通过学生的直观感受和亲身体验，红色文化在"入眼、入耳"的同时可以更好地"入脑、入心"，真正达到铸魂育人的效果。从情感的升华和认同以及意志品质的锻炼来说，青年学生作为实践和认识活动的主体，是知、情、意相统一的整体。主体的情感和意志是主体实践活动的精神因素，在获取一定知识的基础上，主体的情感体验和意志努力对实践活动的开展和实践能力的发挥起着重要的调节和控制作用。在思政课红色文化育人的过程中，教师不仅仅局限于让学生了解当地的历史人物、历史事件和历史故事等知识，而更为重要的是要通过组织学生参观革命遗址、现场体验式教学等方式，使学生切身感受革命先烈、英雄人物的大无畏的革命精神和无私奉献的高尚品格。红色场馆中一个个感人的故事、一幕幕振奋人心的情景都可以激发青年学生对红色资源的情感体验和认同，发挥红色文化潜移默化的激励、规范和导向作用，引导学生树立正确的三观，达到润物无声、滋养心灵的效果，提升学生思政课的获得感。在情感认同的基础上，红色资源所包含的价值观念、道德情操、行为规范等就可以转化为青年学生坚定的理想信念和强烈的爱国情怀，为青年学生的成长提供信念支撑和精神动力。从行为的涵养来说。思政课的教学实效最终要通过学生的行为来检验。通过将地方红色资源融入思政课实践教学的过程中，能够使学生在身临其境、亲身体验中深化对红色文化的认知并将其内化于心，激发起情感的认同和共鸣，进而可以把红色文化中英勇、乐观、奉献、进取的精神同自己的学习、生活结合在一起，切实感受这些精神对自己成长的意义。在实践中学生就会树立这样的人生态度，将其外化为自己的行为习惯和日常实践，在实践中锻炼担当和社会责任感，努力成为中国特色社会主义共同理想的坚定信仰者，社会主义核心价值观的忠实践行者，社会和谐稳定的热情维护者。

二、地方红色资源融入高职教育实践教学的路径

中国各地丰富且各具特色的红色资源是思政课实践教学可以利用的优质资源，通过适当的教学路径和方式将其融入思政课实践教学，可以提高教学的亲和力和实效性。

（一）打造一支精干的红色文化素养高的教师队伍

地方红色文化融入思政课实践教学，需要打造一支精干的红色文化素养高、适合红色文化实践教学的教师队伍。"师者，所以传道、授业、解惑也。"就知识力而言，教师作为知识的传递者，其教学能力和教学效果需要以深厚、广博的知识作为基础。教师若要给学生一杯水，自己就要有一桶水，唯其如此，才能真正赢得学生的信任。思政课教师在对学生进行红色文化教育的过程中，需要克服知识面窄、只专不博的问题，需要具备深厚的红色文化知识储备，对红色人物、红色故事、红色精神等都应了然于心。而深厚的红色文化知识储备离不开大量的时间投入和专业训练，需要阅读和实践加以保障。思政课教师首先要提高自身的阅读力，成为真正的阅读者，要多读红色经典，做到真学、真懂，提升自身的红色文化知识素养。此外，思政课教师需要经常参加高质量的理论培训和实践研修，多维度增加知识容量。就传播力而言，教师的传播力是指教师使用多种传播渠道，在多元化的教学场域中，面向受众所进行的各类知识传播的综合素质。在红色文化教育的过程中，思政课教师作为红色文化的传播主体，需要将收集到的红色文化资料进行去粗存精、

去伪存真、由此及彼、由表及里的整理加工和建构，提取有效信息，进而将知识传播出去，得到学生的接受和认可，使红色文化知识得到传播、扩散和传承。就实践力而言，教师实践力是指身处教育情境中的教师以策略性思维驾驭教育实践并与之协调、持续发展的职业能力、教育的建设力。在红色文化育人的过程中，思政课教师要在深厚的红色文化知识储备基础上，利用实践研修的机会，实地考察红色革命遗址、纪念场馆等，用红色精神铸师魂，坚定理想信念、坚守道德情操，对红色文化真懂、真信、真用。换言之，教师要在实践中加深对红色文化的认知，将红色精神内化于心，再在实践中将其转化为自身有效教学的能力，传播红色文化，传承红色基因。就研究力而言，教师研究力是指教师提出相关教育问题、思考问题并解决问题的能力，体现了教师的创造性劳动、学科研究能力和教学能力。在开展红色文化教学的过程中，教师要结合自身的专业特长积极开展地方红色文化研究，合作编写地方红色文化系列教材、教参等，参与合作教研、集体备课活动，并将红色文化学术研究成果积极融入实际教学中，以切实提高教学的实效性。

（二）建立地方红色文化实践教学基地

高职院校与地方红色文化教育基地建立常态化联系，可以实现二者的优势互补、资源共享。以高职院校为依托，地方红色文化可以更好地得到研究、传播和弘扬，实现创造性转化、创新性发展。同时，红色文化教育基地可以为高职思政课教学提供鲜活、生动的教学素材和便利的校外实践平台，有利于高职院校实现对学生知识的普及、心灵的震撼、精神的激励和思想的启迪，有利于红色基因落地生根、红色文化开花结果。

（三）探索地方红色文化实践教学模式

思想政治理论课实践教学是在教师的指导下，在课堂理论教学的基础上，依据预定的实践教学目标、内容和要求，以组织和引导高职学生主动了解、参与实际生活和社会实践、获得思想政治道德方面的直接体验为主要内容，以提高高职学生综合素质为目标的多种教学方式或教学环节的总和，是思想政治理论课教学的一个重要组成部分和重要环节。地方红色文化资源为高职思政课实践教学提供了优质的资源和平台，有利于学生在校园以外的场所进行社会实践锻炼，而如何将其充分利用并转化为教学的实际效果，离不开高职对实践教学模式的创新和探索。高职院校应立足自身特色，充分利用本地独特的红色文化资源优势，探索切实可行的红色文化实践教学模式。在教师发挥主导作用的基础上，充分调动青年学生的积极性、主动性，促进学生的全面发展，目前，许多高职院校经过不懈努力和实践探索，形成了访谈式教学法、体验式教学法、实践锻炼法等相对稳定的实践教学模式。

1. 访谈式教学法

思政课访谈式教学是指在思政课教学过程中，围绕特定的教学内容或主题，通过教师或学生与受访者的交谈，满足学习者对相关知识的渴求，实现对学习者情感的感染和熏陶，达到坚定学习者理想信念、涵养行为习惯的目的的一种教学方式。思政课访谈式教学融合了探究式教学、互动式教学、辩论式教学等多种教学方式的优点，可以增强思政课的针对性、吸引力和感染力，让学生在积极参与中有更多的获得感，提高学生的综合素质，有利于学生的全面发展。

在进行访谈式教学设计时，教师首先要在"选"上下功夫，包括教学内容的选择和教学目的的设定。教师要围绕与课程内容密切相关的人物来选择受访者（革命后代或英雄模范人物），并围绕课程内容设计相关话题。教师或学生都可以作为访谈者，且教师应多鼓励学生主持访谈。在访谈前的准备阶段，教师或学生要围绕教学内容，提前查阅相关资料，做好知识方面的铺垫和准备，并选择恰当的访谈话题，以便在访谈环节更好地引导受访者围绕相关话题展开交流，达到教学目的。实践访谈可以极大地调动学生的主动性，

发挥学生的主体性作用。

2. 体验式教学法

体验式教学法是指在一定的情景中，学生通过身临其境、亲身经历获取知识，获得充分的情感体验和感悟，实现全面发展的一种教学方式。体验式教学"以学生的生命发展为宗旨，以学生的生命世界为基本内容，以体验为主要方式"。它包含三个构成要素，即情景、体验和发展，其中，一定的情境是教学的基本条件，学生的亲身体验是教学手段，学生的全面发展是教学目标。体验式教学可以激发学生的学习兴趣，促使学生主动而非被迫参与学习过程，真正落实教学过程中以教师为主导、以学生为主体的原则。思政课是落实立德树人根本任务的关键课程，在思政课红色文化育人的过程中，体验式教学方式的运用有利于激发学生的学习兴趣和情感投入，促进学生自身知、情、意、信、行的转化，从而提高教学的实效性。

情境是体验式教学的基本要素，地方红色文化资源在物质形态上体现为博物馆、纪念馆、革命遗址、名人故居等物质载体，它们恰好可以作为思政课体验式教学的情境。教师要充分利用好高职院校所在地的红色资源，有计划地就近组织学生进行实地参观。红色纪念场馆内逼真的情境可以达到重现历史人物、还原历史事件的效果。在参观过程中，学生通过五官直接感知而获得了相关信息，加深了对相关历史人物和历史事件的认识，使得书本上的知识变得不再抽象，历史变得可感知、可触摸，这些鲜活、生动的素材在加深学生对知识的理解的同时，又可以触动学生的心灵，激发学生情感的认同。通过亲身体验就近接受本土的红色文化教育，学生在致敬先烈的同时强化了自身的责任担当，有利于自身爱国之情的培养、强国之志的砥砺，有利于学生化爱国信念为力量，从而实践爱国之行，争做有理想、有本领、有担当的时代新人，切实提高思政课教学的亲和力和实效性。

3. 实践锻炼法

所谓实践锻炼法，又称实践教育法，是指在教育者的指导下，通过有目的、有计划、有组织的实践活动，训练和培养受教育者的优良品德和行为习惯的方法。实践锻炼法与理论灌输法相对应，是思想政治教育的基本方法之一，其实质是通过改造客观世界的实践，更加深入地改造受教育者的主观世界。实践锻炼法具有主体性、参与性、综合性等特征。就主体性和参与性而言，实践锻炼法注重高职学生的亲身实践参与和自我探索，有助于高职学生在实践体验和感悟中加深对理论知识的认识，树立正确的三观，增强社会责任感。就综合性而言，实践锻炼法不仅仅关注学生对相关知识的理解和掌握，而且注重学生相关技能、态度、价值观等方面综合素质的提高，提高高职学生的实践能力，达到"真学、真会、真用"，实现思政课立德树人的目标。

实践锻炼法的具体形式多种多样，包括志愿服务，社会考察等形式。在思政课红色文化育人的过程中，组织学生参加志愿服务是经常采用的一种实践教育形式。例如，利用节假日、重大活动纪念日等时机，教师可以组织学生到红色场馆开展志愿服务活动。学生可以就近到红色场馆、红色旅游景点等场所担任兼职红色文化讲解员，通过熟悉讲解词以及现场讲解，学生能够积极主动地学习、传承、传播红色文化，增强对红色文化的情感认同。与此同时，地方红色文化资源为思政课实践教学提供了鲜活的素材，为高职学生提供了有利的实践平台。教师还可以带领学生参与地方红色文化资源的整理和研究。在实际工作过程中，学生能够获得红色文化相关的一手资料，更好地把红色文化、红色精神转化为情感认同和行为习惯，在实践中不断提升自身综合素质，强化奉献精神和担当意识，努力成长为符合社会需要的高素质人才。

地方红色文化实践教学的具体形式多种多样，除了上述形式之外，还有激情教学、现场教学和社会调研等多种形式。但不论采用何种形式，实践教

学最终都应坚持以学生为主体的原则，应充分了解学生的需求，找准学生思想上的兴奋点，充分调动学生的积极性、主动性和参与性，以鲜活、生动的素材和便利且富有特色的实践平台激发学生情感的认同，活化红色基因，传承红色文化。此外，高职院校还应加强教师队伍建设、完善制度保障、加大资金投入，确保红色文化实践教学的实效性，避免开展形式化的社会实践。

参考文献

［1］ 徐保玮，陈洁. 红色文化在高职学生思政教育中的作用探究［J］. 才智，2022（28）：41-44.

［2］ 黄丽，刘学文. 整合地域红色文化资源，五育并举构建高职学生教育教学模式［J］. 鄂州大学学报，2022，29（05）：69-71.

［3］ 韦世友. 红色文化融入高职思政课一体化建设路径研究［J］. 吉林教育，2022（26）：42-44.

［4］ 康文艳. 红色文化融入高职大学生生命教育的价值及路径［J］. 大学，2022（24）：32-35.

［5］ 宋静静. 红色文化资源数字化保护与创新发展路径［J］. 文化学刊，2022（08）：176-179.

［6］ 赵霄. 新时代红色文化融入高职院校思想政治教育的路径创新研究［J］. 产业与科技论坛，2022，21（16）：110-111.

［7］ 王振宇，胡琳. 红歌在高职院校的教育功能和实施路径研究［J］. 产业与科技论坛，2022，21（15）：197-199.

［8］ 曾俊钦. 保护利用红色资源传承弘扬红色文化［N］. 闽西日报，2022-08-01（004）.

［9］ 陈岘. 红色文化嵌入高职思想政治教育：理念、价值与路径［J］. 职教通讯，2022（07）：71-77.

［10］ 曾礼庚，刘宣如. 高职院校弘扬伟大建党精神的迫切需要、实践路径及育人价值［J］. 太原城市职业技术学院学报，2022（06）：174-178.

［11］ 华见. "微时代"红色文化融入高职思政的系统路径探析［J］. 宁波职

业技术学院学报，2022，26（03）：75-79.

[12] 南亚娜. 新时代红色文化融入高职院校思想政治教育的路径研究 [J].
中州大学学报，2022，39（03）：111-115.

[13] 高仁兰. 红色文化融入高职思政教育研究 [J]. 淮南职业技术学院学
报，2022，22（03）：13-15.

[14] 卢中旺. 红色文化融入高职思政课的有效策略研究 [J]. 科幻画报，
2022（06）：195-196.

[15] 徐保玮. 高职学生红色文化传承现状与问题分析 [J]. 中国多媒体与网
络教学学报（中旬刊），2022（06）：204-207.

[16] 武雪. 中国共产党红色文化传承研究 [D]. 北京：北方工业大学，2022.

[17] 梁帆. 中国共产党红色基因传承研究 [D]. 哈尔滨：哈尔滨师范大学，
2022.

[18] 张旭坤，陈刚，张泰城. 新世纪以来红色文化资源研究综述 [J]. 中国
井冈山干部学院学报，2022，15（02）：115-124.

[19] 傅格，周丽娟. 红色文化融入当代高职大学生爱国主义教育的路径研究
[J]. 才智，2022（06）：1-4.

[20] 贾亚丽，郑陶，安敏. 国内红色文化资源保护利用的典型案例与经验启
示 [J]. 旅游纵览，2021（23）：140-142.

[21] 刘宏颖. 保护利用红色资源传承弘扬红色文化[J] 中国民族博览，2021
（18）：103-105.

[22] 胡振荣. 高质量推动红色资源保护利用 [J]. 新湘评论，2021（18）：
25-26.

[23] 赵晨熙. 用法治力量保护好运用好红色资源 [J]. 法治与社会，2021
（09）：52-55

[24] 姬玉玺. 红色文化资源的数字化保护与创新发展 [J]. 文化创新比较研
究，2021，5（24）：128-131.

[25] 韩洪泉. 红色文化资源的利用与开发——以长征文化为例 [J]. 中国纪

念馆研究，2020（02）：5-15.

[26] 尚世钰. "红色资源"法规凸显八大亮点 [N]. 南京日报，2021-06-25（A02）.

[27] 都轶群. 红色文化育人功能培育研究 [D]. 大连：辽宁师范大学，2021.

[28] 张珊. 思想政治教育红色文化资源研究 [D]. 重庆：西南大学，2021.

[29] 龙翔. 发挥立法引领作用传承保护红色文化 [J]. 群众，2021（07）：49-50.

[30] 周琪，张珊. 论新时代红色文化资源的现实境遇与创新实践 [J]. 重庆社会科学，2020（12）：19-27+2.